dtv MERIAN reiseführer
Dänemark

Von Peter Minde
und Bernd Schiller

W0088417

dtv
Deutscher
Taschenbuch
Verlag

Gräfe und Unzer Verlag, München
Reiseredaktion
Redaktion: Claudia Strand
Lektorat: Astrid Rost
Bildredaktion: Astrid Rost
Kartenredaktion: Dagmar Piontkowski

**Wir freuen uns, Ihre Meinung zu
diesem Reiseführer zu erfahren.
Bitte schreiben Sie uns, wenn Sie
Berichtigungen und Ergänzungs-
vorschläge haben oder wenn Ihnen
etwas besonders gut gefällt.**

Gräfe und Unzer Verlag GmbH
Reiseredaktion
Stichwort: dtv MERIAN
Postfach 40 07 09
Isabellastraße 32
80 707 München

Originalausgabe
1. Auflage 1996
Deutscher Taschenbuch Verlag
GmbH & Co. KG, München
© Gräfe und Unzer Verlag GmbH,
München
Visuelles Konzept und
Umschlaggestaltung:
Klaus Meyer / Jorge Schmidt,
München
Umschlagfoto: Udo Haafke
Haus auf Ærø
Kartographie: Huber, München
Produktion:
Verlagsbüro Walter Lachenmann,
Waakirchen-Schaftlach
Druck und Bindung:
Manz AG, Dillingen

Printed in Germany
ISBN 3-423-37005-X

Inhalt

A
↓
Z

Karten und Pläne:
Dänemark auf den Umschlag-Innenseiten vorne, Bornholm auf den Umschlag-Innenseiten hinten, Aalborg auf der hinteren Umschlagklappe, Territoriale Entwicklung Dänemarks 35, Odense 85, Århus 136, Kopenhagen Innenstadt 140/141

Erste
Begegnung
mit
Dänemark

Eine Liebeserklärung mit kritischen Untertönen

Viel Spaß beim Sommerfest, irgendwo zwischen Skagen und Snogebæk. So zum Beispiel: Drei Damen singen, lachen und steppen auf einer Bühne, daß sich die Balken biegen. Davor, auf einem rotweiß dekorierten Holzverschlag in Strandnähe, vergnügt sich das Publikum: Dänen, die dem Liedvortrag folgen können, Deutsche, die nichts verstehen, aber das Ganze komisch finden. Auf jeden Fall mögen es die Leute, wenn es etwas zu feiern gibt in Dänemark. Die Einheimischen lieben es genauso wie ihre Feriengäste, von denen sich viele seit Jahren bei ihnen wie zu Hause fühlen.

Dieses kleine, sympathische Königreich da oben im Norden ist einerseits eine Art Märchenland und andererseits natürlich ein moderner Staat, dessen Probleme, wie überall in Europa, immer komplizierter werden. Und doch unterscheiden sich Land und Leute – die vor allem – ganz entschieden von fast allen anderen Völkern in der näheren und ferneren Nachbarschaft.

Erstens: Die Dänen sind die glücklichsten Menschen in Europa – eine EU-Umfrage hat das ergeben. Auch ein Treppenwitz der europäischen Wirklichkeit: Ausgerechnet die Gemeinschaft, mit deren offiziellen Anbindung sich die Dänen fast so schwer tun wie die Engländer, diese Gemeinschaft hat also herausgefunden, daß sich die querköpfigen, unberechenbaren Dänen selbst als sehr viel glücklicher als alle anderen Europäer einschätzen...

Zweitens, drittens und überhaupt ist bei den Bewohnern dieses kleinen, vielfältigen Landes zwischen Nord- und Ostsee jegliches Maß ein wenig menschlicher als anderswo. Heiterkeit und Lebensfreude, Gemütlichkeit und Gelassenheit, diese freundlichen Eigenheiten verbinden sich bei den Dänen mit einer ausgeprägten Individualität.

Vorherige Seite: Kilometerlang weißer Sandstrand ist der Inbegriff Bornholms
Links: Die »Kleine Meerjungfrau«, eine der größten Berühmtheiten des Landes, heißt an der Hafeneinfahrt Kopenhagens die Besucher willkommen

Hinter der Grenze: Besuch beim netten Nachbarn

Die Grenze bei Flensburg: Zoll, Fahnen, Kontrollhäuschen. Die meisten Autos werden nur durchgewunken, im deutschen Landesteil Südschleswig nicht anders als drüben im dänischen Südjütland. Auch die Autobahn sieht zunächst mal auf beiden Seiten gleich aus, zerschneidet hier wie dort eine wellige Wiesenlandschaft mit Knicks und Rapsfeldern, die im Frühsommer grellgelb leuchten. Ein anderes Land? Nicht auf den ersten Blick.

Der zweite Blick, der dann doch bald eine Menge Veränderungen wahrnimmt, fällt schon deswegen leicht, weil wir langsamer fahren müssen. Die Nachbarn im Norden haben der Raserei seit langem einige Riegel vorgeschoben. Auf Autobahnen darf höchstens 110 Kilometer, auf Landstraßen maximal 80 Kilometer pro Stunde gefahren werden. Und auch sonst bestimmt von nun an vorwiegend Gemächlichkeit das Tempo.

Überall weht der Danebrog

Liebenswerte Kleinigkeiten, oft nur Farbtupfer, markieren den Unterschied: Am Straßenrand wuchern Blumen, die hierzulande Unkraut genannt und immer noch allzu oft »vertilgt« werden; die Briefkästen sind so rot und so altmodisch wie die Uniformjacken der Briefträger, die zu Fuß oder mit dem Fahrrad unterwegs sind; die goldenen Brezeln, die so verführerisch auf Bäckereien hinweisen, tragen eine Krone; auch die Schilder an den königlichen Poststationen sind gekrönt. Über Malven und anderen Bauernblumen in den Vorgärten wehen unzählige schmale, rotweiße Fahnen und Fähnchen. Der Danebrog, so heißt die Nationalflagge, wird gehißt und geschwenkt, wo immer sich dazu ein Anlaß findet. Die pure Freude, daheim in Dänemark zu wohnen, scheint den meisten

Bunt und üppig entfaltet sich die Blumenpracht nicht nur vor diesem Haus in Draby in Ostjütland

Dänen schon Anlaß genug zu sein, ihren Danebrog in den Wind zu hängen. Und niemand, wirklich niemand nimmt Anstoß an dieser Art von nationalem Selbstbekenntnis. Es hat freilich in der dänischen Geschichte auch niemanden gegeben, der mit der Fahne oder anderen Symbolen nationalen Stolzes Schindluder getrieben hat. Der Danebrog soll übrigens mal aus den Wolken gefallen sein, im Jahre 1219, während König Waldemar II. jenseits der Ostsee um Estland kämpfte. Historisch verbürgt ist die Geschichte nicht, aber die Dänen sehen in ihrer Fahne offensichtlich noch immer ein Geschenk des Himmels.

Der Hang zur Behaglichkeit

Auf Nebenstraßen passen wir uns dem dänischen Hang zur Behaglichkeit gut an. Behaglich mag auch die rechte Bezeichnung sein für die Landschaft: grünes, vorwiegend flaches Bauernland, das erst in der Mitte Jütlands hügelig wird, fast ohne Rauch aus Industrie-Schornsteinen und gänzlich ohne Ruß. Die heute so ausgeprägte Sehnsucht nach Weite wird im Übermaß erfüllt. Zwischen den Dörfern, aus denen weißgetünchte Kirchtürme ragen, und den Ackerbürger-Städtchen, die sich samt und sonders durch eine bunte Fußgängerzone auszeichnen, zwischen diesen netten, gänzlich undramatischen Ortschaften ist viel Platz, viel Luft, viel

Relikte der Vorgeschichte verstreut in satter Natur: Hünengräber bei Lindeskov auf Fünen

Wind. Die stetig frische Brise über dem schmalen Festland wie über den vielen Inseln wächst sich im Herbst und im Frühjahr und erst recht im Winter oft genug zu Stürmen aus. Und diese natürliche »Ressource« wird konsequent zur Energie-Erzeugung genutzt. Wer durch Jütland reist und zum Beispiel in der Limfjord-Gegend auf wahre Wälder aus Windkraftanlagen stößt – davon insgesamt 2 900–, wird gern glauben, daß nirgendwo mehr Erfahrung herrscht im Experimentieren mit dieser sauberen Form der Energiegewinnung. Zwar wurden im Jahre 1994 nur knapp drei Prozent des dänischen Stromverbrauchs aus der Kraft des Windes gedeckt. Eine wirtschaftlich weit größere Rolle spielt aber diese Technologie im Export: Die Hälfte aller Wind-Propeller, die sich derzeit weltweit in über 30 Ländern drehen, stammt aus Dänemark.

Ein Land mit weitem Horizont tut sich also auf, ein Land fast ohne Höhepunkte. Den langjährigen Dänemark-Fahrern genügen freilich die Dome und die Kirchen und die alten Gassen in Städten wie Ribe oder Ebeltoft auf dem Festland und Ærøskøbing, Svaneke oder die Altstadt von Odense auf den Inseln. Ihnen sind die vielen gepflegten Schlösser und Herrenhäuser im Süden Jütlands oder auf Fünen und Seeland durchaus Sehenswürdigkeit genug. Sie finden – in zwei, drei Urlaubswochen – wie von selbst zu sich: auf Radtouren durch die Sommerfrische, bei anspruchsvollen Konzertabenden in Klöstern und Dorfkirchen, aber genausogut beim Krabbenpulen an der Kaimauer von Skagen und beim Faulenzen in den Dünen, wo der Wind manchmal das Gras auf den Sandbergen zum Singen bringt...

Autos am Strand – muß das sein?

Doch muß auch von der Zersiedelung gesprochen werden und von den vielen, mancherorts allzuvielen Ferienhäusern. Über Hunderte von Kilometern bestimmen sie vor allem an der Nordsee die Küstenlinie. Inzwischen sind sie auch in Regionen vorgedrungen, die vor ein paar Jahren noch der Natur allein gehörten. Und an einigen Stellen halten die Dänen allzu beharrlich an einer Sitte fest, die nach heutigem Bewußtsein eher als Unsitte gelten könnte: Wer jedenfalls zum erstenmal den lebhaften Autoverkehr an den breiten, hartgefahrenen Sandstränden auf Rømø, Fanø oder an der Jammerbucht sieht, ist meistens ganz schön geschockt. Viele Naturschützer versichern allerdings, daß die Autos am Strand nicht stören. Die würden sonst womöglich, so sagen sie, alle in den Dünen parken.

Andererseits: Kein anderes europäisches Volk hat sich so früh und so intensiv um die Umwelt Gedanken gemacht. Die dänischen Badeorte nahmen die Verpflichtungen schon immer sehr ernst, die mit der Verleihung der sogenannten Blauen Flaggen verbunden waren; an keiner Küste unseres Kontinents wehen mehr solcher Signalflaggen, die auf saubere Strände und eine ordentliche Badewasserqualität hinweisen: Wie genau es die Dänen mit der Kontrolle ihrer Küsten nehmen, läßt sich auch daran ablesen, daß sie jedes Jahr ganz ungeschminkt auch jene Kilometer Strandabschnitte öffentlich melden, an denen das Baden nicht oder nur eingeschränkt möglich ist.

Überhaupt gilt Dänemark als ein Musterland für ideenreiche und fortschrittliche Umwelt- und Energiepolitik. Es gehört zu den ganz wenigen Ländern auf der Welt, die den CO_2-Ausstoß von einem hohen Niveau aus durch eine aktive Klimaschutzpolitik schon jetzt drastisch reduziert haben. Als Vorreiter in der Europäischen Union haben die Dänen zusätzlich zu ihren Energiesteuern eine CO_2- Abgabe eingeführt; sie war längst Bestandteil einer ökologisch ausgerichteten Steuerreform, als zum Beispiel in Deutschland noch immer darum gestritten wurde, wie dieser Begriff sinnvoll auszufüllen ist.

Neues Urlaubsgefühl im Poolhaus

Das ausgeprägte Umweltbewußtsein der nördlichen Nachbarn hat auch zu einer zunehmend kritischen Beurteilung der feinen Ferienhäuser geführt, die mit Swimmingpool, Whirlpool, Sauna und allerlei anderen Raffinessen ausgestattet sind. Diese Urlaubsvillen haben zweifellos dazu beigetragen, die ansonsten ja eher kurze Saison zu verlängern. Auf einmal – etwa seit Mitte der achtziger Jahre – zogen Familien mit kleinen und größeren Kindern, aber auch junge Cliquen und manchmal befreundete Ehepaare zum Beispiel im Februar, an Ostern oder sogar im November in die aufwendig eingerichteten Häuser in den Dünen der Westküste oder an den Stränden Nord-Seelands. Ihnen gefällt es, was die Ferienhaus-Vermieter – DanCenter, DanSommer, Sonne und Strand und wie sie alle heißen – durchaus realistisch versprechen: die große Freiheit im gar nicht mehr kleinen Haus. Da mögen draußen die Herbst- oder Frühjahrsstürme noch so toben, sie machen es sich kuschelig vor dem Kamin, laufen eine Weile gegen den Wind, während sich drinnen die Sauna aufheizt. Sie schwimmen morgens ein paar Runden vor dem Frühstück und setzen sich nachmittags allesamt für eine Viertelstunde in den Whirlpool. Natürlich kochen sie auch viel aufwendiger, als es früher in den kleinen Holzhäusern auf den Einplatten-Herden möglich war. Ein Hauch von dolce vita im biederen Dänemark – die Energie-Rechnung wird zum Schluß präsentiert; in manchen Monaten ist sie fast so hoch wie die Wochenmiete für das Luxushaus...

Erst nach einigen Boomjahren machten sich Vermieter und so manche

Beobachter der Ferienhaus-Szene ein paar kritische Gedanken. Die Poolhäuser brauchen sehr viel Strom. Sie sind überdies einem hohen Verschleiß ausgesetzt, wenn sie wirklich, wie es sich ihre Besitzer wünschen, bis zu fünfzig Wochen im Jahr belegt sind – mindestens alle vierzehn Tage von neuen Gästen...

Golf als Volkssport

Schon ist, seit Mitte der neunziger Jahre, noch ein neuer, freilich eher unproblematischer Trend zu beobachten. Immer mehr Dänemark-Urlauber möchten sich sportlich bewegen, wollen Golf spielen, segeln, surfen, reiten – und natürlich, wie sie das immer schon getan haben, radfahren. Galt Dänemark bis vor ein paar Jahren bei Golfern und solchen, die es werden wollen, noch als eine Art Geheimtip, so hat sich inzwischen herumgesprochen, daß dieses kleine Land beste Voraussetzungen für den Trendsport Nummer 1 bietet: eine Vielzahl hervorragender, ökologisch klug angelegter und von den Ferienorten meistens auch per Fahrrad leicht zu erreichender Plätze (etwa 120 waren es Ende 1995); eine gemütliche Stimmung ohne Schicki-Micki-Brimborium, wie es hierzulande ja noch immer den Durchbruch zum Volkssport verhindert; preisgünstige Lern- und Spielmöglichkeiten. Auch Surfer loben den unkomplizierten und schnellen Zugang zu ihren Paradiesen; kein Punkt im Königreich ist mehr als 40 Autominuten vom Wasser entfernt. Die heißesten Surferreviere liegen am Ringkøbing- und am Limfjord. Speedsegler ziehen gern nach Hvide Sande an die Westküste. Immerhin 28 Surfschulen bieten Unterricht für Anfänger und Fortgeschrittene.

Das bunte und immer vielfältigere Aktivangebot läßt vor allem die bekannten Seebäder in der Saison reichlich lebhaft werden. Dennoch, kaum zu glauben, aber wahr: Schon einen oder zwei Kilometer landeinwärts ist nichts mehr zu hören vom Trubel, wie er etwa in Blåvand, in Blokhus oder Løkken herrscht, einigen Tummelplätzen des lebhaften Sommertourismus. Da radelt der Urlauber denn doch wieder durch ein Land, das er eine Märchenwelt nennen möchte: vorbei an hölzernen Glockentürmen, an reetgedeckten Bauernhöfen, an dicken Steinen, die einen Kirchhof eingrenzen. Bussarde und Nebelkrähen schweben am Himmel, Katzen streichen um Dorfteiche.

Probleme im kleinen Königreich

Klar, unser Radler weiß natürlich, daß die dänische Idylle, wie alle anderen, nur ein Klischee ist – oder bestenfalls Kulisse. Und er hat vielleicht davon gehört, daß es zwar mit dem oft zitierten Wohlstands-Paradies seit langem zu Ende ist, der Spitzensteuersatz gleichwohl aber noch immer den EU-Rekord hält, daß die Arbeitslosigkeit an vielen Orten beängstigend hoch ist und damit nicht nur jungen Dänen zuweilen die Orientierung und die alten Werte abhanden kommen und daß schließlich junge und alte Dänen wahrlich nicht nur dann trinken, wenn sie sich zum gemütlichen Essen hinsetzen. Der Urlauber, der sich da über die Malven vor dem Fachwerkhaus freut und über das helle, milchig-blaue Licht des Nordens staunt, dieser Urlauber weiß wahrscheinlich auch, daß manche Dänen die Besucherströme aus Deutschland nicht ohne Skepsis sehen. Das Mißtrauen, so heißt es, sei vor allem als Furcht vor einem möglichen Ausverkauf der Küsten zu verstehen. Und mancher sorgenvolle Blick nach Süden mag auch mit der Tatsache zu tun haben, daß nunmehr 80 Millionen vereinte Deutsche die Nachbarn vor gerade mal 5,2 Millionen Dänen sind…

Das alles hat der Radler, der da durch Sommer-Dänemark schnurrt, gehört oder gelesen, das alles mag so oder so ähnlich sein. Aber dem Wohlbefinden, der behaglichen Zufriedenheit des Reisenden tut die dänische Wirklichkeit natürlich keinen Abbruch. Im Gegenteil: Andersens Märchenland gehört ja durchaus zu dieser Realität, etwa in den zahlreichen Kinder-Paradiesen oder, ein Beispiel eher für Erwachsene, im Landgasthof, der auf dänisch *Kro* heißt (Krug). Allein dieser Begriff, finde ich, verrät schon viel von der Gemütlichkeit, die sich

Den Dänen geht es gut, aber… *Die Zahlen für Lebensstandard und Lebenserwartung im kleinen Königreich gehören zu den höchsten der Welt. Ein neugeborenes Mädchen hat in Dänemark eine Lebenserwartung von 78 Jahren, ein neugeborener Junge von 72 Jahren. Etwa 1,4 Millionen Privatautos sind zugelassen. Das bedeutet: Zwei Drittel aller Haushalte haben ein oder mehrere Autos. Fast alle Haushalte besitzen einen Kühlschrank (99 Prozent) oder einen Fernseher (98 Prozent), 90 Prozent haben eine Gefriertruhe, 70 Prozent waschen maschinell, in 33 Prozent der Haushalte steht ein Geschirrspüler, fast 20 Prozent haben einen Heimcomputer. Fast 60 Prozent aller Familien wohnen im eigenen Haus; jedem der 5,2 Millionen Dänen steht – statistisch gesehen – eine Wohnfläche von 45 Quadratmetern zur Verfügung. – Alle Werte sind höher als in Deutschland. Aber: Obwohl die Wirtschaft als eine der stabilsten in der Europäischen Union gilt und die Inflationsrate mit knapp 2 Prozent eine der niedrigsten der Welt ist, liegt die Arbeitslosenquote seit Jahren deutlich über 10 Prozent. Besondere Sorge macht der Regierung der hohe Anteil junger Arbeitsloser (bei den 20- bis 24jährigen liegt er über 16 Prozent).*

hinter den meistens alten Mauern verbirgt. *Kro* – das riecht nach krossen Bratkartoffeln, nach marinierten Heringen, das schmeckt nach üppig belegten, bunten Butterbroten, nach Bier und Aquavit...

Kinderglück: Kleine Klötze, großer Spaß

Aber erst nochmal zurück zum Kinderglück. Es ist, trotz 7400 Kilometern Küste, nicht nur auf Sand gebaut. Es läßt die kleinen Gäste auch nicht nur im weltberühmten Legoland Bauklötze staunen. Kinderglück in Dänemark: Das ist wie die Sommerfrische von gestern – lieb und lustig, mit derbem Holzspielzeug in Brændesgaardshaven auf Bornholm, wo seit Jahr und Tag der »Doktor Elvius« mit seinen Späßen alle Welt zum Lachen bringt, mit Wasserrutschen und Riesen-Trampolins in den vielen Vergnügungsparks, die fast alle »Sommerland« heißen. Zum Königreich für Kinder gehören die roten Würstchen *(Pølser)* und das duftend-frische Plundergebäck namens *Wienerbrød*, zählen das wundervolle Waffeleis aus alten Tagen (*Gammeldags Is*) und die vielen Feste. Das Paradies der Kleinen sind der weiträumige Platz zum Spielen zwischen den Ferienhäusern, am Strand und in den Wäldern gleich dahinter, die Micky-Maus-Hefte und die Kindertelefone in fast jeder Bank und in nahezu jedem Postamt... und ganz sicher gehören die Kellner und Kellnerinnen dazu, die im *Kro* und anderswo dem Kleinkind den Hochstuhl an den Tisch rücken und der Siebenjährigen eine Schachtel giftfreier Buntstifte und eine Menükarte zum Ausmalen vorlegen, um etwas später das Kunstwerk zu bewundern und dann ganz aufmerksam zu fragen: »Was wünssen Sie ssu speisen, meine Dame...?«

Frokost und rote Würstchen

Vom Bratkartoffel-Paradies war die Rede, von grellroten Würstchen, die wie Marshmallows schmecken, und vom bunt-dekorierten *Smørrebrød*. Ich müßte auch noch von der hausgemachten Leberpastete erzählen, die so mancher *Kro*-Wirt erfolgreich gegen alle Diätpläne dieser Welt setzt. Und eigentlich müßte ich die Dänemark-Anfänger am besten gleich auf lange Abende im Krug einstimmen: *Das* sind Begegnungen, da wird geschwatzt, gesungen, getrunken und stundenlang zu *Middag* getafelt (jawohl: am Abend; das Mittagessen hingegen heißt *Frokost*).
Es mag leicht sein, einen *Kro* zum Rasten oder Übernachten zu finden, behauptet doch ein dänisches Sprichwort: »Wo Gott eine Kirche gebaut hat, setzte der Teufel einen Krug daneben.« Aber auch der be-

kennende Dänemark-Liebhaber wird zugeben müssen, daß es längst nicht mehr in jedem *Kro hyggelig*, das heißt: dänisch-gemütlich, zugeht. Manche, darunter auch solche mit einem Reetdach, sind nichts anderes als Hotels mit genormtem Komfort. Und vergleichsweise teuer, das muß klar gesagt werden, sind fast alle dänischen Gasthöfe, die hyggeligen wie die langweiligen, die rustikalen wie die feinen. Die Preise für Lebensmittel im Supermarkt oder beim Bauern, also für Selbstversorger, wie es Camper und Ferienhaus-Urlauber gewöhnlich sind, liegen nur noch um zehn bis höchstens fünfzehn Prozent über vergleichbaren Produkten in Deutschland; Essengehen allerdings, besonders wenn dazu Alkohol getrunken wird, ist deutlich teurer als bei uns. Als Faustregel, die von einem Vergleich der Durchschnittspreise hier wie dort ausging, galt Ende 1995: In Dänemark ist die Urlaubsmark nur achtzig Pfennig wert.

Neuerdings finden reisende Gourmets sogar ein paar Schlemmerstuben jenseits der Dickmacher-Tradition. Vor allem jüngere Köche versuchen, mit leichten, phantasievollen Kreationen die Feinschmecker anzusprechen. Aber selbst in den großen Städten, in Århus, Aalborg, Odense und sogar in Kopenhagen, setzen sich solche Ambitionen nur zögernd durch. Nach wie vor fühlen sich die älteren Nielsens, Larsens und Sørensens (60 Prozent aller Familiennamen enden auf -sen) am wohlsten im herkömmlichen *Kro* oder auch, mittags!, im gediegenen *Frokost*-Restaurant; die jüngeren hingegen haben sich einer Europa-Norm angepaßt, die nicht verordnet wurde und sich doch (oder deswegen?) überall durchgesetzt hat: Sie essen tagsüber lieber Hamburger statt *Smørrebrød*, lieber Pizza statt *Flæskesteg* – das ist Schweinebraten. Abends allerdings lassen sich die Dänen aller Altersstufen nur zu gern »auf eine Tasse Kaffee« bitten. Wenn Sie auch eingeladen werden, allzumal auf dem Lande, sollten Sie unbedingt vorher lesen, was Siegfried Lenz dazu gesagt hat, der viele Jahre in Dänemark gelebt hat: »...ein Wink, und die schönen Teller mit den gebutterten Brötchen begannen zu krei-

Hier mag jeder gerne verweilen in der gemütlichen Stube bei *Smørrebrød*, Bier und Aquavit

sen. Sie kreisen immer, die Teller, niemand entgeht ihrer Forderung, zu nehmen und noch einmal zu nehmen. Wir trennten also die Mehrdekker, hoben die halben Rundstücke ab, die so aufeinanderlagen, daß auch die Unterseite kräftig Butter annahm, und es war ein zufriedenes Mahlen und Trinken.«

Kultur: Tycho Brahe, Tania Blixen und Fräulein Smilla

Habe ich womöglich zu lange mit Ihnen im *Kro* gesessen? Habe ich mich zu ausgiebig der dänischen Lieblings-Beschäftigung, dem Essen und Trinken, gewidmet? Vielleicht hätte ich mehr auf die Kultur eingehen müssen, auf berühmte Vertreter dänischen Geisteslebens – etwa auf den miesepetrigen Søren Kiergegaard, der vor 150 Jahren die Grundlagen für die viel später populär gewordene Existenzphilosophie andachte? Oder auf Tycho Brahe, den bedeutendsten Astronomen vor der Erfindung des Fernrohrs? Und auf Schriftsteller, die sich zeitkritisch und feinfühlig mit Fragen dieses Jahrhunderts auseinandergesetzt haben – Martin Andersen-Nexø zum Beispiel, auch Karen Baronesse Blixen-Finecke, die unter dem Pseudonym Tania Blixen weltberühmt wurde, oder neuerdings Peter Høeg, der mit seinem Buch »Fräulein Smillas Gespür für Schnee« auf Anhieb zu einem Shooting Star der europäischen Literaturszene wurde? Auch über die Maler aus Skagen gäbe es viel zu sagen, über Anna und Michael Ancher oder über Peter S. Krøyer, dessen Bild »Sommerabend am Strand von Skagen« nicht nur bei mir immer wieder Sehnsucht nach dem hellen Licht des Nordens auslöst...

Backstein und Barock im Bauernland

Ich kann nicht alles vorwegnehmen auf diesen wenigen Seiten, die doch nur die erste Begegnung mit dem vielleicht noch ganz unbekannten Nachbarland erleichtern sollen. Natürlich müßte ich eigentlich schon jetzt ausführlich über die vielen zauberhaften Ecken Jütlands berichten, etwa über die Silkeborger Seenplatte, über Backstein und Barock im Bauernland Djursland; diese Halbinsel ragt weit ins Kattegat hinein und gehört zu den Geheimtips im kleinen Königreich. Und nicht zu vergessen – die Traumstrände an der Westküste und das kleine Wunder bei Skagen, an der Spitze von Festland-Dänemark, wo von links die dunkelblauen Nordseewellen geradezu dramatisch heranrollen und rechter Hand, grün und meistens still, die Ostsee vor sich hindümpelt. Und, ach, was ist mit Bornholm, dieser Märcheninsel weit weg vom restlichen Dänemark...?

Über die Faszination der friedlichen Weite auf den großen Inseln Fünen und Seeland ließe sich genausoviel erzählen wie über den Zauber der dänischen »Südsee«, wo manche Städtchen seit Jahrhunderten vor sich hinzuträumen scheinen. Ausflüge in die Stille von Læsø oder Samsø müßten angeregt werden. Ja, und dann natürlich Kopenhagen, die heiterste Hauptstadt des alten Europa! Über diese wundervolle Metropole wäre doch nun wirklich viel zu sagen: über die merkwürdigen Türme, die ihre Silhouette prägen, über die Trödelläden und die Tätowierer im Hafenviertel Nyhavn, über die prachtvollen Schlösser mitten im Zentrum, über den Tivoli, diesen Vergnügungspark, in dem »nicht einfach nur gerummelt wird, sondern ein heiteres Volk sich für wenige Øre einen Abend lang verzaubern läßt«, wie Hugo Hartung es vor ein paar Jahrzehnten empfand; kurz: über die Atmosphäre einer kleinen Weltstadt, die wirklich Herz hat.

Aber nicht um die Aufzählung aller besuchenswerten Orte ging es mir auf diesen Seiten, vielmehr: um die Vermittlung des ganz besonderen Lebensgefühls im nördlichen Inselreich. Ich wollte Sie einstimmen, wollte Ihnen Lust machen, ein rundum sympathisches Land zu bereisen.

Dem Glück der Dänen, dem eingangs zitierten, wie überhaupt dem spezifisch dänischen Lebensgefühl, läßt sich nun mal besonders leicht beim Essen auf die Spur kommen, im *Kro* zum Beispiel. Deshalb habe ich mit Ihnen solange dort gehockt.

Mastenwald im Hafen von Skagen: In Jütlands nördlichster Stadt hat die Fischerei Hochkonjunktur

HANS TAVSEN

Geschichte und Gegenwart

Von den Wikingern zum Wohlfahrtsstaat – was für ein Weg. Im Gegensatz zu den lieblichen, eher flachen Landschaften in Jütland und auf den rund 500 Inseln ist die Geschichte Dänemarks reich an Gipfeln und Dramatik: Normannen aus dieser Region suchten ferne Küsten heim und hätten beinahe mal Paris erobert, über Jahrhunderte war das heute so kleine Königreich – das älteste in Europa – eine Großmacht. Der Danebrog, die rotweiße Nationalflagge, wehte einst sogar über Kolonien in der Karibik, in Afrika und Indien.

Der Taufschein auf dem Runenstein

Nirgendwo läßt sich der Beginn der geschriebenen dänischen Geschichte eindrucksvoller nachvollziehen als im Dörfchen Jelling. Ich fahre am liebsten vom Vejle-Fjord aus auf Nebenstraßen in den abgelegenen Ort, der vor gut tausend Jahren das politische Zentrum dieses Landes war. Der Weg führt durch waldreiches Hügelland, durchs Grejsdal und vielleicht um den Fårupsee herum. Meistens war ich allein auf den Hügeln, unter denen die ältesten Königsgräber Dänemarks vermutet werden, allein auch in der hübschen romanischen Kirche, deren Ursprünge auf das frühe Mittelalter zurückgehen und deren restaurierte Wandmalereien auch an trüben Tagen leuchten.

Vor allem aber habe ich immer ausreichend Zeit und Muße gehabt, mich den beiden legendären Steinen zu widmen, die auf dem Kirchhof vor dem weißen, kleinen Gotteshaus das Ziel aller geschichtsbewußten Dänen sind. Zwei Runensteine stehen dort nämlich, deren Inschriften als erste Kunde vom Lande Dänemark gelten. An dieser Stelle, da sind

Vorherige Seite: Gestern und heute: Wikinger-Gräber von Lindholm Høje und Industrie Aalborgs
Links: Das Denkmal vor dem Riber Dom erinnert an den Reformator Dänemarks, Hans Tausen
Rechts: Früheste Kunde vom kleinen Königreich liefern die Runensteine auf dem Kirchhof von Jelling

sich Archäologen und Historiker inzwischen ziemlich sicher, stand der erste Königshof Dänemarks; auf einem der Steine, dem größeren, mit Ornamenten prächtig verzierten Denkmal, sind die frühesten Symbole des Christentums im Norden zu sehen.

Als »Taufschein« Dänemarks wird deshalb gern der kleinere der beiden Steine bezeichnet. Auf ihm heißt es sinngemäß: »König Gorm schuf diese Mäler nach Thyra, seiner Frau, der Zierde Dänemarks«. Manchmal, wenn ich so ganz allein in die gemeißelten Runen vertieft war, kam denn doch jemand hinzu, der mir Geschichten, Legenden und spannende Auslegungen anbot: Einmal war es der Pastor aus Jelling, der mich darauf hinwies, daß das Wort *bod*, das gern mit Zierde oder Stolz übersetzt wird und so auch in fast allen Büchern wiedergegeben ist, genausogut »Sühne« bedeuten könne. Ich möge doch darüber mal nachdenken, sagte der alte Herr, spannte seinen Regenschirm auf und ging ins Dorf. Der zweite Stein trägt die Inschrift: »König Harald ließ diesen Stein setzen für seinen Vater Gorm und seine Mutter Thyra. Der Harald, der ganz Dänemark gewann und auch Norwegen und der die Dänen zu Christen machte.« Aber was war wirklich mit »ganz Dänemark« gemeint, und was mit »Norwegen«...? Die Gelehrten streiten sich, wie immer in solchen Fällen, und den Leuten vor Ort bleibt es überlassen, welche Version sie sich zu eigen machen wollen. Ob zum Beispiel im Grabhügel, auf dem wir standen, dem etwas höheren von zweien, wirklich mal das Königspaar beigesetzt war, weiß man nicht. Viel spricht für die These, daß dies nur eine Gedenkstätte war, während unter dem anderen Hügel immerhin Reste einer Grabkammer, einer leeren allerdings, gefunden wurden. Gerade diese Unsicherheiten tragen dazu dabei, daß in den Dörfern der Umgebung bis heute schnurrige Geschichten kursieren – über Gorm den Alten, über die schöne Thyra und ihren Sohn, den tapferen Harald, der die Dänen einte und mit seinem Vater die lange Reihe der dänischen Könige anführt.

Die Geschichte Dänemarks hat freilich viel früher angefangen.

Vom Tollund-Mann und der grauen Zeit davor

Emil und Viggo Højgaard, zwei Brüder aus dem Silkeborger Seengebiet, taten am 8. Mai 1950, was sie fast jeden Tag machten: Sie stachen Torf. Am Rande des großen Moores im Bjældskovdal stießen sie in einer Tiefe von zweieinhalb Metern auf eine Leiche. Sie war sehr gut erhalten, und die Brüder riefen die Polizei. Die sah sich den Körper an, einen Mann mit feinen Zügen und einer Lederkappe auf dem Kopf. Dieser Mann war, das konnte man so gut wie seine Bartstoppeln erkennen, gehenkt worden – vor über 2 000 Jahren. Das fanden bald darauf Wissenschaftler heraus, die den Tollund-Mann – so wird die Moorleiche genannt, die seither im Museum von Silkeborg zu besichtigen ist – durchleuchteten, ihn obduzierten und sogar seinen Mageninhalt analysierten. So erfuhren sie viel über die Lebensweise der Eisenzeit. Das war die Periode, in der der Tollund-Mann gelebt hatte. Auch damals wurde im Hochmoor bei Silkeborg Torf gestochen. Viel haben die Experten aus Kleidung und Utensilien der Moorleichen – außer dem besonders gut erhaltenen Tollund-Mann wurden in Dänemark etwa 600 Funde bekannt – herauslesen können; warum aber zum Beispiel der Mann, den die Brüder Højgaard entdeckten, gehenkt worden war, konnte nicht mit Sicherheit geklärt werden. Ein Opfer für die Götter jener Tage – so lautet die gängige Vermutung.

Dänemark ist seit der frühen Steinzeit besiedelt. Zuvor, nach dem Ende der letzten Eiszeit – 10 000 bis 8 000 Jahre vor unserer Zeitrechnung – hatten sich hier Wald und Fauna gebildet, Bären und Rentiere streiften durch die Gegend, die heute Ferienland ist. In der jüngeren Steinzeit, die im jetzigen Dänemark ab etwa 4 200 bis 1 800 vor Christus anzusetzen ist, wohnten nicht mehr als 50 000 Menschen in dieser Region. Es waren Ackerbauern, die erstmalig ihre Töpfe hübsch verzierten, meistens Grütze aßen und als Haustiere den Ochsen, das Schaf, die Ziege und den Hirtenhund hielten. Jedes Jahr im Sommer ziehen junge Leute in das Freilichtmuseum von Hjerl Hede und leben dort wie in der Steinzeit. Dieses Dorf, in

Menschlicher Zeuge aus der Vorzeit: Der Tollund-Mann im Silkeborg Museum

herrlicher Heidelandschaft in der Nähe des westlichen Limfjord gelegen, macht Frühgeschichte lebendig und auf fröhliche Weise begreifbar.

Auf die jüngere Steinzeit folgte die Bronzezeit, ungefähr von 1 800 bis 500 vor unserer Zeitrechnung. Diese friedliche und offenbar kreative Phase der Vorgeschichte hat großartige Zeugnisse hinterlassen. Die Menschen jener Zeit, die den Bronzeguß beherrschten, benutzten zwar im Alltag weiterhin vorwiegend den Stein für Waffen und Werkzeug. Die wertvolle Bronze, eine Legierung aus Kupfer und Zinn, wurde aber zum Beispiel zur Herstellung schöner Musikinstrumente, der sogenannten Luren, verwendet. Ein Dutzend solcher Blasinstrumente sind erhalten geblieben, konserviert im Moor über Jahrtausende wie der Tollund-Mann aus Silkeborg. Die Luren können übrigens heute noch bespielt werden, 3 500 Jahre nach ihrer Herstellung. Die Naturgewalten waren die Götter der Bronzezeit, die mit Ehrfurcht angebetet wurden. Der Sonnenwagen im Nationalmuseum zu Kopenhagen vermittelt einen Eindruck jener frühen Kulte. Abgelöst wurde die Bronze-Periode von der Eisenzeit. Sie begann um etwa 500 vor Christus, als den Bewohnern des Nordens erstmals die Kunst der Eisenschmelze zugänglich wurde. Anders als die Bronze wurde dieses Metall sofort für den Alltag genutzt, war auch nicht das Privileg einer gehobenen Klasse. Aus dieser Ära, die etwa bis ins Jahr 800 der Neuzeit dauerte, stammen die berühmten Moorleichen, der Tollund-Mann ebenso wie der Grauballe-Mann, der im Vorgeschichtlichen Museum Moesgård zu sehen ist. Dort, am Stadtrand von Århus, läßt sich auf einem frühgeschichtlichen Wanderweg auf spannende Weise den Spuren der ältesten Geschichte folgen. Die Exponate des Museums von Moesgård reichen bis in die Zeit der Wikinger, jene legendenreiche Epoche, die wir in Jelling, zu Beginn dieses Kapitels, schon einmal kurz gestreift haben.

Die Wikinger und das erste Großreich

Achtes Jahrhundert, eine Wendemarke in Europa: Das Christentum hat sich fast überall gefestigt, Karl Martell hat die arabisch-islamischen Eroberer aus Frankreich vertrieben, am Rhein blühen Handwerk und Handel, im Norden werden Städte gegründet, die später als »die ersten Dänemarks« bezeichnet werden: Ribe und Haithabu (Hedeby). Zwischen Nord- und Ostsee muß ein vielbefahrener Handelsweg entsprechend geschützt werden. Das erste Danewerk (*Dannevirke*), eine Art Grenzwall gen Süden, entsteht 808. Schon bald sollte der Nutzen dieser befestigten Grenze westlich von Haithabu, zwischen der Schlei und dem Flüßchen Treene im heutigen

Schleswig-Holstein gelegen, deutlich werden: Karl der Große, Enkel des Karl Martell, suchte sein Frankenreich immer weiter auszudehnen. Mit Feuer und Schwert unternahm er gleichzeitig Feldzüge zur Christianisierung.

Aus diesen unruhigen Zeiten sind die ersten Berichte über Raubzüge jener Völkerschaften überliefert, die als Wikinger (dänisch: *Vikinger*) oder Normannen in die Geschichte eingegangen sind.

Die Ostwikinger, also die alten Schweden, segelten über die Ostsee, siedelten im Baltikum und drangen über die russischen Flüsse bis ans Schwarze Meer vor. Die Westwikinger, Vorläufer der Norweger und Dänen, suchten mit kleinen, seetüchtigen Schiffen die Küsten Nordwest-, West- und Südeuropas heim. Um das Jahr 1000 erreichte Erik der Rote erstmals Nordamerika, rund 500 Jahre vor Kolumbus. Schon vorher, seit 874, wurde Island, bald darauf auch Grønland von Wikingern besiedelt. Im neunten Jahrhundert setzte nördlich des Danewerks die Christianisierung ein, begann zugleich unter Gorm dem Alten (ca. 900–940) und seinem Sohn Harald Blauzahn (940–985) der Zusammenschluß vieler Stämme zum Königreich Dänemark. In Jelling ist die steinerne Urkunde dieser erfolgreichen Bemühungen zu besichtigen.

Mit klingenden Namen und ziemlich turbulenten Zeiten greift die Geschichte der Dänen, die über drei Jahrhunderte (bis ins Jahr 1035) eine Geschichte der Wikinger ist, in die Weltgeschichte ein: Normannen aus

Mittelalter live: In Ribe können die Besucher einen Wikingermarkt mit arbeitenden Werkstätten erleben

dem noch ganz kleinen, noch ganz jungen Königreich dringen bis Lissabon und Sevilla vor; sie belagern (erfolglos) im Jahre 885 die Stadt Paris und ziehen – eine Gruppe von 40 000 Menschen – jahrzehntelang durch Nordfrankreich (Normandie!). Sven Gabelbart (oder auch: Doppelbart; dänisch *Tveskæg*) endlich, der Sohn von Harald Blauzahn, dringt zunächst weit nach Osten vor. Er kämpft dort gegen die Slawen, um sich aber schon bald nach Westen gegen England zu wenden. Immer wieder greifen Wikinger die Insel an. 1013 erhalten sie sogar die Kontrolle über London. Das erste Großreich der Dänen, unter Knud dem Großen, dem Sohn des doppelbärtigen Sven, umfaßt schließlich Dänemark, Norwegen und England. Doch bereits 1042 zerfällt es wieder. Danach wird die Insel Seeland zum Kerngebiet Dänemarks. Schon Harald Blauzahn war nach dem Tod seines Vaters aus Jelling weggezogen und hatte seine Zelte in Roskilde auf Seeland aufgeschlagen. Der dortige Dom und die unterirdischen Ruinen der Laurentiuskirche, erst 1931 entdeckt, zeugen von der großen Geschichte der Könige und der Bischöfe, die einst von hier aus das Reich der Dänen regierten (bis 1445).

Die wilde Zeit der Waldemare

Mit Knud dem Großen und erst recht mit seinem Sohn Hardeknud geht nach der Jahrtausendwende die aufregende Zeit der Wikinger zu Ende. Bis 1157 bekriegen sich anschließend die vielen Nachkommen des Königs Sven Estridsen und seiner fünf Söhne. Erst danach, mit König Waldemar I., später »der Große« genannt, beginnt eine Ära der Einheit und der Stabilität. Friedlich aber ist die Zeit der wilden Waldemare keineswegs – vier Könige dieses Namens schreiben sich mit Schlachten und Eroberungen in die Geschichtsbücher.

Waldemar II. nimmt Teile Estlands in Besitz – 1219 war das, als der Danebrog vom Himmel fiel. Seither lernen dänische Schulkinder diesen zweiten Waldemar auch als »Waldemar den Siegreichen« kennen, obwohl er 1227 in der Schlacht bei Bornhöved den norddeutschen Fürsten unterlag. Bald wechseln wieder Perioden des Niedergangs und der inneren Gesundung in heftigen Sprüngen ab. Waldemar IV., genannt Waldemar Atterdag, schafft schließlich das Wunder eines erneuten Aufstiegs – mit einer politisch begründeten Ehe, mit Intrigen und nahezu pausenlosen Kriegszügen.

Ach, es war eine blutige Zeit, die da in den Geschichtsbüchern als glanzvolle Ära verklärt wird: Waldemar, der es »wieder Tag« (*Atterdag*) werden lassen will im Königreich, erobert Schonen (in Südschweden), brandschatzt die Insel Gotland – und löst damit einen Feldzug der Hanse gegen Dänemark aus (denn Visby, Gotlands

Hauptstadt, war ein Vorposten der Hanse). Dieser damals mächtige Städtebund erobert denn auch 1368 Kopenhagen. Gleichzeitig marschieren die Holsteiner nach Jütland ein. Schließlich erhält Waldemar Atterdag Jütland durch einige politische Tricks zurück und will sich gerade Schleswig kaufen (im wörtlichen Sinne), als er überraschend und ohne männliche Erben im Jahre 1375 stirbt.

Margrethe I. und die Union von Kalmar

Seine jüngste Tochter, Margrethe, übernimmt daraufhin das Zepter. Sie erweist sich als geschickte Diplomatin und raffinierte Frau. Als zum Beispiel die Herren der Hanse strategisch wichtige Burgen in Schonen nicht vertragsgemäß zurückgeben wollen, leiden die Hansekoggen, ihre Fracht und die Mannschaften plötzlich unter Seeräuberei im Øresund. Als die Hanse aber klein beigibt und die Burgen wieder an Dänemark fallen, hört der Piratenspuk sofort auf...

Im Jahre 1380 übernimmt Margrethe für ihren verstorbenen Mann Haakon IV., einen Norweger, auch die Krone für das nördliche Nachbarland. Damit entsteht ein Bund zwischen Dänemark und Norwegen, der immerhin bis 1814 hält. 1397 schließt Margrethe mit der »Union von Kalmar« einen Vertrag, der Dänemark, Norwegen und Schweden vereint. Zwar wurde im gleichen Jahr der fünfzehnjährige Erich von Pommern – ihr Adoptivsohn – auf den Thron des vereinigten Nordreiches gesetzt; aber bis zu ihrem plötzlichen Tod im Jahre 1412 behält Margrethe die eigentliche Macht in Händen. Nach Erich von Pommern und Christoph von Bayern heißen die gekrönten Häupter Dänemarks dann abwechselnd Christian und Frederik, immerhin von 1448 bis 1972. Einzige Ausnahme ist König Hans, der von 1481 bis 1513 dem ersten Christian folgt (Erst 600 Jahre nach der ersten Margrethe übernahm mit der jetzigen Königin Margrethe II. wieder eine Frau das Zepter von ihrem Vater).

Eine Zier der dänischen Krone: Königlicher Leibgardist vor Schloß Amalienborg in Kopenhagen

Die Kalmarer Union hält nicht lange: In der zweiten Hälfte des 15. Jahrhunderts kämpft sich Schweden frei von der dänischen Vorherrschaft. Zwar erobert Christian II. 1520 Stockholm zurück, läßt sich zum König von Schweden krönen und richtet bald darauf ein Blutbad an: Mehr als 80 Adlige, darunter zwei Bischöfe, werden auf dem Marktplatz von Stockholm hingerichtet. Aber schon ein Jahr später, 1521, gelingt es Gustav Wasa, Christian den Tyrannen, wie er noch immer in Schweden genannt wird, aus dem Land zu werfen. Das sollte jedoch bei weitem nicht der letzte Krieg zwischen den beiden Nachbarländern gewesen sein, die heute so partnerschaftlich zusammenleben. Ein Wort noch zum ersten Christian. Dieser, ein äußerst verschwenderischer, genußfreudiger Mensch, ursprünglich ein Graf von Oldenburg, eröffnete die Möglichkeit, Dänemark und Schleswig wieder zu vereinen. Denn 1460 wählten die Stände von Schleswig-Holstein diesen König von Dänemark zum Herzog von Holstein – unter der Bedingung, daß Schleswig und Holstein »up ewig ungedeelt« (auf ewig ungeteilt) bleiben. Die Probleme, die daraus resultierten, haben Dänemark und Deutschland bis in unser Jahrhundert reichlich beschäftigt. Der Übergang von der alten römischen Kirche zur Reformation in der ersten Hälfte des 16. Jahrhunderts fällt auch in Dänemark in eine Zeit der Armut und des gewaltsamen Umbruchs. Die Herrschaft des Adels hat endgültig alle Werte und Regierungsformen des Mittelalters abgelöst; allein von 1536 bis 1600 bauen sich die Adligen mehr als 1500 Herrenhäuser an die schönsten Stellen Dänemarks.

Die Königin, das Volk und der Dackel Das dänische Königshaus ist die älteste regierende Dynastie der Welt. Margrethe II., seit 1972 auf dem Thron und Nummer 55 in der Königsreihe, führt ihre Linie direkt auf Gorm den Alten vor über 1000 Jahren zurück. Die Dänen sind sich dieser Tradition völlig unverkrampft bewußt. Wenn auch jeder Wachwechsel im Kopenhagener Schloß Amalienborg – immer mittags kurz vor zwölf – von abgemessenen Schritten und klingendem Spiel begleitet wird, so ist doch das Verhältnis der Bürger zu ihrer Monarchie frei von devotem Pathos, nicht aber von Respekt und Zuneigung. Margrethe II., die zweite Frau auf dem Thron nach über 600 Jahren, wurde 1940 als älteste Tochter von Frederik IX. und seiner Frau Ingrid (der heute hochbetagten und hochverehrten Königinmutter) geboren.
Margrethe ist seit 1967 mit dem französischen Grafen Henri de Laborde de Monpezat verheiratet, der zuvor zum lutherischen Glauben übergetreten war und seit seiner Hochzeit Prinz Henrik von Dänemark heißt. Der Ehe entstammen zwei Söhne: Kronprinz Frederik

Immer wieder: Krieg gegen Schweden

Bei weitem der populärste Herrscher in der unruhigen Zeit nach der Reformation wird jener Christian IV., von dem es in der Volkshymne heißt: »König Christian stand an hohem Maste...« Schon seine Krönung – er war gerade 19 Jahre alt – sollte den Reichtum und die Weltmacht-Gelüste des kleinen Landes bewußt protzig widerspiegeln: Das Fest, zu dem Freßorgien, Feuerwerk und Reitturniere mit über 3000 Pferden gehörten, dauerte einen ganzen Monat; danach gab es in der weiteren Umgebung kaum etwas zum Essen und Trinken zu kaufen. Aber wie es in der Geschichte halt häufig so geht: Dem Volke gefiel das Großmannsspiel, ließ der König doch schon bald eine gewaltige Flotte aufstellen und herrliche Schlösser bauen. Das schaffte Arbeitsplätze. Auch in den Städten setzte eine rege Bautätigkeit ein – Beispiele, die uns noch heute staunen lassen, sind Jens Bangs Haus in Aalborg oder die vielen Fachwerkhäuser aus Århus, die jetzt im Freilichtmuseum Gamle By stehen.

Der König führte noch mehrfach Krieg gegen Schweden und griff auch, wenngleich erfolglos, auf Seiten der norddeutschen Protestanten in den Dreißigjährigen Krieg ein. Doch dem glanzvollen Aufstieg zu Beginn seiner Regentschaft folgte schon bald der Katzenjammer: Immer wieder waren es Kriege gegen Schweden, die das Königreich Dänemark nachhaltig schwächten. Um die Mitte des 17. Jahrhunderts mußte Christian IV. Gotland an Schweden zurückgeben; auch einige

(1968 geboren) und Prinz Joachim (1969 geboren). Die Königin ist ausgebildete Ballettänzerin und auch auf anderen Gebieten von großer künstlerischer Begabung: Sie malt, illustriert Bücher, entwirft Theaterkostüme und übersetzte unter anderem Simone de Beauvoir ins Dänische. Ihre Regentschaft und ihr Privatleben sind frei von Affären und Intrigen. Die dänischen Bürger und die dänische Presse sind freilich auch frei von jener Häme oder Skandalsucht, wie sie etwa das Verhältnis der Briten zu den Windsors prägen. Allenfalls zwei Tatsachen werden von Zeit zu Zeit auf nette Weise aufgewärmt: Die Königin raucht zuviel, und der Prinzgemahl spricht noch immer nicht so richtig gut dänisch. Wenn es denn aber wirklich mal ernsthafte Probleme bei Hofe gibt, stehen in Dänemark Nation und Herrscherhaus zusammen. Beispiel: Als Ende 1993 Zenobie, der dicke Dackel der Königin, von einem auf den anderen Tag verschwunden war, suchte und weinte ganz Dänemark. Den neuen Hofhund, eine Dackeldame, den Henrik ihr schließlich schenkte, taufte Margrethe voller Skepsis Celimene – nach der untreuen Geliebten aus Molières »Menschenfeind«.

norwegische Provinzen fielen an den verhaßten Nachbarn. Unter dem Nachfolger Frederik III. verlor Dänemark 1658 seine Gebiete östlich des Øresund. Die Insel Bornholm kam allerdings schon 1660 im Frieden von Kopenhagen an Dänemark zurück (Protestantisch ist Dänemark übrigens seit den Tagen der Reformation geblieben. Heute gehören 98 Prozent aller Dänen der evangelisch-lutherischen Volkskirche (*Folkekirke*) oder einer der vielen anderen protestantischen Gemeinschaften an. Es gibt nur knapp 30000 Katholiken und etwa 7000 Juden, von denen die meisten in Kopenhagen leben).

In die Ära des dritten Frederik fällt die Umwandlung des Wahlkönigtums in eine Erbmonarchie. Es folgt die eher ruhige Zeit des Absolutismus. Aber immer wieder juckt es die Dänen, gegen ihre großmächtigen Nachbarn im Osten zu Felde zu ziehen. Erst 1720, mit dem Ende des großen Nordischen Krieges, erholen sich Dänemark-Norwegen und Schweden für längere Zeit. Frederik V. macht den Grafen Johann Hartwig Ernst Bernstorff zum Chefminister, der Künstler und Gelehrte an den Hof nach Kopenhagen holt, so den deutschen Dichter Klopstock. Ein anderer Bernstorff, Neffe Andreas Peter, setzt Ende des 18. Jahrhunderts die Bauernbefreiung durch und bringt damit für Dänemark das Ende des feudalen Absolutismus. In dieser Zeit nimmt die damalige Kolonialmacht Dänemark auch eine bemerkenswerte Vorreiterrolle ein: Jahrzehnte vor den Engländern und Franzosen und lange bevor sich 1865 auch Amerika dazu durchringen kann, verbietet Dänemark, das Besitzungen in Indien, der Karibik (St. Thomas und St. John, später auch St. Croix) und in Afrika (im heutigen Ghana) sein eigen nennt, den Sklavenhandel.

Und noch eine segensreiche Pionierleistung stammt aus dieser Zeit: 1805 leistet sich Dänemark das erste Naturschutzgesetz der Welt. Es besagt, daß die Waldbesitzer stets so viele Bäume nachpflanzen müssen, wie sie abholzen. Diesem Gesetz ist zu verdanken, daß die dänischen Wälder wieder wachsen – auf heute immerhin elf Prozent.

Der lange Streit um Schleswig-Holstein

Mit Beginn des 19. Jahrhunderts gerät das damals gar nicht so kleine Königreich mal wieder in den Strudel europäischer Wirren. Napoleon hat gerade Deutschland erobert und in Tilsit Frieden mit Rußland geschlossen. Nun zwingt der Korse die Dänen, sich der berüchtigten Kontinentalsperre anzuschließen, mit den Franzosen das Verbot der Einfuhr englischer Waren auf dem Kontinent durchzusetzen. Die Briten wehren sich und greifen Kopenhagen an. Den Brandraketen, die erstmals in der Kriegsgeschichte eingesetzt werden, haben die Dänen nichts entgegenzusetzen. Kopenhagen brennt, die Bevölkerung flüchtet, und die Engländer haben leichtes Spiel, die dänische Flotte zu zerstören. Dänemark tritt an die Seite Frankreichs und wird auf diese Weise in die napoleonischen Kriege hineingezogen. Piraterie, Hungersnöte und politische Querelen bestimmen einige Jahre die Szene. 1814, im Frieden von Kiel, muß Dänemark Norwegen an Schweden abgeben, die Insel Helgoland, bis dahin dänisch, fällt an Großbritannien (das den Felsen seinerseits später mit dem Deutschen Reich gegen Sansibar tauscht...).

So turbulent es zuging zu Anfang des 19. Jahrhunderts, so geradlinig

Territoriale Entwicklung Dänemarks

80 km

N

▬▬	Grenzverlauf zwischen den Herzogtümern Schleswig, Holstein und dem Königreich Dänemark
▬▬	Grenzverlauf zwischen den Herzogtümern Holstein und Lauenburg
▬▬	Grenzverlauf 1864
▬▬	Grenzverlauf 1864-1920
–·–·	aktueller Grenzverlauf

Skagerrak
Skagen
Hirtshals
Kattegat
Thisted
Aalborg
Aalborg Bucht
Holstebro
Århus
Silkeborg
Vejle
Fredericia
Kopenhagen
Esbjerg
Kolding
Ribe
Odense
Korsør
Herzogtum
Nyborg
Tønder
Sønderborg
Schleswig
Flensburg
Gelting
Schleswig
Eckernförde
Kiel
Mecklenburger Bucht
Oldenburg
Neumünster
Travemünde
Rostock
Deutsche Bucht
Itzehoe
Herzogtum Holstein
Lübeck
Herzogtum Lauenburg
Wilhelms-haven
Bremerhaven
Hamburg
Deutschland
Lauenburg
Nordsee

verfolgten die Dänen in jenen Jahren dennoch Reformen, die beispielhaft für ganz Europa, ja für die Welt werden sollten. In eben dem Jahr 1814, in dem das Reich so stark schrumpft, wird ein Schulgesetz eingeführt. Damit ist Dänemark das erste Land, in dem alle Kinder Unterricht bekommen. Und ebenfalls 1814 ist es, als die Juden in Dänemark die Bürgerrechte erhalten, viel früher als anderswo, ein Privileg, das selbst in der reaktionären Zeit nach den Napoleonwirren nicht außer Kraft gesetzt wurde.

Aber schon steht die Einheit Dänemarks erneut auf dem Spiel. Diesmal lösen nationalistische Bestrebungen in Holstein und Schleswig die Konflikte aus. Die dänische Devise aber lautet:»Dänemark bis zur Eider«. 1848 kommt es zum ersten deutsch-dänischen Krieg. Nach fast drei Jahren Kampf siegen die Dänen und besetzen Schleswig. Aber so ganz mag man sich in Kopenhagen des Erfolges nicht freuen, denn Dänemark muß sich Preußen (welches Schleswig-Holstein unterstützt hatte) und Österreich gegenüber verpflichten, daß es sich Schleswig nie völlig einverleiben werde. Damit war der nächste Krieg bereits vorprogrammiert. Schon 1864 geht es wieder zur Sache – und diesmal verlieren die Dänen in der berühmt gewordenen Schlacht an den Düppeler Schanzen (dänisch: *Dybbøl*). Noch immer sind dort die Kanonen und auch die alte, wiedererrichtete Mühle zu besichtigen, die im Zentrum des aussichtslosen, 34 Tage dauernden Verteidigungskampfes stand. Über die Erdwälle ist Gras gewachsen, die Schanzen sind ein Nationaldenkmal – und, sehr sympathisch, zugleich ein Naturschutzpark. Die Wunde, die Deutschland (genauer: Preußen) seinerzeit den Dänen und ihrem Nationalbewußtsein bei Dybbøl zufügte, vernarbte freilich nicht so schnell wie die Schanzen. Bis zur Königsau (dänisch: *Kongeaa)* wird Nordschleswig deutsch, 175000 Dänen leben unter deutscher Herrschaft – bis 1920. Dänemark, gesellschaftlich wie wirtschaftlich auf dem Weg zu einem liberalen Staat des 20. Jahrhunderts, ist nach dem Kriege von 1864 klein geworden.

Im Ersten Weltkrieg bleibt das Land neutral, aber 6000 Dänen fallen als deutsche Soldaten. 1915, unter Christian X., erhält das Königreich eine demokratische Verfassung, die auch den Frauen das Stimmrecht gibt (1924 hat in Kopenhagen erstmalig in der Welt eine Frau ein Ministeramt inne). Weil es wegen der Kriegslage von seinen Übersee-Besitzungen abgeschlossen ist, verkauft Dänemark seine karibischen Kolonien (an die USA).

Das Jahr 1920 ist noch einmal ein Schicksalsjahr in den deutsch-dänischen Beziehungen. Der Versailler Vertrag ermöglicht der Bevölkerung von Nordschleswig, ihre nationale Zugehörigkeit selbst zu bestimmen. Die Volksabstimmung ergibt eine Mehrheit von 75 Prozent für Dänemark – 4000 Quadratkilometer mit 160000 Menschen (davon gut 25 Prozent, die sich als Deutsche fühlen) fallen an das Königreich zurück. Seither leben auf beiden Seiten der Grenze (der einzigen Landgrenze, die Dänemark mit einem Nachbarn hat: 68 Kilometer zwischen Nord- und Ostsee) nationale Minderheiten: Etwa 25000 Deutsche haben einen dänischen Paß, ihre Hochburgen sind in Haderslev/Hadersleben, in Åbenrå/Apenrade und in Tønder/Tondern; diesseits der Grenze, in Südschleswig, wohnen gut 50000 Menschen, die lieber dänisch als deutsch sprechen, ihre eigenen Kindergärten, Schulen und Vereine besitzen und sich seit Jahrzehnten politisch vom Südschleswigschen Wählerverband (SSW) vertreten lassen. Beiden Gruppen geht es besser als jeder anderen ethnischen Minderheit in der Welt: Der SSW ist von der Fünfprozent-Klausel befreit; sein Vertreter (viele Jahrzehnte der pfiffige Karl-Otto Meyer) sitzt im Kieler Landtag. Auf der anderen Seite wirkt die Schleswigsche Partei an der Kommunalpolitik im Süden Jütlands mit; ein Büro in Kopenhagen vertritt die überregionalen Interessen der deutschen Minderheit. Beide Gruppen werden gern von Politikern, von Bundespräsidenten und der Königin besucht und als Muster eines friedlichen Miteinanders (nach problemreichen Jahrhunderten) herausgestellt.

Glücksfall mit Grenzen

Nach Bismarcks Krieg von 1864 war Dänemark zum Kleinstaat geworden; südlich der Grenze führte die Entwicklung wenig später zum preußisch-deutschen Nationalstaat. Seither gilt vor allem dies: In Süd- und in Nordschleswig leben Deutsche und Dänen ein Modell für den Schutz ihrer Minderheiten vor, das in ganz Europa als nachahmenswerter Glücksfall eingestuft wird. Auch werden die Deutschen in Nordschleswig (also in Südjütland) von der dänischen Mehrheit nicht mehr in eine rechte Ecke gestellt, wie dies in den ersten zwei Jahrzehnten nach dem 2. Weltkrieg zuweilen geschehen ist. Zwar hat die deutsche Minderheit Ende der siebziger Jahre ihren Sitz im dänischen Folketing (dem Reichstag in Kopenhagen) verloren, aber der Schutz der Minderheit ist gleichwohl vielfältig gesichert. Die deutschen Dänen haben längst und überzeugend bewiesen, daß sie loyale dänische Staatsbürger sind und gleichzeitig der deutschen Kultur und Nation nahestehen können.

Was heißt das im Alltag? Deutscher Lebensstil im dänischen Südjütland kommt freundlich daher, macht sich vor allem, wie auch auf dieser Seite der Grenze, im bunten Vereinsdasein bemerkbar. Abgefärbt auf die dänischen Dänen haben die deutschen Dänen zum Beispiel mit ihrer Leidenschaft zum Skatspielen, zur Taubenzucht und zur Vereinigung in freiwilligen Feuerwehren. All das findet im übrigen Dänemark nicht statt.

Der Mörder und der Monarch

So freundlich, so friedlich, wie die Dinge im Grenzland heute liegen, war das deutsch-dänische Verhältnis natürlich nicht von 1920 an; erst in den Jahren nach dem Zweiten Weltkrieg hat es sich so entwickelt, zögernd und schrittweise. Denn dazwischen lag die Nazizeit in Deutschland, lag die Besetzung des neutralen Dänemarks durch deutsche Truppen, lag auch die Kollaboration einiger hundert deutscher Dänen (und dänischer Dänen) mit den Besatzern, lag der Versuch der Deutschen, auch in Dänemark die Juden zu vernichten. Aber anders als in anderen besetzten Ländern fanden sich außerhalb Südjütlands so gut wie keine Kollaborateure; im Gegenteil: Der Widerstand gegen die verhaßten Nazis wurde vom ganzen Volk getragen; auch König Christian X. trug seinen Teil dazu bei. Als Hitler dem Monarchen im

Færøer und Grønland Sie sind die Sorgenkinder des Mutterlandes, fernab der Heimat, mit ökonomischen und sozialen Problemen belastet.

Die Færøer bestehen aus 18 Inseln mit einer Gesamtfläche von 1 399 Quadratkilometern. 43 000 Menschen leben heute hier, deutlich weniger als in den Vorjahren. Ihrer Lage im Atlantik verdanken sie kühle Sommer, aber auch milde Winter. Und zudem ist es immer recht feucht. Es waren norwegische Wikinger, die die Inselgruppe um 900 kolonialisierten. Als Norwegen 1380 an Dänemark fiel, kamen auch die Færøer an Dänemark. Sie blieben auch dänisch, als 1814 Norwegen wieder frei wurde. Mit der neuen dänischen Verfassung 1849 erhielten auch die Færøer ihr Parlament, das Lagting, dem allerdings nur beratende Funktion gegenüber der dänischen Regierung zugebilligt wurde. Zwar entwickelte sich mit der Zeit die Forderung nach Loslösung vom Königreich, doch blieb es bei den Wünschen. Stattdessen gewährte man ihnen 1948 eine größere Selbständigkeit, die in der Zwischenzeit formal noch eher gewachsen ist, tatsächlich aber nur auf dem Papier besteht.

Wichtigster Erwerbszweig ist natürlich die Fischerei, auch in der Industrie überwiegt der fischverarbeitende Teil. Als man in den Siebzigern, aber auch noch in den Achtzigern auf große Fischvorkommen stieß, stieg der Optimismus unter der Bevölkerung. Kredite wurden aufgenommen, in neue Schiffe wurde ebenso investiert wie in neue Straßen und Häuser. Mit dem schwindenden Fischreichtum Ende der achtziger Jahre und der Senkung der Fangquoten brach das kreditfinanzierte System zusammen. Noch heute haben sich die Færøer davon nicht erholt, sondern sind noch abhängiger von Dänemark ge-

September 1942 ein langes, blumig formuliertes Telegramm zum 72. Geburtstag schickte, antwortete dieser dem Mörder mit drei Worten: »Ausdrücke meinen Dank.« Mit der Rettung des weitaus größten Teils der 7 500 dänischen Juden setzten sich die Dänen ein Ehrenmal der Menschlichkeit, wie es keinem anderen europäischen Volk in den Tagen der deutschen Schreckensherrschaft zukommt. Ein Beamter der deutschen Botschaft war es allerdings, dessen gezielte Indiskretionen über bevorstehende Judenverfolgungen den dänischen Widerstand alarmierte. In Fischerbooten und bei Nacht und Nebel gelang es, die meisten dänischen Juden nach Schweden zu bringen. Etwa 500 aber wurden verhaftet und mit dänischen Kommunisten und Widerstandskämpfern in Konzentrationslager verschleppt.

Diese Wunden sollten noch lange schmerzen. Erst seit Anfang der sechziger Jahre, als Tourismus und Wirtschaft zwischen beiden Län-

worden. Die Arbeitslosenquote beträgt mittlerweile 25 Prozent, die Jugendlichen verlassen die Insel in Scharen.

Grønland ist die größte Insel der Welt, von Nord nach Süd sind es in den Extremen 2 670 Kilometer, von West nach Ost 1 050 Kilometer, insgesamt beträgt die Fläche 2 172 600 Quadratkilometer. 84 Prozent der Insel sind von Inlandeis oder Gletschern bedeckt. 55 000 Menschen leben hier. Besiedelt ist vor allem der Westen Grønlands, wo die Temperaturen im Hochsommer im Schnitt 7 Grad, im Winter −22 Grad erreichen. Der Norden und der Osten sind unbewohnbar. Nur der Süden ist etwas grün.

Geographisch gehört Grønland zu Amerika, die Eskimos Kanadas und Grønlands besitzen gemeinsame Vorfahren. Eine erste Kolonisation fand noch vor dem Jahr 1000 durch die Isländer statt. 1721 kam der Priester Hans Egede hierher, und mit ihm begann die dänische Kolonisation. Im Zweiten Weltkrieg wurde die Insel unter den Schutz der USA gestellt, die hier auch militärische Anlagen errichteten. Nach dem Krieg wurde Grønland wieder dänischer Verwaltungsbezirk. Dann erhielt die Insel jedoch ebenfalls ein Selbstverwaltungsrecht. Natürlich bestimmen auch hier Fischerei und fischverarbeitende Industrie das wirtschaftliche Leben, darüber hinaus aber auch Walfang, Robbenjagd und die Erschließung von Rohstoffen, die allerdings wegen der harten Umweltbedingungen nicht ganz einfach ist.

Ist die durchschnittliche Lebenserwartung auf den Færøern höher als in Dänemark, so zeigt sie sich in Grønland deutlich niedriger, auffällig ist die hohe Selbstmordquote unter jungen Männern.

Beide Inseln gehören, im Gegensatz zum Mutterland, nicht zur EU. Sie sind mit jeweils zwei Sitzen im Kopenhagener Parlament vertreten.

dern aufzublühen begannen, läßt sich von einer Normalisierung zwischen den Völkern danach und bis in die Gegenwart mit gutem Grund von einer Freundschaft sprechen.

Nachkriegszeit und Gegenwart: Nein und Ja zu Europa

Die ersten beiden Jahrzehnte nach dem Krieg sind von einem deutlichen Strukturwandel geprägt. Während vor etwa vierzig Jahren noch fast jeder vierte Däne (in manchen Regionen über 30 Prozent) in der Landwirtschaft tätig war, sind es heute nur noch knapp vier Prozent (Nur wenn die Fischerei zum Agrarbereich gerechnet wird, kommen sieben Prozent heraus). Wie sehr zugleich die bäuerliche Wirtschaft von einst zu einer Agrarindustrie geworden ist, läßt sich an zwei weiteren bemerkenswerten Tatsachen ablesen: Obwohl nur sehr wenige Dänen in der Landwirtschaft arbeiten, ist das Land nach wie vor weltweit die Exportnation Nummer 1 für Schweinefleisch und Käse. Zwei Drittel der gesamten Landfläche werden zwar noch immer landwirtschaftlich genutzt, aber die Zahl der bäuerlichen Betriebe geht immer weiter zurück. So zählten die Statistiker 1982 noch gut 100 000 Bauernhöfe – 1995 waren es nicht einmal mehr 70 000. Auch im gemütlichen kleinen Königreich geht der Trend zu den Branchen der Zukunft: Hochtechnologie, Automatisierung, Elektronik, aber auch Biochemie und Pharmazie.

Neuerdings dürfen die Dänen sogar stolz auf einen technischen Weltrekord sein: Das Prestige-Projekt einer Tunnel- und Brückenverbindung über den Großen Belt wartet mit einer im Wortsinn herausragenden Leistung auf. Die Brückenpfeiler sind mit 254 Metern nicht nur Dänemarks höchste Punkte (97 Meter höher als der Kölner Dom; mit fast 2,7 km Länge und vor allem einer freien Spannweite von 1 624 Metern läßt sie sogar die Golden Gate Bridge in San Francisco wahrlich alt aussehen), sondern auch die bei weitem höchste und technisch aufwendigste Brücke der Welt. Wenn 1997/98 mehr als 5 Milliarden Mark verbaut sein werden, wenn 270 000 Tonnen Beton, 42 000 Tonnen Bau- und 2 000 Tonnen Spannstahl verarbeitet sind und ein paar tausend Leute mehr als 210 000 Kubikmeter Erde bewegt haben werden, wird Kopenhagen mit dem europäischen Festland verbunden sein: Zwischen Fünen und dem Inselchen Sprogø in der Mitte des Großen Belts überquert die bereits fertige Westbrücke für Eisenbahn und Autos das Wasser; zwischen Sprogø und Seeland teilt sich künftig der Verkehr in einen Eisenbahntunnel und eine Autobahn (Ostbrücke). Und schon wird die nächste Herausforderung angenommen: Die 22 Kilometer lange Verbindung zwischen Kopenhagen und Malmø über den Øresund soll um das Jahr 2000 fertig sein. Dann, also um die

Jahrtausendwende, werden wohl auch die Pläne fertig sein, die bis vor kurzem noch als Utopie galten – eine Querung des Fehmarn-Belts zwischen der deutschen Insel Fehmarn und der dänischen Insel Lolland – Skandinavien wäre endgültig eins mit Europa...

Politisch sah sich Dänemark nach dem Kriege zunächst am Rande des Kontinents. Island hatte sich schon 1944 vom Königreich gelöst und war Republik geworden; auch die Færøer-Inseln sind unabhängig geworden, lassen sich von Dänemark nur noch außen- und verteidigungspolitisch vertreten (wie das inzwischen autonome Grønland). 1949 trat Dänemark der NATO bei, setzte aber vor allem auf die nordische Karte: Zunächst wurde 1949 ein interparlamentarischer Rat, der Nordische Rat, gegründet, in den fünfziger Jahren schlossen sich Norwegen, Schweden, Finnland, Island und das Königreich Dänemark zu einer Paßunion zusammen.

In den neunziger Jahren setzte sich die Einsicht durch, daß sich auch Dänemark nicht länger der europäischen Einigung verschließen kann – allerdings nur zögernd. 1992 sah es sogar für kurze Zeit so aus, als ob an den vermeintlich sturen Dänen und ihrem anfänglichen Nein zu den Verträgen von Maastricht das europäische Einigungswerk ins Trudeln geraten würde. Schon ein Jahr später, als sie dann doch einem modifizierten Vertragsentwurf zustimmten, lobten viele Beobachter die tapferen Neinsager von ehemals: Das Nein aus Kopenhagen sei eine berechtigte Warnung gewesen.

Unmutsäußerung: Der Beitritt Dänemarks zur Europäischen Union erntet noch immer Kritik

Eine große Sorge der mehrheitlich sehr umweltbewußten Dänen galt und gilt der Gefahr, daß bei einer Vereinheitlichung des europäischen Öko-Rechts der hohe dänische Standard leidet. Tatsache ist: Die Brüsseler Eurokraten richten sich nicht nach den fortschrittlichen Umwelt-Gesetzen der Dänen, Deutschen oder Holländer, sondern nach dem viel niedrigeren Standard der Engländer, Italiener oder Griechen. Dabei, so die berechtigte Sorge in Kopenhagen, kann letztlich nur eine europäische Umweltpolitik auf niedrigem Niveau herauskommen.

Aber vielleicht war zumindest beim ersten »Nej« alles viel simpler: Ganz gewiß, das weiß ich von vielen Gesprächen in Dänemark, hatte nämlich ein nennenswerter Teil der Nein-Sager gar nicht so sehr die großen Zusammenhänge im Auge. Es ging (und geht) ihnen vielmehr um eine urdänische Tradition: Sie wollen schlicht ihre Ruhe vor dem Rest der Welt haben... Auch deswegen konnten europakritische Gruppen noch bei der Europawahl von 1994 locker ein Viertel aller Stimmen einsacken.

Protest und kleines Wirtschaftswunder

Wir sind wiederum ein wenig von der Chronologie abgewichen: Als 1972 der beliebte König Frederik IX. stirbt, folgt ihm seine Tochter als Königin Margrethe II. auf den Thron, eine kunstsinnige, sehr populäre Frau. Seit zwanzig Jahren kümmert sie sich freundlich und ohne Skandale um ihre Familie und führt ihre königlichen Geschäfte, respektiert wie keine andere Monarchin in Europa, die schwedische eingeschlossen.

Gesellschaftlich und politisch waren die vergangenen Jahrzehnte von vielen Basisbewegungen geprägt. Die »Graswurzel«-Gruppen erhielten früher und stärker Zulauf als vergleichbare Bewegungen in den Nachbarländern. Zahlreiche Ideen und Anregungen einer stark grün-orientierten Protestbewegung flossen in den politischen Alltag ein. So war Dänemark 1971 das erste Land, das sich ein Umweltministerium zulegte. Auch der völlige Verzicht auf Atomstrom ist den »Graswurzel«-Leuten zu verdanken. Aber auch populistische Strömungen verschonten das kleine Land mit dem großen Hang zur Individualität, zum Querdenken und Querschießen keineswegs. So konnte sich der Steueranwalt Mogens Glistrup mit seiner Fortschrittspartei eine Zeitlang spektakuläre Trotz-Erfolge sichern.

Jetzt, in der zweiten Hälfte der neunziger Jahre, wird von fast allen politischen Lagern das teure Sozialsystem, auf das man so lange stolz war, in Frage gestellt. Die staatlichen Wohlfahrtsleistungen in den nordischen Ländern werden ausschließlich aus den Steuergeldern finanziert. Aber wenn größere Arbeitslosigkeit, zusätzlich auch noch eine negative Handelsbilanz und ein defizitärer Steuerhaushalt über längere Zeit die Zahlen bestimmen, gerät das System ins Wanken. Andererseits hat eine gute Entwicklung (Fachleute sprechen gar von einem kleinen, stillen Wirtschaftswunder) dafür gesorgt, daß man sich in Dänemark derzeit über eine stabile Wirtschaft sowie über eine im europäischen Vergleich sehr niedrige Inflationsrate freut (1995: etwas über zwei Prozent). Allerdings wird wohl noch auf längere Zeit eine relativ hohe Arbeitslosigkeit (über zehn Prozent) dieses Bild trüben.

Das Verhältnis zum großen Nachbarn Deutschland ist vielleicht nicht so herzlich wie das zu den skandinavischen Nachbarn. Aber es ist, anders als dies manche Schlagzeilen in der dänischen Presse in den nachrichtenarmen Sommermonaten vermuten lassen, durchaus von freundlicher Sachlichkeit, von gegenseitigem Respekt, ja von Fairneß geprägt. Wenn zum Beispiel schleswig-holsteinische Minister in Kopenhagen über die schon angesprochene feste Verbindung zwischen Puttgarden auf deutscher und Rødby auf dänischer Seite verhandeln, stehen allenfalls die Einwände der Naturschützer auf beiden Seiten zur Diskussion; eine »zu enge« Anbindung an den Kontinent – wie etwa in England – befürchtet auf dänischer Seite kaum jemand mehr. Und im Grenzgebiet zwischen Schleswig und Jütland hat sich sowieso seit Jahrzehnten eine problemfreie, vor allem pragmatisch-orientierte Nachbarschaft etabliert: Mal lohnt es sich für die eine Seite mehr, auf der anderen zu tanken oder einzukaufen; ein Jahr später mag es genausogut wieder umgekehrt laufen.

Toleranz und ein schon fast skurriler Hang zur Individualität bestimmen nach wie vor den Alltag der Dänen. Wie gesagt, auch das erste, eher augenzwinkernde »Nej« zu Maastricht darf zu einem Gutteil dieser Neigung zum Fröhlich-Eigenbrötlerischen zugerechnet werden. Viele staunende Beobachter haben den politischen Fingerzeig seinerzeit gern mit dem sensationellen Fußballerfolg vom Sommer 1992 in Einklang gebracht. Auch dabei, so hieß es nach dem sympathischen Sieg in der Europameisterschaft, hätten die netten Dänen, die übrigens weniger Einwohner haben als der Deutsche Fußball-Bund Mitglieder, bewiesen, wie unberechenbar sie doch sein können. Aber was war denn letztlich das Besondere, was sie ins Spiel ums große Geld eingebracht haben?

Es war etwas ganz Einfaches, etwas, das Ihnen mit Sicherheit oft im Urlaubsland Dänemark begegnen wird – die schlichte Lust am Spaß. Denn wenn sich überhaupt etwas Verallgemeinerndes über die dänische Lebensart sagen läßt, dann dies: Die Dänen haben es gern lustig und locker; sie duzen alle und jeden, auch ihre Minister, und selbst in der Armee ist das Du ganz offiziell erlaubt, auch von unten nach oben (»Du General, ich sag' Dir was…«). Ganz sicher sind die Dänen unverkrampfter als ihre Nachbarn im Süden und Norden.

Geschichte auf einen Blick

Ca. 4000–ca. 1800 v. Chr. *Jungsteinzeit mit erste Siedlungen.*

Ca. 1800–ca. 500 v. Chr. *Bronzezeit.*

Ca. 500 v. Chr.– ca. 800 n. Chr. *Eisenzeit; aus dieser Epoche stammen die berühmten »Moorleichen«.*

804 *Das Danewerk entsteht.*

9. Jh. *Beginn der Wikingerzeit, der Christianisierung und des Königtums (mit Gorm und seinem Sohn Harald Blauzahn).*

1013 *Dänische Wikinger erobern London.*

1042 *Das Wikinger-Großreich (Dänemark, Norwegen und England) zerfällt wieder.*

1157 *Waldemar I. (der Große) ist auf dem dänischen Thron; Beginn einer stabilen Ära.*

1219 *Waldemar II. erobert Estland; die Legende vom Danebrog (Nationalflagge), der »vom Himmel fällt«, entsteht.*

1361 *Waldemar IV. (genannt »Atterdag«) plündert Gotland.*

1368 *Hanse-Lübecker erobern Kopenhagen; die Holsteiner marschieren nach Jütland.*

1370 *Frieden von Stralsund; Waldemar Atterdag muß vor der Hanse kuschen.*

1375 *Margrethe I. (Atterdags Tochter) übernimmt Krone und Zepter in Dänemark und…*

1380 *…auch in Norwegen.*

1397 *Union von Kalmar (Vereinigung von Dänemark, Schweden und Norwegen) bis 1523.*

1412–1448 *Intermezzi mit Erich von Pommern und Christian von Bayern.*

1536 *Reformation unter Hans Tausen.*

1563–1570 *Siebenjähriger Krieg (gegen Schweden).*

1588–1648 *Blütezeit unter Christian IV., Renaissance-Baumeister und Städtegründer.*

1658 *Die dänischen »Ostprovinzen« in Schweden gehen verloren.*

1660 *Frieden von Kopenhagen; Bornholm wird wieder dänisch.*

1675–1720 *Kriege gegen Schweden.*

1719/1721 *Friedensverträge; Schleswig wird Dänemark zugesprochen.*

1768–1772 *Johann Friedrich von Struensee gewinnt als Leibarzt das Vertrauen des geisteskranken Königs Christian VII. und fängt mit der erst 18 Jahre alten Königin Mathilde ein Verhältnis an. Seine Macht nutzt er zu umfassenden Reformen im Sinne eines aufgeklärten Absolutismus. Im Januar 1772 wird er gestürzt und hingerichtet.*

1801 *Englische Schiffe greifen Kopenhagen an.*

1807 *Englischer Angriff auf Dänemark; Dänen-Pakt mit Napoleon.*

1814 *Frieden von Kiel: Norwegen fällt an Schweden.*

1850 *Dänen besiegen Deutsche (Schleswig und Holstein).*

1864 *Der Landesteil Schleswig geht an Dänemark; die Dänen verlieren den anschließenden Krieg gegen Preußen und Österreich an den Düppeler Schanzen; danach fällt Schleswig-Holstein wieder an Deutschland zurück.*

1914–1918 *Weltkrieg; Dänemark bleibt neutral.*

1920 *Volksentscheid: Nordschleswig (Sønderjylland) stimmt für Dänemark.*

1940–1945 *Nazi-Deutschland besetzt Dänemark.*

1943 *Der Widerstand gegen die Besatzer wächst, Dänemark wird von den Alliierten als Verbündeter angesehen. Im Herbst 1943 können fast alle dänischen Juden in einer bewunderungswürdigen Aktion gerettet und nach Schweden in Sicherheit gebracht werden. Mit dieser mutigen Tat bleiben die Dänen das einzige Volk, das sich im deutschen Herrschaftsbereich in Europa der mörderischen NS-Judenverfolgung wirkungsvoll entgegensetzt.*

1944 *Island erklärt sich für selbständig.*

1953 *Neue Verfassung: »parlamentarisch-demokratische Monarchie«.*

1972 *Margrethe II. wird Königin.*

1973 *Dänemark tritt der EG bei.*

1984 / 1986 *Volksentscheide: Mehrheit für Verbleib in der EG.*

1992 *Referendum gegen EU-Verträge von Maastricht.*

1993 *Knappe Mehrheit für »Maastricht« (Europäische Union).*

1995 *Zum ersten Mal seit Jahren fällt die Arbeitslosenquote auf deutlich unter zwölf Prozent. Deutschland bleibt der wichtigste Handelspartner der Dänen.*

Unterwegs auf Bornholm

Øster Sømarken, ganz im Süden Bornholms gelegen. Unten rauscht das Meer, oberhalb ist die Terrasse der Heringsräucherei voll besetzt. Vor dem Eingang stehen Fahrräder dicht an dicht, auch der Parkplatz ist voll. Drinnen spielt die Jazzband. Groß und klein sitzen an den Holztischen, lösen mit den Händen das Fleisch aus den geräucherten Heringen, ziehen es kurz durch das grobkörnige Salz, und dann hinein in den Mund. Bier wird nachgeholt, hier und da muß es noch ein Aquavit sein. Derweil brennt die Sonne auf das Terrassendach. Unten am Strand vernimmt man kreischende Kinder. Surfer sind erkennbar.

Bornholm, das ist Dänemark auf 40 mal 40 Kilometern. Strände und Fische, Museen und Keramikwerkstätten, Radwege und Boutiquen.

Bornholm im Süden, das ist Strand pur, am Flughafen beginnend und dann an Øster Sømarken, Dueodde und Snogebæk vorbei bis hin nach Neksø. Dieser weite, weiße Sandstreifen, der sich zwischen Meer und Dünen hinzieht, ist gewissermaßen Wahrzeichen der Ferieninsel.

Bornholm im Norden, das ist eine hügelige Landschaft mit Wäldern und weiten Heidefeldern, mit der Burgruine Hammershus und dem Doppelort Allinge-Sandvig.

Bornholm im Westen, das ist vor allem die Hauptstadt Rønne mit ihrem Fährhafen. Von Hasle aus erstreckt sich eine reizvolle Küstenpartie hinauf bis Hammershus.

Bornholm im Osten, das ist zunächst einmal Svaneke, Dänemarks östlichste Stadt und eine der schönsten. Weiter südlich liegen Neksø, die zweitgrößte Stadt der Insel, weiter nördlich der Touristenliebling Gudhjem. Ein Schmuckstück des Ostens ist aber auch die Gruppe der Erbseninseln (Ertholmene) mit Christiansø und Frederiksø, die von Tagesausflüglern sehr gerne angesteuert wird. Bornholm in der Mitte, das sind Åkirkeby, die einzige Binnenstadt mit ihrem Dom, und Almindingen, das drittgrößte Waldgebiet Dänemarks, samt Trabrennbahn.

Ach ja, natürlich ist die Insel auch bewohnt, knapp 45000 Menschen leben hier, und sie kämpfen mit wirtschaftlichen Problemen. Welches Großunternehmen siedelt sich hier schon an? Weshalb sollten die Krisen in Landwirtschaft und Fischerei gerade auf Bornholm nicht spürbar sein? Sie hoffen auf einen guten Sommer, denn viele sind auf die Touristen angewiesen. Aber warum sollten sie kommen, wenn die Fahrt nach Bornholm teurer ist als ein Flug in die sonnensicherere Türkei? Dennoch sind die Bornholmer, bei allen Ängsten, immer zuversichtlich. Wenn Sie diese Insel lieben, werden Sie das auch tun. Und wiederkommen.

Allinge-Sandvig

Scheinbar nahtlos verläßt man die eine Stadt und steht schon in der nächsten. Dennoch unterscheiden sich die beiden Teile des Doppelortes im Norden der Insel ganz erheblich voneinander. Allinge, das ist das betriebsame kleine Städtchen mit einer recht lebendigen Hafenzeile, einigen schönen Häusern südlich des Hafens, ein paar Sehenswürdigkeiten wie der aus gotischer Zeit stammenden Kirche und dem Russischen Friedhof.

Sandvig hingegen ist der etwas mondänere Badeort. Hier begann um die Jahrhundertwende der Tourismus auf Bornholm, hier entstanden die ersten großen Hotels, und noch heute flaniert man hier eher, als daß man auf Shoppingtour geht. Auch klassische Sehenswürdigkeiten bietet die Stadt nicht, einmal abgesehen von der nahen Burgruine Hammershus.

Südlich von Allinge liegen Sandkås, ein reiner Hotelort, und Tejn, einer der größten Häfen der Insel. Außerdem verdient das Dorf Olsker mit seiner Rundkirche einen Besuch.

Sehenswertes

Hammershus

Museum Mai–Sept. 10 bis 17 Uhr; April, Okt. 10–16 Uhr
Eintritt Erw. 10 DKK, Kinder 3 DKK
Die Burg selbst ist immer geöffnet, der Eintritt ist frei.

Zugegebenermaßen wirkt der Ruinenkomplex auf dem hohen Felsen im Norden der Insel auch heute noch mächtig und beeindruckend, dennoch ist nur schwer nachvollziehbar, daß ausgerechnet hier Jahrhunderte hindurch das Bornholmer Machtzentrum lag. Man geht davon aus, daß es in frühchristlicher Zeit mehrere Machtblöcke auf der Insel gab, darunter zumindest auch einen weltlichen. Dem Lunder Erzbischof Jakob Erlandsen war es dann vorbehalten, mit dem Bau von Hammershus 1255 den kirchlichen Einfluß zu sichern. Andere Burgen wie etwa die Lilleborg in Almindingen ließ er zerstören.

Als die Lübecker 1525–75 die Insel beherrschen und ausplündern durften, reparierten sie immerhin die größten Schäden am Gebäude. Noch heute sind diese Bemühungen an den dunkelroten Steinen erkennbar. Und als 1658 Dänemark einen Teil seiner Besitzungen, u. a. auch Bornholm, an die Schweden verlor, nisteten sich die neuen Herren auf Hammershus ein.

Doch sie hatten die Rechnung ohne die dänentreuen Bornholmer gemacht. Eine Rebellengruppe um den Pastor Povl Ancher, den Bürgermeister Peder Olsen und den Aristokraten Jens Kofoed organisierte den Widerstand, versuchte in der Storegade in Rønne, den schwedischen Kommandanten Printzenskjöld zu entführen und erschossen ihn, als er flüchten wollte. Um die

Majestätisch: Burg Hammershus, einst
auf Bornholm das Zentrum der Macht

schwedischen Truppen dennoch aus der Burg zu locken, wurde die Entführung »weitergespielt«. Einer der Rebellen verkleidete sich als schwedischer Kommandant und forderte am Tor der Burg seine Leute auf, sich zu ergeben, um sein Leben zu schonen. Die Schweden gehorchten – und wurden von der Insel gejagt! 1661 wurden hier die Tochter Christian IV., Leonora Christina, und ihr Mann Corfitz Ulfeldt gefangengehalten, weil sie versucht hatten, sich mit den Schweden gegen die Dänen zu verbünden, nachdem Ulfeldt beim neuen König Frederik III. in Ungnade gefallen war. Eine Flucht von Hammershus scheiterte im Hafen von Sandvig, wo man sie enttarnte. Später wurde Leonora für 22 Jahre in den »Blauen Turm« im Kopenhage-

ner Schloß Christiansborg eingekerkert. Nachdem das Militär die Burg verlassen hatte, nutzten sie die Bornholmer als »Baumarkt« für den eigenen Häuserbau. Erst 1822 wurde Hammershus unter Denkmalschutz gestellt und ist heute eine der größten Attraktionen Bornholms. Ein kleines Museum veranschaulicht die Geschichte der Burg.

Man hat von der Anlage aus nicht nur einen guten Blick hinüber nach Schweden und auf den zuweilen recht regen Schiffsverkehr, sondern auch auf Hammerknuden, Bornholms Nordzipfel, und die Gesteinsformen, die als »Löwenköpfe« bzw. »Kamelköpfe« bezeichnet werden. Dabei sind die »Kamelköpfe«

sehr leicht erkennbar, erheben sie sich doch unmittelbar zu Füßen der Burg aus dem Wasser. Für das Erkennen der »Löwenköpfe« bedarf es ein wenig mehr Phantasie. Es ist die Felspartie direkt neben den Kamelköpfen, die Löwen blicken auf das Meer hinaus.

Unterhalb der Burg beginnt ein Spazierweg, der nicht nur zu den Löwen- und Kamelköpfen führt, sondern auf dem man auch noch weiter Richtung Süden durch »Slotslyngen« (Schloßwäldchen) spazieren kann. Ein Blatt mit vorgeschlagenen Routen erhalten Sie bei den Touristenbüros.

H1 Madsebakke
Stadionvej

An der Straße von Allinge nach Sandvig der Ausschilderung »Helleristninger« folgen

Mit Dänemarks größter Sammlung von in Stein geritzten Zeichen aus der Bronzezeit (*Helleristninger*) lassen sich noch Rätsel raten. Manche dieser Zeichen muten an wie Schiffsbilder, Radkreuze oder Fußabdrücke.

H2 Olskirke
Mai–Sept. Mo–Sa 9–12, 14–17 Uhr

Eintritt 4 DKK

Von den vier Bornholmer Rundkirchen ist diese die schlankeste. Hier kann man sehr deutlich den ursprünglichen Wehrcharakter der hiesigen Kirchen erkennen. Denn betritt man zunächst den Kirchenraum, so gelangt man anschließend über einen äußerst schmalen Aufgang in den ersten Stock, in dem Proviant, Frauen und Kinder bei eventuellen Überfällen in Sicherheit gebracht wurden. Ein Stockwerk höher sind dann die Schießscharten zu sehen. Das Kegeldach bekam diese Kirche wie die drei anderen Gotteshäuser erst später. Die Kalkmalereien von ca. 1300 sind nur noch schwach erhalten.

Museum

Moseløkken
Mai–Okt. Mo–Fr 10–12, 13–16 Uhr

Eintritt 10 DKK

In diesem »arbeitenden Steinbruchmuseum« wird noch tatsächlich gearbeitet, während in einer kleinen Ausstellung die Historie des Bornholmer Tagebaus nachgezeichnet ist.

Essen und Trinken

Allinge Røgeri
Sverigesvej 5, Allinge

Am Hafen gelegene Heringsräucherei, gute Lage, gutes Essen, und im Sommer wird täglich von 18 bis 20 Uhr ein Fischbüffet angeboten, bei dem man zum Festpreis essen kann, soviel man verträgt.

Einkaufen

Kampeløkken
Havnegade 45, Allinge

Gemeinschaftsausstellung Bornholmer Keramiker. Wem eine der hier gezeigten Arbeiten der über die ganze Insel verstreuten lebenden Künstler besonders gefallen

ischer am Hafen von Svaneke: Ein
gemütlicher Plausch vor dem nächsten
Auslaufen

wege. So südlich durch Slotslyngen (Schloßwäldchen). Oder nördlich von dem kleinen Hafen Hammerhavn aus rund um die Nordspitze Bornholms herum, Hammerknuden. Auf dieser ca. zweistündigen Wanderung auf z. T. sehr unebenem Terrain hat man bei gutem Wetter lange Zeit einen herrlichen Blick auf den Schiffsverkehr und Richtung Schweden. Später liegt einem Sandvig zu Füßen, dann geht es ins Binnenland, wo sich, je nach Jahreszeit, Blaubeeren und Pilze finden lassen. Immer den gelben Markierungen nach, passiert man gegen Ende in luftiger Höhe den Hammersø und erreicht wieder der Ausgangspunkt.

Zu Füßen der Burg sind übrigens zwei bekannte Felsformationen erkennbar, nämlich die freistehenden Kamelköpfe und daneben die sich aus dem Felsen herausschälenden Löwenköpfe.

Der gute Tip **M**:
Wanderung rund um Bornholms Nordspitze
Hier gewinnen Sie einen guten Einblick in Flora und Fauna der Insel und genießen manchmal Fernsicht bis nach Schweden.

hat, bekommt eine Karte mit einem Lageplan der verschiedenen Werkstätten.

Olsker Antik
Rønnevej 54, Olsker
Mi–So 10–17 Uhr
Kramladen alter Prägung, angemessene Preise.

Palles Antik & Genbrug
Havnevej, Tejn
Palle macht zwar auf Chaos, seine Preise sind aber gesalzen.

Allgemeine Informationen

Wandern
Wanderung rund um Bornholms Nordspitze **M**
Rund um die Ruine Hammershus erstrecken sich herrliche Wander-

Ertholmene (Erbseninseln)   M1

Östlicher geht es in Dänemark nicht als bis zu den Erbseninseln. Nur zwei von ihnen sind zugänglich, nämlich Christiansø und das etwas kleinere Frederiksø.

Die Bornholmer Maler *Die prominenteste dänische Künstlergruppe sind die Skagenmaler (das Ehepaar Anna und Michael Ancher, Peter Severin Krøyer), auch die Fünenmaler (Frits Syberg, Johannes Larsen) und die Goldaltermaler (Christoffer Wilhelm Eckersberg) sind weit über Dänemark hinaus geschätzt. Die Bornholmer Maler bilden weniger eine einheitliche Gruppe und sind auch nicht ganz so berühmt. Der bekannteste von ihnen und zugleich Lehrer für manchen ist Kristian Zahrtmann, der 1843 in Rønne geboren wurde. Er schuf nicht nur selbst ein über 1200 Gemälde und Zeichnungen umfassendes Werk, er inspirierte nicht nur die Fünenmaler, sondern seine spätere Heimat, das italienische Bergdorf Cività d'Antonio, wurde quasi zur Wallfahrtsstätte. Zahrtmann porträtierte mit Vorliebe historische Persönlichkeiten, später gelangen ihm auch brillante Momentaufnahmen aus dem Süden. Er starb 1917.*

Einer, der ihn in Italien besuchte, war der Schwede Karl Isakson (1878–1922), der großartige, voll satter Farben strahlende Gemälde geschaffen hat. Später wandte er sich außerdem religiösen Motiven

Græsholmen wird, deutlich erkennbar, nur von Vögeln besucht. Und alle anderen Inseln sind nicht mehr als Felsen.

Knapp 130 Menschen leben auf den beiden Inseln, Hunde und Katzen, Autos und Fahrräder sind nicht erlaubt.

1684 waren die Dänen zu der Überzeugung gelangt, eine eigene Marinebasis einrichten zu wollen und die Insel entsprechend befestigen zu müssen. Doch die Waffen entwickelten sich in der Folgezeit weiter, wurden durchschlagskräftiger. Und als die Engländer Christiansø 1808 mit ihren Kanonen beschossen, nutzten die mittlerweile veralteten Mauern nichts. Die Angreifer verzichteten allerdings großzügig auf eine Erstürmung der Erbseninseln.

Heute ist die dem Kopenhagener Verteidigungsministerium unterstellte Inselgruppe ein beliebtes Ausflugsziel. Schnell sind die wenigen Sehenswürdigkeiten besichtigt, kann man in einmaliger Umgebung die Seele baumeln lassen. Vielleicht erwirbt man noch eine Büchse mit dem hier hergestellten *Christiansø-Sild*, einem in sehr würzige Lake eingelegten Hering. Und dann geht es zurück von der Insel Christiansø auf das Land Bornholm. Jedenfalls sehen die Bornholmer das so.

Gudhjem

Im Sommer ist kein Durchkommen durch diesen Ort. Mühsam quälen sich die Busse durch die engen, steilen Gassen. Unten am Wasser, auf dem Parkplatz, ver-

zu. Isakson malte sehr gerne auf Christiansø, wie auch Edvard Weie (1854–1911). Der entwickelte sich nur langsam, seine ersten Gemälde sind noch von Unruhe geprägt, später erst bekamen bei ihm die Farben ebenfalls ihre volle Kraft. Unverkennbar ist bei beiden die Begeisterung für die französische Malerei, insbesondere für Cézanne und Matisse, die Lehrer Zahrtmann nicht teilte.

Weitere wichtige Maler der Insel sind der Kubist Olaf Rude (1886 bis 1957), Krœsten Iversen (1886–1955) und Claus Johansen (1877 bis 1943) aus Rutsker, der selbst auf Bornholm erst langsam entdeckt wird. Aus der jüngeren Zeit müssen Poul Høm (1905–94), Niels Leergaard (1893–1982) und Oluf Høst (1884–1966) genannt werden. Høst wurde unter anderem von Cézanne und Nolde beeinflußt, sein Lieblingsmotiv ist der Bauernhof Bognemark. Er und Zahrtmann gehören allerdings zu den wenigen, die auch auf Bornholm geboren wurden. Andere kamen erst später, angezogen vom Licht und der Ruhe. Oder gingen. Wie Michael Ancher, der ein Bornholmer war, die Insel jedoch früh verließ und als Skagenmaler weltberühmt wurde.

zweifelte Blicke. Wo ist ein Platz frei? Derweil schieben die Radler mühsam ihre Gefährte bergauf oder bergab, denn in der einen Richtung versagen die Kräfte und in der anderen vielleicht die Bremsen. Gudhjem ist der Liebling der Massen, doch wer sich an »Gottes Heim« noch vor ein paar Jahren erinnert, stellt fest, daß die Ortschaft stark verloren hat. Zahlreiche Ladenlokale stehen leer, in andere sind Boutiquen mit geschmacklosem Plunder eingezogen. Herrlich ist ohne Zweifel der Blick vom 51 m hohen Felsen Bokul. Bei gutem Wetter sind die Erbseninseln problemlos erkennbar. Unzählige Maler haben hier gestanden und die Dächer Gudhjems auf ihre Art wiedergegeben. Unten im Ort drängeln sich derweil die Menschen in der Räucherei. Hier

in Gudhjem begann die Geschichte der »Bornholmer«, sofern man darunter die geräucherten Heringe versteht. Denn Fischer brachten im letzten Jahrhundert die Idee des Räucherns fetter Heringe über Erlenholz von Christiansø mit. Dort hatte man die Rezeptur wohl von britischen Soldaten kennengelernt. Südlich der Stadt liegen der kleine Ort Melsted, der wegen seines Landwirtschaftsmuseums einen Besuch verdient, und Østerlars mit der berühmten Rundkirche. Spektakulärer sind aber einige Sehenswürdigkeiten etwas weiter nördlich.

Sehenswertes

Døndalen

Im Donnertal fallen die »Wassermassen« des Døndalfaldet ganze

Am Wochenende lockt das Landwirtschaftsmuseum in Melsted mit Volkstanzveranstaltungen

22 m tief. Womit dies der größte Wasserfall Dänemarks wäre! Sie finden ihn ein kurzes Stück nördlich des Bornholmer Kunstmuseums, dort geht es von einem Parkplatz auf der anderen Straßenseite in den Wald.

I2 **Helligdomsklipperne**
Die Felspartien im Norden der Insel finden hier mit den »Heiligtumsklippen«, nahe des Kunstmuseums, ihre spektakulärste Ausformung.

K3 **Østerlarskirke**
Mo–Sa 9–17 Uhr
Eintritt 3 DKK
Die am mächtigsten wirkende und meistbesuchte der hiesigen Rundkirchen liegt etwa 6 km südlich von Gudhjem. Wieder ist

unten der Kirchenraum eingerichtet (schöne Kalkmalereien), wurden in der ersten Etage Proviant und Personen geschützt und von der zweiten auf eventuelle Angreifer geschossen. Natürlich steht auch hier der Glockenturm separat.

Museen

Bornholms Kunstmuseum
Helligdommen, Rø
April–Okt. tgl. 10–17 Uhr;
Nov.–März Di, Do, So
14–17 Uhr
Eintritt 20 DKK
Das Glanzstück unter den Bornholmer Museen, absoluter Publikumsmagnet. Schon das Gebäude selbst ist ein Kunstwerk, im Inneren erwartet den Besucher eine beeindruckende Schau Bornholmer Künstler wie Zahrtmann,

K3 **Landbrugsmuseum Melstedgård**
Melstedvej 25, Melsted
Mitte Mai–Sept. Di–So 10 bis
17 Uhr
Eintritt 20 DKK
Das Landwirtschaftsmuseum
mit seiner umfassenden Sammlung zur Bornholmer Agrarhi-
storie bietet sonntags zudem Aktivitäten wie z. B. Volkstanz.
Auch für Kinder ist ein Besuch
sehr zu empfehlen.

Essen und Trinken

Bokulhus
Bokulvej 4, Gudhjem
Tel. 56 48 52 97
Tgl. 11.30–22 Uhr
1. Kategorie (Æ, DC, EC, Visa)
Eines der besten Restaurants der
Insel, das außerdem noch mit ei-
nem schönen Blick über den Ort
und nach Christiansø gesegnet
ist.

Einkaufen

Baltic Sea Glass
Melstedvej 47, Gudhjem
Tel. 56 48 56 41
Südlich von Gudhjem gelegener
Glasbläsereibetrieb, in dem man
auch bei der Herstellung dieser
traditionellen Kunsthandwerks-
Produkte zusehen kann.
Glasrøgeri
Ejnar Mikkelsensvej 13 a,
Gudhjem
Tel. 56 48 54 68
Unmittelbar am Hafen gelegene
Glasbläserei, sehr klein. Auch
hier darf man den Glasbläsern
zuschauen.

Hasle G3

Hasle war lange Zeit ein Ort,
den kein Tourist so richtig auf
seiner Route hatte. Unpersön-
lich, ohne Sehenswürdigkeiten,
wurde Hasle auf dem Weg von
Rønne in den Norden gerne
übersehen.
Doch mittlerweile hat sich das
Bild total gewandelt. Den Anfang machte die Museumsräu-
cherei, im Zentrum wurde ein
kleiner traditioneller Handels-
hof (»Karetmagergaarden«) eröffnet, und unter dem Stichwort
»Det maritime Hasle« versucht
man, die Stadt mit den nördlich
gelegenen Fischerdörfern zu einer touristischen Einheit zu ver-
schmelzen. Tourenvorschläge,
auf denen man diese Gegend in-
tensiver kennenlernen kann, sind
bereits ausgearbeitet. Hasle ist
erwacht.

Museum

Vilhelm Herolds Mindestue
Kirkegade 6
Mo–Fr 10–16 Uhr
Eintritt Erw. 10 DKK, Kinder
5 DKK
In Deutschland heute leider vergessen, war der 1865 in Hasle geborene Vilhelm Herold doch um
1900 herum einer der bekanntesten europäischen Wagnerinter-
preten. 1915 beendete er seine
aktive Laufbahn und wurde Ge-
sangslehrer, später Direktor des
Königlichen Theaters in Kopenhagen. Das kleine Museum dokumentiert sein Lebenswerk.

Essen und Trinken

Le Port 🅼
Vang 81, Vang
Tel. 56 96 92 01
Tgl. 11–23 Uhr
1. Kategorie (Æ, DC, EC, Visa)
Gibt es für lauschige Sommerabende eine bessere Empfehlung?

> **Der gute Tip 🅼:**
> **Le Port**
> Eines der besten Restaurants Bornholms mit einer traumhaften Lage über dem Wasser.

Denn während Sie auf der Terrasse eines der gekonnt zubereiteten Fisch- oder Fleischgerichte genießen, versinkt vor Ihren Augen die glutrote Sonne im Meer.

Museumsrøgerierne
Sr. Bæk 16–20
Mitte Juni–Mitte Aug. tgl. 10–19 Uhr; Mai–Mitte Juni, Mitte Aug.–Sept. tgl. 10–18 Uhr; Okt. tgl. 10–16 Uhr
Eine herrliche Lage am Wasser ist dieser Heringsräucherei beschieden. Sie wurde erst 1991 nach Jahrzehnten der Leere wiedereröffnet. Ein Gebäude ist als Räuchereimuseum eingerichtet worden, in einem zweiten sind all die bekannten Leckereien zu erstehen.

Orte in der Umgebung

G2/ Helligpeder / Teglkås
G3 Zwei abgeschieden gelegene kleine Fischersiedlungen nördlich von Hasle. In den Häfen ist kaum Bewegung, die nur wenige Meter vom Wasser entfernt stehenden Häuser scheinen kaum bewohnt zu sein, zwei wahre Idyllen. Die nicht mehr benutzten Heringsräuchereien sind heute als Fotomotiv begehrt.

Jons Kapel
Von diesem 22 m hohen Felsen an der Westküste soll der Mönch Jon den Fischern das Christentum gepredigt haben. In der Höhle unten im Felsen hat er angeblich geschlafen. Vorsicht: Von dem Parkplatz sind es ca. 15 Min. zu Fuß zum Felsen, hinunter (und hinauf!) geht es auf einer steilen Treppe. Außerdem führt ein Wanderweg von Teglkås aus hierher.

Neksø
»Das schönste an Neksø ist der Netto-Laden.« Diese Gehässigkeit stammt aus der Feder eines Kopenhagener Journalisten. Zur Erinnerung: Netto ist eine Art dänischer Aldi.
Doch so unrecht hatte er wohl nicht. Die zweitgrößte Stadt der Insel besticht in ihren Hauptstraßen nicht unbedingt durch Gemütlichkeit. Ob der große Hafen, der Marktplatz oder auch die Straßen um ihn herum, nach Neksø fährt man eigentlich nur, um schnell ein paar notwendige Besorgungen zu machen.
Doch wer sich Mühe gibt, wird auch hier ein paar hübsche Ecken finden. Das Viertel um die

Kirche ist sicherlich nicht weniger reizvoll als jenes in Rønne.

Hotels

Hotel Balka Strand
Boulevarden 9a
Tel. 56 49 21 50, Fax 56 49 36 99
97 Zimmer, 51 Apartments
1. Kategorie (Æ, DC, EC, Visa)
Modernes, sehr zu empfehlendes Haus in Strandnähe mit Restaurant, Schwimmbad und Sauna.

Hotel Bornholm
Pilegårdsvejen 1
Tel. 56 48 83 83, Fax 56 48 85 37
27 Zimmer, 23 Apartments
April–Ende Okt. geöffnet
1. Kategorie (Æ, DC, EC, Visa)
Im Wald zwischen Dueodde und Snogebæk versteckt liegendes, gerne auch von Gruppen genutztes Hotel. Pool und Tennisplatz, zum Strand sind es auch nur ein paar Meter.

Sehenswertes

Martin Andersen Nexø Mindestue
(→ Routen und Touren, Mit dem Rad: Schnuppertour auf Bornholm)

Paradisbakkerne
Paradisbakkerne, knappe 3 km nordwestlich von Neksø, ist ein zum Teil recht unwegsames Waldgelände, in dem aber so manche Entdeckung zu machen ist, so Blaubeeren oder einer der von der Eiszeit hinterlassenen »Rüttelsteine«. Drei markierte Wanderwege erleichtern die Tourenauswahl.

Essen und Trinken

Brasserie Truberg
Havnepromenaden 2
Tel. 56 49 20 90
Tgl. 10–24 Uhr,
1. Kategorie (Æ, DC, EC, Visa)
Sehr originell eingerichtetes Lokal am Hafen, glänzende Fischzubereitung, so daß sogar die Königin hier schon speiste.

Tre Søstre
Havnen 5
Tel. 56 49 33 93
Mitte Mai–Juni, Mitte Aug. bis Mitte Sept. tgl. 12–14.30, 17.30–21 Uhr; Juli–Mitte Aug. tgl. 12–22 Uhr
1. Kategorie (Æ, DC, EC, Visa)
Nach wie vor ist das Restaurant für seine Fischgerichte bekannt und berühmt, doch versucht man sich in letzter Zeit auch zunehmend (und erfolgreich) an Fleisch. Auch die Portionen sind wieder größer geworden.

Orte in der Umgebung

Dueodde   L6
Dueodde ist oft das Synonym für den großartigen Bornholmer Strand. Und tatsächlich erstreckt sich beiderseits des Orts ein breiter, sehr feiner und unendlich langer Sandstrand. Dueodde selbst ist allerdings nicht mehr als ein großer Parkplatz mit einigen Kiosken und einem Hotel.

Sehenswertes
Dueodde Leuchtturm
Fyrvej 8
Mai–Sept. tgl. 10–17 Uhr

Am Hafen von Snogebæk: Hinter den Kaminen der Heringsräucherei flattert der Danebrog

Eintritt Erw. 4 DKK, Kinder 2 DKK
Mühsame, enge 196 Stufen sind es hinauf auf den Turm, doch der Blick über den Südteil der Insel entschädigt.

M6 Snogebæk

Snogebæk ist einer der populärsten Orte der Insel. Im Norden erstreckt sich ebenso ein weites Ferienhausareal wie südlich des Orts.
Folglich treffen sich die Urlauber am Abend hier im Hafen. Sie stoßen auf eine gute, zuweilen auch feucht-fröhliche Stimmung. Die Mehrzahl der Boutiquen ist auch auf die Sommerbesucher ausgerichtet.

Essen und Trinken

Den lille Havfrue

Hovedgaden 5
Tel. 56 48 80 55
Tgl. 12–22 Uhr
1. Kategorie (Æ, DC, EC, Visa)
Großartiges Restaurant, in dem Vegetariergerichte endlich einmal keine Alibifunktion haben und schlechter als der Rest der Karte sind. Auch die Weinkarte kann sich sehen lassen. Sie sollten unbedingt rechtzeitig reservieren.

Rønne   G4/G

Rønne ist Hauptstadt und Mittelpunkt der Insel, hier kommt man an, hier fährt man ab, hier wird eingekauft, müssen die Bornholmer ihre Behördengänge erledigen, stehen das Krankenhaus und ebenso das Gymnasium. Und dennoch ist die Stadt, in der ein Drittel der ca. 45 000 Bornholmer wohnt, natürlich kein Moloch, sondern eine hübsche, stetig wachsende Kleinstadt. In den Randbereichen sind Industrieviertel und Neubaugebiete entstanden, der Hafen wurde erheblich vergrößert. Doch im Kern konnte Rønne erhalten werden. Das gilt insbesondere für das Viertel um die Kirche. Rund um den Marktplatz und in der Fußgängerzone finden Einheimische wie Besucher eigentlich alles, was so für den alltäglichen Bedarf notwendig ist, vom Brillengeschäft bis zum Supermarkt.

Hotel

Hotel Griffen
Kredsen 1
Tel. 56 95 51 11, Fax 56 95 52 97
140 Zimmer
1. Kategorie (Æ, DC, EC, Visa)
Auch wenn die Gebäude nicht so ganz zu dem ansonsten historisch geprägten Stadtbild passen wollen, ist das Griffen unbestritten eines der besten Bornholmer Hotels. Tolle Lage mit Blick auf das Meer, hevorragend ist auch das Restaurant Victoria.

Sehenswertes

St. Nikolai Kirke
Kirkepladsen
Mo–Sa 9–16 Uhr
Für die meisten Bornholmbesucher ist die weiße Kirche oberhalb des Fährhafens mit das erste, was sie von der Insel erspähen. Sie erhielt erst 1915–18 ihr heutiges Aussehen, wenngleich ihre Ursprünge bis in das 13. Jh. zurückgehen. Das Viertel um die Kirche gehört zu den attraktivsten auf der Insel, ja vielleicht ganz Dänemarks. Kleine, gepflegte und oft in strahlend-warmen Farben gehaltene Häuser prägen die Straßenzüge.

Theater
Teaterstræde 2
Das 1823 eingeweihte Rønner Theater ist das älteste Provinztheater Dänemarks, in dem heute in erster Linie Mundart-Stücke aufgeführt werden.

Museen

Bornholms Museum
St. Mortensgade 29
April–Okt Mo–Sa 10–17, So 13–17 Uhr; Nov–März Di, Do, So 14–17 Uhr
Eintritt Erw. 20 DKK, Kinder 5 DKK
Nachdem die Bornholmer Kunst jetzt ihr eigenes Museum bei Gudhjem besitzt, hat dieses Museum nun mehr Platz für eine kulturgeschichtliche Darstellung der Insel und kann die Historie Bornholms bis heute, aber auch Flora und Fauna entsprechend würdigen.

Erichsens Gård
Laksegade 7
Mai–Okt. Mo–Sa 10–17, So 13–17 Uhr
Eintritt Erw. 15 DKK, Kinder frei

Das niedliche kleine Gebäude ist im Inneren noch original erhalten und vermittelt deshalb einen guten Eindruck vom Lebensstil der besseren Kreise vor ca. 150 Jahren. Herr Erichsen war Anwalt, seine Tochter Vilhelmine in erster Ehe mit dem Schriftsteller und Marinemaler Holger Drachmann verheiratet. Ein Schmuckstück ist der kleine Garten.

Forsvarsmuseet på Bornholm
Kastellet
Mai–Sept. Di–So 10–16 Uhr
Eintritt Erw. 15 DKK, Kinder
10 DKK
Das Gebäude des »Verteidigungsmuseums« ist das Resultat eines unvollendeten Vorhabens. Denn ebenso wie die Erbseninseln sollte auch Rønne 1688 befestigt werden. Doch die Bauten blieben in ihren Anfängen stecken. Das Museum zeigt eine Militärgeschichte der Insel, besonders interessant ist natürlich die Zeit der Besatzung 1940–45 sowie des knapp einjährigen Aufenthalts russischer Truppen auf der Insel.

Essen und Trinken

Di 5 stâuerna
Strandvejen 116
Tel. 56 95 44 44
Tgl. 11–21.45 Uhr
1. Kategorie (Æ, DC, EC, Visa)
Eines der besten Restaurants der Insel, eingerichtet im Hotel Fredensborg. Gekocht wird aus Bornholmer Rohwaren, möglichst biodynamischen. Am besten halten Sie sich an die Tageskarte. Exzellenter Service. Ebenfalls im Hotel ist das Fischrestaurant Fisken, das dieselbe Telefonnummer besitzt.

Einkaufen

Aage und Bent Svendborg Petersen
Torneværksvej 26
Bornholmer Uhren haben eine lange, heute fast vergessene Tradition, für historische Stücke muß man hohe fünfstellige Beträge bezahlen. Die Petersens lassen die Tradition wieder aufleben. Die mit viel Sorgfalt gestalteten Uhren sind natürlich nicht billig, außerdem beträgt die Wartezeit ca. ein Jahr.

Allgemeine Informationen

Auskunft
Bornholms Velkomstcenter
Nr. Kystvej 3
3000 Rønne
Tel. 56 95 95 00
Juni–Mitte Sept. Mo–Do 7 bis 22.30, Fr–So 7–2.30 Uhr;
Mitte Sept.–Mai Mo–Fr 9–17, Sa 12–15 Uhr
Riesiges Touristenbüro unweit des Hafens, auch bei der Zimmersuche behilflich.

Orte in der Umgebung

Nyker
Eigentlich ist Nyker nichts anderes als eine Durchgangsstraße mit ein paar Häusern. Eigentlich!

Die Nylarskirke ist eine der vier
Rundkirchen Bornholms, die als
Festungstürme entstanden sind

Sehenswertes
14 **Nykirke**
Mo–Sa 8–17 Uhr

Die »Neukirche« ist wohl auch tatsächlich die jüngste der vier Bornholmer Rundkirchen. Leider kann man in ihrem Inneren nicht aufwärts. Bemerkenswert ist, daß sie im Gegensatz zu anderen nur zwei Stockwerke besitzt. Einen Blick verdienen die Portale und die Malereien auf dem Mittelpfeiler.

Einkaufen
Bente Hammer
Hovedgade 32

Neben den vielen Keramikern hat sich Bente Hammer mit ihrem Textildruck einen Namen unter den Kunsthandwerkern der Insel machen können. Kleider und Jacken für die Damen sowie Krawatten für die Herren sind im Angebot. Man kann auch bei der Produktion zuschauen.

Nylars   H5

Auch Nylars hat nichts besonderes zu bieten. Außer einer Rundkirche!

Sehenswertes
Nylarskirke
15. April– Ende Okt. 9–17 Uhr

Die Østerlarskirke ist die dickste, die Olskirke die schlankeste, die Nykirke die neueste und die Nylarskirke die architektonisch vollendetste der Bornholmer Rundkirchen. Leider kommt man auch in ihr nicht in die oberen Etagen. Dafür kann man sich dann in Ruhe die Malereien auf dem Mittelpfeiler anschauen, die aus dem 13. Jh. stammen sollen.

M4 Svaneke

Hier geht die Sonne zuerst auf. Denn Svaneke ist Dänemarks östlichste Stadt und auch eine der schönsten. Zwischen Markt und Kirche findet man ganz zauberhafte Häuser, der Hafen ist, verglichen etwa mit Neksø, überschaubar und gemütlich. Zwischen Markt und Hafen gibt es diverse Boutiquen, in denen sich in Ruhe stöbern läßt, lohnend ist ein Blick auf den Glastorvet mit seinen Geschäften. Und am Markt selbst gibt es seit 1995 eine Bonbonfabrik, in der man bei der Herstellung zuschauen, aber auch die klebrige Ware erwerben kann. Für Kinder ein tolles Erlebnis.

Hotel

Hotel Siemsens Gaard
Havnebryggen 9
Tel. 56 49 61 49, Fax 56 49 61 03
50 Zimmer
2. Kategorie (Æ, DC, EC, Visa)
Ein modernes Hotel in einem alten Gebäude, wunderschöner Innenhof mit Blick auf den Hafen, viele Stammgäste.

Sehenswertes

L4/ **Brændesgårdshaven**
M4 Mai–Mitte Juni, Mitte Aug. bis Sept. 10–18 Uhr, Wasserland

12–16 Uhr (ab 15. Sept. geschl.), Eintritt 40 DKK; Mitte Juni–Mitte Aug. 9–20 Uhr, Wasserland 11–18 Uhr, Eintritt 50 DKK
Nichts ist so typisch für Bornholm wie dieser Spielpark. Behutsam nur nähert man sich der Moderne. So mit einem Badeland samt Rutsche. Aber im Kern bleibt alles beim alten, die Eltern müssen noch die kleinen Holzautos und das große Karussel selbst anschieben, die Seilbahn über den See ist eher bescheiden, auf dem See werden noch dieselben Boote gerudert wie schon vor 20 Jahren. Kein High-Tech-Spielpark, sondern ein gemütliches Vergnügen für klein, aber auch groß.

Wasserturm
Der markante, dreieckige Wasserturm am Nordrand der Stadt wurde von dem weltbekannten dänischen Architekten Jørn Utzon geschaffen, zu dessen berühmtesten Entwürfen das Opernhaus in Sydney gehört.

Essen und Trinken

Louisekroen
Tel. 56 49 62 03
Tgl. 12–14, 17.30–21 Uhr
1. Kategorie (Æ, DC, EC, Visa)
Wenn es dann einmal kein Fisch sein soll, sondern Ihnen nach einem großen Stück Fleisch ist, dann sind Sie hier richtig. Das beste Steakhouse Bornholms.
Pakhuset
Brænderigænget 3
Tel. 56 49 65 85

Juni–Mitte Aug. tgl. 12 bis
22 Uhr; Mai, Mitte Aug.–Ende
Okt. 17.30–22 Uhr
2. Kategorie (Æ, DC, EC, Visa)
Gemütliches, in einem alten
Speicher eingerichtetes Restaurant mit relativ einfacher Küche.

Røgeri
Fiskergade 12
Große, immer gut besuchte Räucherei am nördlichen Stadtrand.
Neben dem Platz sind noch alte
Befestigungsanlagen erkennbar.

Einkaufen

Hanne Møller
Nansensgade 11
Großer, nicht gerade günstiger
Antikladen mit viel Silber und
Porzellan.

Pernille Bülow
Glastorvet
Noch eine Glasbläserei. Pernille
Bülows Glaskunst ist in ihrer
Fantasie und Farbgebung wirklich außerordentlich, mittlerweile bietet sogar das renommierte Illums Bolighus in Kopenhagen ihre Arbeiten an.

Åkirkeby

Åkirkeby ist Bornholms einzige
Binnenstadt und heute ein beliebtes Handelszentrum, insbesondere auch unter den Ferienhausmietern rund um Dueodde.
Als Stadt selbst besitzt Åkirkeby kaum Nennenswertes, der
Markt ist klein und unspektakulär, einzig die Kirche lockt. Früher gab es südlich der Stadt bei

Raghammer Odde auch noch einen Hafen, fanden hier sogar
Ständeversammlungen statt.

Hotel

Strandhotel Boderne
Boderne 1
Tel. 56 97 49 33, Fax 56 97 49 00
17 Zimmer, 10 Apartments
Mai–Ende Sept. geöffnet
2. Kategorie
Doch, das gibt es, ein Hotel auf
Bornholm unter österreichischer
Leitung! Gute, einfache Zimmer,
nur wenige Schritte zum Strand.
Und auch wer nicht Hotelgast
ist, darf auf der Terrasse die hervorragenden Crêpes und Kuchen
probieren.

Sehenswertes

Almindingen   I4/K4
Man hat ihn nicht geliebt, den
Hans Rømer, als er um 1800 dieses total abgeholzte und vom
Vieh abgefressene Areal 5 km
nördlich von Åkirkeby einzäunen ließ. Heute verdanken wir
ihm die Schaffung von Dänemarks zweitgrößtem Waldgebiet, durch das sich hervorragende Rad- und Wanderwege
ziehen. Der 162 m hohe Rytterknægten ist Dänemarks dritthöchste Erhebung.

Lilleborg   I4
An der Straße von Rønne nach
Svaneke findet man noch Reste
jener Burg, die einem weltlichen
Herrscher Bornholms zugeschrieben wird, auf Wunsch des
Hammershus-Erbauers Jacob

Erlandsen aber 1259 von Jaromir von Rügen zerstört wurde.

14 **Travbane**
Wechselnder Eintrittspreis
Selten nur geht es spektakulär zu auf Dänemarks schönster Trabrennbahn. Zumeist genießt man hier einfach eine Mischung aus Gemütlichkeit und Spannung. Da setzt man sich ins Gras oder auf die mitgebrachten Campingstühle, blättert gewissenhaft das Programm durch und schreitet rechtzeitig zum Wettschalter, um seinen Einsatz von mindestens zehn Kronen abzugeben. Gewinnt einer der Favoriten, gibt es vielleicht zwölf Kronen zurück, bei Außenseitern sind es natürlich mehr. Und in den Rennpausen beobachtet man einfach das Umfeld. Herrlich!

Åkirke
Juni–Sept. 9–17 Uhr; Mai, Okt. 10–16 Uhr
Eintritt 4 DKK
Unbestreitbar dominiert der Dom die Stadt. 22 m Höhe mißt der Turm, die Dicke seiner Mauern wird einem bewußt, wenn man auf sehr unebenen Wegen seine oberen Etagen erklimmt. Herrlich von hier ist der Blick über Åkirkeby. In der Vorhalle fällt der Grabstein für den Lübecker Statthalter Schweder Kettingk und seine zwei Frauen auf. Kettingk plünderte zwar die Bornholmer während der Lübecker Herrschaft (1525–75) ebenso aus wie alle anderen, sorgte aber auch für eine ausreichende Küstenbefestigung.

Im Inneren ist der gotländische Taufstein des Meister Sighraf aus dem 13. Jh. ein wirklicher Blickfang. Er zeigt in elf Bildern das Leben Jesu.

Essen und Trinken

Bakkarøgeriet
Østre Sømarksvej 29, Pedersker
Tel. 56 97 71 20
Tgl. ab 11 Uhr
3. Kategorie
Traumhaft sitzt man oberhalb des Wassers und genießt Hering oder Lachs, Makrele oder Hornfisch. Und ist es auch noch Sonntag, spielt die Jazzband auf.

Christianshøjkroen
Segenvej 48, Almindingen
Tel. 56 97 40 13
Tgl. 11–22 Uhr
1. Kategorie
Urbornholmerisches, gepflegtes Ausflugslokal im Wald, Spezialität sind Wildgerichte. Sonntags pilgern die Bornholmer hierhin.

Einkaufen

Butik Pia Stærmose
Boderne
Tel. 56 97 42 26
In Bornholms Nobel-Boutique sind vorzugsweise skandinavische Marken vertreten.

Cykelklemmen
Poulskervej/Skolevej, Pedersker
Hier gibt es vor allem viel Klamotten, aber auch Dekoration für daheim. In der ersten Etage finden Sie eine unbedingt sehenswerte permanente Weihnachtsausstellung.

Unterwegs auf Falster

Nørre Vedby Møllebanke ist mit 44 Metern höchster Punkt der Insel. Schon das zeigt, wie flach Falster, ähnlich wie das benachbarte Lolland, doch ist – ein Eiland ideal für einfache Radtouren. Wer jedoch auf der Suche nach spektakulären Sehenswürdigkeiten ist, wird enttäuscht werden. Strand, Dörfer, eine größere Stadt – das ist Falster.

5 Nykøbing F.

Dieses Nykøbing, die einzige bedeutende Ortschaft der Insel, trägt hinter seinem Namen ein »F« für Falster, um sich damit von den anderen Nykøbings in Jütland und Seeland zu unterscheiden.

Ihre ganz große Zeit hat die Stadt am Guldborg Sund, der Falster von Lolland trennt, schon lange hinter sich. Im 12. Jh. wurde eine Burg errichtet, die schon bald zur großen Schloßanlage ausgeweitet wurde. Könige hielten sich gerne und häufig in Nykøbings herrschaftlichen Gemäuern auf, auch deren Witwen, so etwa Sophie, die sich nach dem Tod Frederik II. hier niederließ und recht feudal Hof gehalten haben soll.

Solange das Leben im und am Schloß blühte, ging es der gesamten Stadt gut. Doch dann verfiel das Gebäude, wurde Ende des 18. Jh. abgerissen, und mit ihm sank auch Nykøbing zunächst hinnieder. Allerdings gab es noch einen kleinen Aufschwung um 1900 herum, als sich einige Industrie ansiedelte und der Hafen ausgebaut wurde.

Bereits 1867 war auch die Brücke nach Lolland fertiggestellt. Heute ist Nykøbing ein wichtiges Handelszentrum, dem aber bedeutende Industrieansiedlungen ebenso fehlen wie touristische Besonderheiten. Einen Tagesausflug verdient der Ort aber.

Hotel

Hotel Falster
Skovalléen 100
Tel. 54 85 93 93, Fax 54 82 21 99
69 Zimmer
2. Kategorie (Æ, DC, EC, Visa)
Großes und modernes Hotel an der E55 am Stadtrand. Ausgezeichnete Zimmer und eine phantasiereiche Küche im sonnendurchfluteten Restaurant. Ein idealer Stop für Reisende von und nach Gedser. Behindertenfreundlich. Dansk Kroferie angeschlossen.

Sehenswertes

Middelaldercentret
Hamborgskoven 2, Sundby L.
Mitte Mai–Mitte Sept. Di–So 10–16 Uhr
Eintritt Erw. 30 DKK, Kinder 10 DKK
Das eigentlich schon auf Lolland gelegene Mittelalterzentrum

Die flache Landschaft bei Falster lädt zu
Radtouren und Reitvergnügen ein

zeigt auf eine sehr imponierende
Weise das Leben jener Zeit. Man
kann mit dem Flitzbogen schießen, mit aus Stämmen gefertig-
ten Booten fahren oder in Werkstätten zuschauen. Ein Spielplatz
und eine riesige Schleuder kom-
plettieren ein wahrlich interessantes Ausflugsziel.

Nykøbing Kirke
Klosterstræde

Die Kirche ist Teil des einstigen
Franziskanerklosters, das König
Erik VII. 1419 erbauen ließ. Das
kurze Seitenschiff im Norden ist
noch ein Rest des klösterlichen
Kreuzganges. Der Besuch der
Kirche lohnt in erster Linie wegen der 50 qm großen Ahnenta-
fel an der Nordwand des Chores.

Sie ist ein Geschenk der Königin
Sophie und zeigt 63 Personen mit
ihrem Stammbaum. Der Hofma-
ler Antonius Clemens gestaltete
dieses Prachtwerk in den Jahren
1622–26.
An der Kirche ist im übrigen ein
sehr schöner Kräutergarten an-
gepflanzt.

Essen und Trinken

Stines Hus
Torvet 19
Tel. 54 85 82 82
Tgl. 10–22 Uhr
2. Kategorie (Æ, DC, EC, Visa)
Ganz hervorragendes Restau-
rant am Marktplatz, aufmerksa-
mer Service, ausgezeichnete, lan-
destypische Küche und, je nach
Wunsch, Platz mit Blick auf den
Markt oder eher in der gemütli-
chen unteren Etage.

Allgemeine Informationen

Auskunft
Touristbureau
Østergågade
4800 Nykøbing F.
Tel. 54 85 13 03

Orte in der Umgebung

5 **Kippinge Kirke**
Die Kirche ist vielleicht die
schönste der Insel, schon der
hohe, spitze Turm ist auffällig.
Im Inneren erkennt man großartige Schnitzarbeiten von Jørgen
Ringnis, der für Taufstein, Kanzel und Altar verantwortlich
zeichnete. Sie stammen ebenso
aus dem 17. Jh. wie das Chorgitter. Besondere Bedeutung erhielt
die Kirche im übrigen als Wallfahrtsort: Man erhoffte sich heilende Wirkung von Tropfen des
Blutes Jesu. Später pilgerten die
Gläubigen zur nahegelegenen
Quelle St. Søren. Dank der zahlreichen Spenden wurde die Kirche dermaßen reich, daß sie Kredite vergeben konnte, unter anderem an König Christian II., der
seine Schuld aber nie beglich!

5 **Marielyst**
Strand, Strand, Strand, dazu jede
Menge Ferienhäuser, Kioske,
Würstchenbuden, Boutiquen
und der ein oder andere Kaufmann, das ist Marielyst. Einer
der schönsten Strände Dänemarks. Leider bieten die Dünen
aber nur wenig Schutz, so daß es
bei auflandigem Wind recht kühl
werden kann.

Die ansehnliche Fußgängerzone in
Nykøbing F. birgt Überraschungen für
den Einkaufsbummel

Kinder
Sommerland Falster
Godthåbs Allé 7, Bøtø
Juni, Juli tgl. 10–18 Uhr; Aug.
tgl. 10–19 Uhr
Eintritt 70 DKK, Kinder unter
5 Jahren 30 DKK
Tretboote, Rutschen, Spielplätze
und Wasserland, ein einziger
großer Spielpark für Kinder und
eine hervorragende Alternative
für einen strandfreien Tag.

Tingsted Kirke   D5
In dieser mächtigen Kirche hat
sich der besonders auf Møn aktive Elmelunde-Meister Ende
des 15. Jh. verewigt. Unter anderem sind Kalkmalereien über die
Jugend Jesu erkennbar, aber

auch eine interessante Darstellung der Vergänglichkeit des Lebens: Vier Personen stehen an einem Rad. Einer ist aufwärts orientiert und sagt: »Ich will König werden.« Oben steht einer und spricht: »Ich bin König«. Ein dritter fällt hinunter und sagt: »Ich war König«. Und ein vierter schließlich liegt tot unten und erkennt: »Ich bin ohne Königreich, so vergeht alle Herrlichkeit der Welt.«

Im verträumten Ort Stubbekøbing steht das historische Rathaus mitten im Zentrum

D5 Stubbekøbing

Einer der wenigen größeren Orte der Insel, doch bei genauerer Betrachtung ist Stubbekøbing bemerkenswert klein. Zwei bis drei Straßen durchziehen den Ort von Ost nach West, im Hafen ist nur wenig Bewegung, einzig die Fähre nach Bogø hinüber sorgt zuweilen für Betrieb.

Dabei war Stubbekøbing einst gar nicht so unbedeutend. Als gut geschützter Fischereihafen konnte sich der Ort im frühen 15. Jh. zu Falsters größter Stadt entwickeln. Doch mit dem Ausbleiben der Heringsschwärme im 16. Jh. war es bald mit der Herrlichkeit Stubbekøbings vorbei. Um 1800 zählte es nur knapp über 400 Einwohner. Selbst die Kirche litt unter der Armut und sollte in den 1870ern schon wegen ihres fortgeschrittenen Verfalls abgerissen werden, wurde dann allerdings doch gründlich renoviert. In der Folgezeit erholte sich der Ort zwar ein wenig, den-noch ist der dörfliche Charakter unverändert geblieben.

Museum

Radio- og Motorradmuseum
Nykøbingvej 54
Juni–Aug. tgl. 10–17 Uhr
Eintritt Erw. 20 DKK, Kinder
10 DKK

Wer hätte schon gedacht, daß ausgerechnet in Stubbekøbing die Wiege des dynamischen Lautsprechers steht? Peter L. Jensen gelang die Erfindung, weshalb man ihm zu Ehren ein kleines Radiomuseum einrichtete und den noch vorhandenen Platz mit über 100 blankpolierten, alten Motorrädern auffüllte.

Unterwegs auf Fünen und den Südfünischen Inseln

»Den Garten Dänemarks« hat Hans Christian Andersen Fünen einmal genannt. Und wenn er, einer der weltweit berühmtesten Dänen und Sohn der Insel, dieses formuliert hat, dann muß es wohl stimmen. Fürwahr, wenn im Mai die gelben Rapsfelder blühen, im Sommer die weiten Getreidefelder im Winde wehen, dann kann man von der Kornkammer des Landes sprechen. Dann komponiert die Natur Farben, wie man sie auch in Dänemark nur selten sieht.

Kein Wunder also, daß Fünen zu den beliebtesten touristischen Zielen des kleinen Königreichs zählt. Segler lieben die Insel, weil sie im Süden mit dem »Südfünischen Inselmeer« eines der reizvollsten Reviere besitzt. Radler lieben die Insel, weil sie überschaubar, voller Attraktionen und radlerisch hier und da auch relativ anspruchsvoll ist. Zudem ist sichergestellt, daß sie überwiegend abseits der Autostraßen radeln und so die Landschaft genießen können. Familien lieben die Insel, weil sie für einen Urlaub mit Kindern reichlich Abwechslung und Alternativen bietet, sollte einmal ein Tag verregnet sein. Und natürlich lieben auch ganz »normale« Besucher Fünen. Weshalb?

Da ist zunächst Odense, die fünische Hauptstadt in der Mitte der Insel und die drittgrößte Stadt Dänemarks. Die Stadt Hans Christian Andersens natürlich, aber auch eine Stadt mit vielen anderen Sehenswürdigkeiten, mit guten Einkaufsgelegenheiten und mit einem regen Nachtleben.

Unspektakulär ist der Norden, Bogense ist die einzige Stadt, touristische Highlights fehlen. Der Westen mit Middelfart und Assens ist sicherlich reizvoller, bleibt aber zumeist auch unbeachtet. Im Gegensatz zum Süden, zu Fåborg und Svendborg, Lieblingen der Besucher aus Deutschland, Schweden und den Niederlanden. Von hier ist es nur ein Katzensprung hinüber nach Tåsinge mit Valdemars Schloß, das mit Egeskov um den Titel des schönsten Schlosses auf Fünen konkurriert, nach Langeland und nach Ærø. Langeland ist unter Radlern und Familien äußerst beliebt, während Ærø der Inbegriff dänischer Beschaulichkeit ist: historisch, klein, gemütlich, sauber. Im Osten stoßen Sie auf die durchaus besuchenswerten Städte Nyborg und Kerteminde, auf das Jahrhundertbauwerk Storebæltsbro, die Brücken-/Tunnelverbindung zwischen Fünen und Seeland, sowie auf die Naturidylle Hindsholm. Hier erwartet Sie ein ideales Gelände für entspannte Ausflüge. Zurück im Inselinneren gehört ein Besuch des Wasserschlosses Egeskov zum Pflichtprogramm.

Eine Insel voller Angebote also, Angebote für jede Interessenslage. Auch für Feinschmecker. Drei der dänischen Top Ten-Lokale finden Sie hier: Marie Louise in Odense, Rudolf Mathis in Kerteminde und den Falsled Kro nahe Fåborg.

B4 Assens

Assens gehört, im Gegensatz etwa zu Fåborg, Odense oder Svendborg, nicht zu den populärsten Touristenorten Fünens. Das kann aber auch kaum überraschen, denn außer der auch für Autos durchfahrbaren Haupteinkaufsstraße Østergade und ein paar recht idyllischen Häuserzeilen in den Nebenstraßen kann Assens nicht mit Höhepunkten aufwarten. Schon in früheren Jahrhunderten hat Assens eigentlich keine überragende Rolle gespielt. Wichtig war der Ort nur als Fährhafen in Richtung Südjütland. Doch mit der Etablierung einer Fährverbindung von Südfünen nach Als hinüber sowie vor allem mit der Fertigstellung der Lillebæltsbro 1935 verlor Assens auch diese letzte Bedeutung. Wer dänische Kirchen kennt, wird sich über das Erscheinungsbild der spätgotischen Vor Frue Kirke wundern, da sie sehr norddeutsch geprägt ist.

Museum

Willemoes Mindestuer
Østergade 36
Mai Sa, So 10.30–12, 14 bis 17 Uhr; Juni–Aug. Di–So 10–30, 14–17 Uhr
Eintritt Erw. 15 DKK, Kinder 5 DKK
Peter Willemoes wurde in diesem Haus 1783 geboren. Berühmt geworden ist er als Seeheld, der sich mit seiner Flotte mutig den Engländern entgegenstellte.

1801 verlor er die große Schlacht bei Reden und starb sieben Jahre später in einer Schlacht bei Sjællands Odde. Das Museum zeigt natürlich Stationen seines Lebens, dient aber auch als Heimatmuseum.

Bogense

Bogense ist die kleinste Stadt Fünens. Ein Blick auf die Landkarte läßt zwar vermuten, daß Bogense ein weites Umland besitzt, dieses hat sich aber Odense als Mittelpunkt gewählt. So besteht Bogense heute in erster Linie aus der Adelgade, der Hauptstraße, und einem hübschen kleinen Hafen. Westlich der Stadt erstrecken sich einige Strandabschnitte.

Hotel

Bogense Hotel
Adelgade 56
Tel. 64 81 11 08, Fax 64 81 36 04
48 Zimmer
3. Kategorie (Æ, DC, EC, Visa)
Im Hof besitzt das Hotel einfache, aber gute Zimmer, im Hauptgebäude befindet sich ein sehr gemütliches und vorzügliches Restaurant mit einigen Spezialitäten der Region. Sehr agiler Service. Dansk Kroferie angeschlossen.

Sehenswertes

Manneken Pis
In der Adelgade steht eine Kopie der berühmten Brüsseler Figur.

Der alte Fischereihafen von Bogense
ist eine der Attraktionen der kleinsten
Stadt Fünens

4 Fåborg

Eine der schönsten Städte Dänemarks! Gepflegte Häuser, die herrliche Lage am Wasser, einige Sehenswürdigkeiten und die Überschaubarkeit der Stadt locken Sommer für Sommer unzählige Besucher an. Radler und Segler bestimmen dann das Straßenbild.

Zweifelsohne gehört der Hafen nicht zu den romantischen Abschnitten Fåborgs. Dicht an dicht liegen die Segelboote hier, gleich nebenan herrscht im Fährhafen reger Betrieb. Von hier starten kleinere Fähren in die südfünische Inselwelt, etwas größere hinüber nach Gelting in Schleswig-Holstein. Klar, daß dabei der zollfreie Einkauf auch viele Dänen lockt und Reisebusse zeitweise den gesamten Verkehr im Hafen blockieren. Nur wenige Schritte aufwärts bietet sich in der Innenstadt mit ihrem großen Marktplatz und der Kirche ein ganz anderes Bild. Ein Schmuckstück ist der von Kai Nielsen gestaltete Ymer-Brunnen aus dem Jahre 1912. Von hier aus führt die durchaus überschaubare Fußgängerzone bis hin zum großartigen Kunstmuseum. In die dann folgenden Seitengassen verirrt sich allerdings kaum ein Besucher. Eher schon in das Umland, nach Horne mit Fünens einziger Rundkirche etwa oder in die »Fünischen Alpen« mit Svanninge Bakker und dem 128 m hohen Trebjerg.

Der Name der Stadt bezieht sich im übrigen auf eine Burg, die heute aber nicht mehr existiert. Auch die alten Wallanlagen, die Fåborg einst befestigten, sind verschwunden. Nur das Vesterport in der Vestergade ist noch erhalten. Von zwischenzeitlichen Rückschlägen wie Kriegen und Bränden hat sich Fåborg dank der Position als Fährhafen, der

Der gute Tip 🅼:
Fåborg Arrest
Wer immer einmal ins Gefängnis wollte, aber nicht unbedingt straffällig werden möchte, kann Versäumtes hier nachholen.

Einnahmen genug in die Stadt brachte, immer wieder erholen können.

Museen

Fåborg Museum for Fynsk Malerkunst
Grønnegade 75
April, Mai, Sept. Okt. tgl. 10 bis 16 Uhr; Juni–Aug. tgl. 10–17 Uhr; Nov.–März tgl. 11–15 Uhr
Eintritt Erw. 25 DKK, Kinder frei

Das phantastische Museum – schon das Gebäude ist eindrucksvoll – ist der Kunst Fünens gewidmet. Bereits wenn man den zweiten Raum betritt, steht man fasziniert vor der mächtigen Statue des Museumsgründers Mads Rasmussen. Die »Füner Malschule« ist nach den Skagen- und den Goldalter-

malern wohl die berühmteste dänische Kunstschule, die um die Jahrhundertwende ihre Blütezeit erlebte. Zu ihr gehören Künstler wie Fritz Syberg, Poul S. Christensen, Johannes Larsen oder Peter Hansen. Geprägt wurde sie von dem aus Bornholm stammenden Kristian Zahrtmann.

Fåborg Arrest 🅼
Torvet
Mitte Mai–Mitte Sept.
Eintritt Erw. 20 DKK, Kinder frei

Sie müssen nicht unbedingt über »Los« gehen, um endlich einmal in den Knast zu kommen, Sie können auch nach Fåborg reisen. Denn am Marktplatz hat man im alten Gefängnis nun ein Gefängnis-Museum eingerichtet und ermöglicht somit dem Besucher ein einmaliges museales Erlebnis. Es ist schon bedrückend, durch die Gänge zu marschieren, die kleinen Zellen zu betreten. Flucht scheint aussichtslos. Es ist interessant, hineinzugehen, und es ist schön, hinausgehen zu können, wann man will.

Essen und Trinken

Falsled Kro
Assensvej 513, Millinge
Tel. 62 68 11 11
März–Jan. Di–So tgl. 12–14, 18–21.30 Uhr
Mo geschl.
Luxuskategorie (Æ, DC, EC, Visa)

Wie wäre es mit einem Griechischen Salat als Vorspeise für bescheidene 30 DM? Das klingt sicher unverschämt, doch Qualität hat natürlich ihren Preis. Und im Falsled Kro sind Rohwaren und Ergebnis allererste Qualität, weshalb er auch zu den zehn besten Restaurants des Landes zählt. Ein kulinarisches Erlebnis, welches man sich wohl nicht allzu oft leisten kann, aber doch einmal gönnen sollte.

Hotel Færgegaarden
Christian IX's Vej 31
Tel. 62 61 11 15
Tgl. 8–22 Uhr
1. Kategorie (Æ, DC, EC, Visa)
Inhaberin Else-Marie Kyed ist eigentlich Innenarchitektin. Entsprechend geschmackvoll sind Hotel und Restaurant auch eingerichtet. Die Küche überzeugt durch frische Waren und kreative Entwürfe. In den Sommermonaten ist rechtzeitige Reservierung unerläßlich.

Ort in der Umgebung

34 **Horne Kirke**
Vier dänische Rundkirchen stehen auf Bornholm, eine in Jütland, eine auf Seeland – und eine hier in Horne auf Fünen. Allerdings muß man hier vielleicht zweimal hinschauen, denn die Rundkirche aus dem 12. Jh. ist mittlerweile nur noch Teil eines Gesamtkomplexes. Natürlich hatte auch die Horne Kirke zunächst Wehrfunktion, das bezeugen nicht zuletzt die meterdicken Mauern. Später erst ist im Osten der Chor erweitert worden, im Westen kam der Turm hinzu.

Horne Kirke ist eine der sieben erhaltenen Rundkirchen Dänemarks und die einzige auf Fünen

Kerteminde   C4

Kerteminde kann mit einer schönen Lage an der Fjordmündung aufwarten. Diesem Umstand hatte die Stadt auch ihr wirtschaftliches Wohlergehen zu verdanken. 1680 vernichteten die Schweden allerdings den Hafen. Die wirtschaftliche Stagnation wurde durch den Bau des Kanals nach Odense forciert, denn nun verlor Kerteminde eine weitere wichtige Funktion. Heute besitzt der Ort einen der wichtigsten Fischereihäfen Fünens, etwas Industrie, im Norden ein schönes Ferienhausareal, und schließlich dient er auch noch als »Schlafstadt« für viele Beschäftigte der großen Lindøwerft, die zwischen Kerteminde und Odense steht. Der historische Stadtteil mit sehr anmutigen Straßenzügen liegt nördlich des Hafens.

Museen und Galerien

Galleri Kik
Trollegade
Juni – Mitte Sept. 10 – 17 Uhr;
April, Mai, Mitte Sept. – Weihnachten 12 – 17 Uhr
Kleine Galerie mit ständig wechselnden Ausstellungen von Künstlern aus der Umgebung, dazu Kunsthandwerk.

Høkeren
Trollegade
Juni – Aug., Mitte Nov. – Weihnachten zu Geschäftszeiten
Zum Stadtmuseum gehörender, originell eingerichteter alter Laden, der ein wahres Sammelsurium an Waren »verhökert«.

Der gute Tip 🅼:
Johannes Larsen Museet
Wohnhaus, Atelier und Werk eines der bekanntesten dänischen Maler des 20. Jh. kann der Besucher hier bestaunen.

Johannes Larsen Museet 🅼
Møllebakken
Juni – Aug. tgl. 10 – 17 Uhr;
März – Mai, Sept., Okt. Di – So 10 – 16 Uhr; Nov. – Feb. Mi, Sa, So 11 – 16 Uhr
Eintritt Erw. 30 DKK, Kinder frei
Zu den hervorragendsten Vertretern der »Füner Malschule« zählt Johannes Larsen, der 1863 in Kerteminde geboren wurde. 1885 ließ er sich in Kopenhagen von Kristian Zahrtmann in die Kunst der Malerei einweisen. In den folgenden Jahren gelangen ihm zahlreiche schöne, vor ungeheurer Farbfreude strahlende Bilder mit überwiegend fünischen Motiven. 1902 ließ er sich in Kerteminde das Haus errichten, das heute auch als Museum dient. Hier sieht man neben seinen Werken zahlreiche Bilder anderer zeitgenössischer Künstler. Larsen starb 1961.

Ladby Skibet
Vikingevej 123, Ladby
Mitte Mai – Mitte Sept. tgl. 10 bis 18 Uhr; April – Mitte Mai, Mitte Sept. – Okt. tgl. 10 bis 16 Uhr
Eintritt Erw. 20 DKK, Kinder frei
Zwar ist der Fund aus dem Jahre 1935 an sich spektakulär, doch sollte der Besucher hier kein großes Spektakel erwarten. Das Ladby-Schiff ist das einzige erhaltene Wikinger-Schiffsgrab Dänemarks. Hinter dem Eintrittsgebäude geht man ein kleines Stück auf einem Ackerweg, dann betritt man den Innenraum eines Hügels und steht vor dem hinter Fensterglas geschützten Schiffsrest.

Essen und Trinken

Restaurant Rudolf Mathis
Dosseringen 13
Tel. 65 32 32 33
April – Nov. 12 – 22 Uhr
Luxuskategorie (Æ, DC, Visa)

Man mag sich ja schon fragen, wie sich ein nicht gerade billiges Restaurant wie dieses in dieser nicht gerade zentralen Lage halten kann. Doch Rudolf Mathis eröffnet das Jahr auch erst spät. Und dann setzt er voll und ganz auf die Segler, die in Kerteminde festmachen, um unter anderem in einem der besten Fischrestaurants Dänemarks Platz zu nehmen.

Einkaufen

Den gamle Købmandsgård
Vestergade 1–3
Kitsch und Kunst, Café und Souvenirs, dekorative Gegenstände für daheim: In diesem Geschäft sind viele hübsche, überwiegend nicht gerade lebensnotwendige Dinge versammelt.
Sarkel Antique & Kunst
Odensevej 1
Di–Fr 12–17.30, Sa 11 bis 17.30 Uhr
Nur wenige Schritte vom Zentrum an der Brücke plaziertes Antik-Geschäft, ziemlich vollgestopft und sicherlich kein Ort für Schnäppchen. Aber wer sich in seinem Spezialgebiet auskennt, wird ja vielleicht doch zu vernünftigem Preise fündig.

Ort in der Umgebung

Hindsholm
Hindsholm ist die Landzunge nördlich von Kerteminde. Eine der interessantesten, faszinierendsten Naturlandschaften Dänemarks, abwechslungsreich, gesegnet mit einer facettenreichen Vogel- und Pflanzenwelt und geschmückt mit einigen sehr hübschen Dörfern. Eines davon ist Viby, eine wahre Idylle mit vielen schön erhaltenen Fachwerkhäusern. Und auch Måle kann mit solchen Gebäuden dienen. In Mårhøj hingegen stoßen Sie auf das größte Einkammergrab (*jættestue*) Fünens. Sie können es betreten, was aber nicht unproblematisch ist, ist es doch nur 80 cm hoch.

In der Kirche in Stubberup soll Marschall Stig, der Mörder König Erik IV. Glippings, begraben sein. Und schließlich erreicht man Fyns Hoved, von wo aus man einen großartigen Blick über das Wasser und Richtung Jütland genießen kann. An diesem Ort fand auch Johannes Larsen viele seiner Motive.

Langeland   C4/C5

Langeland ist eines der beliebtesten Ziele Dänemarks. Gerade Radler schätzen es, in Kiel auf die Fähre zu gehen und nach 2 $^1/_2$ Std. Überfahrt in Bagenkop problemlos weiterradeln zu können, und sich nicht, wie auf der Vogelfluglinie, zuweilen mit starkem Autoverkehr plagen zu müssen. Langeland ist somit auch ein idealer Startpunkt für eine Tour in Richtung Fünen, der weite Weg über Jütland fällt flach. Natürlich bietet die Insel selbst auch einige Reize, die guten Strände bei Ristinge und Botofte sind gerade bei Familien beliebt.

Mittelpunkt der Insel ist die Hauptstadt Rudkøbing, ein im Vergleich zum nahen Svendborg doch eher bescheidener Ort. Im Süden der Insel gibt es einige kleinere Orte und den schon erwähnten schönen Strand bei Ristinge. In Bagenkop legt die Fähre nach Kiel ab. Für Naturfreunde lohnt ein Abstecher zum Naturreservat Gulstav Mose, von dessen Beobachtungsposten man vor allem dann tolle Ausblicke hat, wenn im Herbst die Zugvögel gen Süden fliegen.

Im Osten ist natürlich in Spodsbjerg immer viel los, legt doch von hier die Fähre hinüber nach Tårs/Lolland ab. Und im Norden steht mit dem Schloß in Tranekær eine der großen Sehenswürdigkeiten dieser Region. Noch weiter nördlich finden Sie das große Sommerhausareal um den Hafen von Lohals.

Recht belebt geht es auch alljährlich Ende Juli auf dem »Langelandsfestival« zu, das sich mittlerweile unter den besten und populärsten Festivals des Landes etabliert hat.

Hotel

Humble Hotel
Ristingevej
Tel. 62 57 11 34, Fax 62 57 11 24
4 Zimmer
3. Kategorie (Æ, DC, EC, Visa)
Einfaches, aber sehr gemütliches Hotel, ausgesprochen zuvorkommender Service, gute, solide Küche, ein Hotel zum Wohlfühlen. Gehört zu Dansk Kroferie.

Sehenswertes

Skovsgård
Kågårdsvej 12, Hennetved, Lindelse
15. Mai – Sept. Mo–Fr 10–17, So 13–17 Uhr; Ende Juni–Anfang Aug. Sa 13–17 Uhr
Eintritt Erw. 18 DKK, Kinder frei
Skovsgård ist ein großer alter Hof, der heute in Teilen der Öffentlichkeit zugänglich ist und von dieser vorzugsweise für kleine Wochenendausflüge genutzt wird. Im ehemaligen Pferdestall ist nun ein Kutschenmuseum eingerichtet, im Gartenhaus ein kleines Forstmuseum. Die aufgestellten Bänke laden dazu ein, den mitgebrachten Picknickkorb auszupacken.

Tranekær Slot
Schloßmuseum Mitte Mai bis Sept. Mo–Fr 10–17, So 13 bis 17 Uhr
Schloßpark tgl. 10–18 Uhr
Eintritt Erw. jeweils 15 DKK, Kinder frei
Es ist halt wie früher: Ihr da oben, wir da unten. Denn das gemeine Fußvolk darf sich nur unten im Café aufhalten und bewundernd zur rot getünchten Burg aufschauen. Allerdings bekommt man in dem kleinen Schloßmuseum einen Eindruck vom Interieur des Hauses. Interessant ist auch ein Spaziergang durch den Schloßpark, weil Künstler aus aller Welt Skulpturen in die Gartenlandschaft eingepaßt haben. Errichtet worden ist Tranekær als Burg im 13. Jh. Aus dieser Zeit ist

allerdings nur noch der Nordflügel erhalten. Ungefähr 300 Jahre später wurde aus der Burg ein Schloß mit einem großen Turm, der jedoch 1649 wieder abgerissen wurde. Sein heutiges Aussehen erhielt der Bau schließlich 1859.

Museen

Det gamle Apotek
Brogade 15, Rudkøbing
Mitte Juni–Aug. Mo–Fr
12–17 Uhr
Eintritt Erw. 10 DKK, Kinder frei

Seit 1705 beherbergt das Gebäude eine Apotheke. Geboren wurden hier die Gebrüder Ørsted. Anders Sandøe Ørsted (1778–1869) wurde Mitte des 19. Jh. zu einem der einflußreichsten dänischen Politiker, er war unter anderem Premier- und Justizminister. Über Dänemarks Grenzen hinweg sehr bekannt wurde sein Bruder Hans Christian (1777–1851), der den Elektromagnetismus ebenso entdeckte wie das Aluminium. Heute kann man hier altes Apothekeninventar bestaunen.

Langelands Museum
Jens Winthersvej 12, Rudkøbing
Tgl. Mo–Do, So 10–16,
Fr 10–14, Sa 14–16 Uhr;
Sept.–Mai Sa geschl., So
14–16 Uhr

Das Heimatmuseum der Insel mit dem Schwerpunkt Ur- und Frühgeschichte besitzt bemerkenswerte archäologische Fund-

stücke. Auf die Seefahrt geht die Filiale in der Østergade 25 in einer kleinen Schau ein (Juni bis Aug. Mo–Fr 10–17, Sa 10 bis 14 Uhr; Sept.–Mai Mo–Fr 10 bis 16, Sa 10–13 Uhr, Eintritt frei).

Essen und Trinken

Tingstet's Café
Østergade 16, Rudkøbing
Mai–Sept.
Tel. 62 51 22 44

Recht originelle Mischung aus Café und Antikladen, der insbesondere auf alt gemachte Emailleschilder anbietet. Direkt in der Einkaufsstraße plaziert.

Einkaufen

Galleri Ø
Spodsbjergsvej 275, Longelse
Mitte Mai–Sept. Di–So
10–17 Uhr

Es gibt auf Langeland relativ viele Kunsthandwerker. In dieser Galerie erhält man einen guten Überblick über die Szene und kann bei Gefallen bestimmte Künstler gezielt ansteuern.

Langeland Design
Ndr. Landevej 47, Rudkøbing

Großer Laden, der unter anderem Kerzen jeder Größe und Farbe verkauft.

Allgemeine Informationen

Auskunft
Langelands Turistbureau
Torvet 5
5900 Rudkøbing
Tel. 62 51 35 05, Fax 62 51 43 35

In Tingstet's Café in Rudkøbing kann man auch nach Antiquitäten stöbern

B4 Middelfart

Middelfart ist eine unspektakuläre Stadt mit einer unspektakulären Historie. Aus letzterer ist wenig bekannt, im Gegensatz zu manch anderem Ort fanden hier weder geschichtsträchtige Treffen statt, noch wurden kulturell bahnbrechende Erkenntnisse gemacht. Middelfart entwickelte sich als kleiner Fährort recht ordentlich, bis auf der anderen Seite des Belt Fredericia entstand und Fährbetrieb sowie Militär dorthin übersiedelten.

Erst mit der Einweihung der ersten Lillebæltsbro 1935, der Brücke über den Kleinen Belt, ließen sich wieder Firmen hier nieder.

Heute ist Middelfart ein bescheidener Ort mit allerdings vielen schönen alten Häusern.

Hotels

Hindsgavl Slot
Hindsgavl Allé 7
Tel. 64 41 88 00, Fax 64 41 88 11
73 Zimmer
2. Kategorie (Æ, DC, EC, Visa)
Vom feinsten. Aus dem einstigen Schloß ist heute ein Hotel mit ganz besonderer Atmosphäre entstanden. Ein weitläufiger Park, moderne Konferenzräume, eine gute Küche, die tolle Lage am Fænøsund, hier läßt es sich leben. Oft war Hindsgavl Schauplatz historischer Begebenheiten. So kam hier der schwedische König Karl X. Gustav vorbei, als er über den zugefrorenen Kleinen Belt von Jütland nach Fünen

marschierte. Und 1814 mußte der dänische König Frederik VI. hier den Kieler Frieden unterzeichnen, mit dem das Land Norwegen verlor.

Hotel Kongebrogaarden
Kongebrovej 63
Tel. 64 41 11 22, Fax 64 41 11 80
48 Zimmer
1. Kategorie (Æ, DC, EC, Visa)
Modernes wie eindrucksvolles Hotel unterhalb der alten Brücke nach Middelfart. Ruhig gelegen, mit kleinem Strand vor der Tür. Das Restaurant Maritime paßt sich dem hohen Niveau an.

Sehenswertes

Fyns Sommerland
Fjellemosevej 3, Årup
Juni Mo–Fr tgl. 9–16, Sa, So 10–18 Uhr; Juli tgl. 9–18 Uhr; Mitte–Ende Mai, Aug. Di, Do, Sa, So 10–18 Uhr
Eintritt 75 DKK, Juli–Anfang Aug. 85 DKK
Für Kinder eines der spannendsten Ziele auf Fünen, denn in diesem Vergnügungspark kann man sich im Badeland, auf Gerüsten, in Autos, beim Minigolf oder auf Hüpfburgen nach Herzenslust austoben. Ist der Eintritt bezahlt, ist der Rest kostenlos. Badesachen nicht vergessen!

Museen und Galerien

Grimmerhus
Kongebrovej 42
Eintritt Erw. 30 DKK, Kinder frei
In einem prächtigen alten Ge-bäude ist seit 1995 ein Keramikmuseum eingerichtet. Wer allerdings vollgestopfte Vitrinen befürchtet, wird positiv überrascht. Moderne Keramik aus dem In- und Ausland wird in großzügig gestalteten Räumen präsentiert.

Galleri 5
Smedegade 5
Mi–Fr 15–18, Sa 11.30 bis 15 Uhr
Schöne kleine Galerie im Zentrum, die wechselnde Ausstellungen mit dänischen Gegenwartskünstlern zeigt.

Essen und Trinken

Fænøsund
Teglgårdsvej 100
Tel. 64 41 12 38
Tgl. Di–So 12–22 Uhr; Juni bis Aug. tgl. 12–23 Uhr; Jan. geschl.
2. Kategorie (DC, EC, Visa)
Von der Lage her der Inbegriff eines dänischen Restaurants, kann man doch herrlich auf einer Terrasse sitzen, über das Wasser schauen und genießen. Serviert wird auch typisch dänische Küche, nicht zu elitär, aber auch nicht zu einfach. Vorbestellen!

Nyborg   C4

Jede Stadt rühmt sich gerne eines Superlativs, auch Nyborg tut dies. Denn mit Nyborg Slot besitzt die Stadt das älteste weltliche Gebäude des Landes. Und mit der neuen Brücke über den

Großen Belt ist hier auch bald Anfangs- oder Endpunkt einer der imposantesten Brückenkonstruktionen der Welt.

Doch der Reihe nach. Die Neue Burg, Nyborg, war wohl Nachfolgerin einer weiter landeinwärts gelegenen Befestigung. Zwischen 1183 und 1413 fanden hier die Treffen der Führungselite (König, Geistliche, Standesvertreter) des Landes statt. Klar, daß die Stadt an diesen Treffen reichlich verdiente. Erst mit der Verlagerung dieser Zusammenkünfte nach Kopenhagen verlor Nyborg an Bedeutung. Aber nur geringfügig, dank der prädestinierten Lage am Belt. Als 1560 die Zollabgabe bei der Durchfahrt durch den Belt eingeführt und Nyborg zur Zollstelle erklärt wurde, ging es wieder steil aufwärts. Ein großer Stadtbrand 1797 stoppte diese Entwicklung nur kurzfristig.

Im 19. Jh. wuchs der Fährverkehr zwischen Fünen und Seeland immer stärker. 1957 wurde dann der Hafen im nahen Knudshoved eröffnet, weil Nyborg allein den Ansturm nicht mehr bewältigen konnte. Auch im Stadtinneren hat die Hafenerweiterung manches Opfer gefordert, groß ist der Anteil historischer Bauten nicht mehr.

Ob die Fertigstellung der neuen Brücke, wie erhofft, mehr Industrieansiedelung bringt, weil die Stadt jetzt noch zentraler liegt, bleibt abzuwarten. Ob die Touristen hier jetzt seltener oder öfter Rast machen, ebenso. Als kleine

Erinnerung an bald vergangene Zeiten will man ein Museum zur Geschichte der Fährschiffahrt einrichten.

Museen

Mads Lerches Gård
Slotsgade 11
Juni–Aug. tgl. 10–17 Uhr; März, Sept., Okt. Di–So 10–15 Uhr
Eintritt Erw. 10 DKK, Kinder 5 DKK

Das Heimatmuseum der Stadt ist in einem alten Fachwerkhaus eingerichtet und, wie immer bei solchen Sammlungen, mit handwerklichen Erzeugnissen und Spielzeug ausgestattet.

Nyborg Slot
Juni–Aug. tgl. 10–17 Uhr; März–Mai, Sept., Okt. tgl. 10 bis 15 Uhr
Eintritt Erw. 20 DKK, Kinder 10 DKK

Zwar zeigt sich das in der Stadtmitte gelegene Gebäude gut erhalten, doch wer hier ein prächtig strahlendes Schloß erwartet, wird enttäuscht werden. Nyborg Slot ist ein eher nüchterner Bau, doch angesichts seiner Historie kann man froh sein, daß überhaupt noch etwas erhalten ist.

Im 12. Jh. wurde das Schloß errichtet, konzipiert als Festung mit meterdicken Mauern und mächtigen Türmen am Großen Belt. 1265 entstand der Königsflügel, im 15. Jh. kamen Wohn- und Repräsentationsräume hinzu. 1481 wurde der spätere König Christian II. hier geboren.

1658 zogen die Schweden ein, und nach ihrem Rückzug blieb von dem einst prächtigen Schloß nichts mehr übrig, so daß Frederik III. 1670 den Teilabriß anordnete. Auch in den Folgejahrzehnten verfielen Abschnitte dermaßen, daß sie abgerissen werden mußten. Erst als um 1900 nur noch Teile des West- und des Nordflügels sowie ein Turm erhalten waren, besann man sich des historischen Werts und unterwarf sich dem daraus resultierenden Zwang zur Restaurierung. Heute kann man wieder durch die alten Räume schlendern und versuchen, sich in die geschichtsträchtige Atmosphäre hineinzuversetzen. Denn hier trafen sich ab Mitte des 13. Jh. der König und die führenden Köpfe der Nation und schrieben Geschichte.

Essen und Trinken

Hesselets Gourmet Restaurant
Christianslundsvej 119
Tel. 65 31 30 29
Tgl. 12 – 22 Uhr
1. Kategorie (Æ, DC, EC, Visa)
Das in dem 1993 renovierten Hotel Hesselet eingerichtete Restaurant bietet hervorragende Fischgerichte, ein Gaumenschmaus ist auch das Lamm.

Einkaufen

Herregården Hindemæ
Hindemævej 86, Ullerslev
Tgl. 11 – 17 Uhr
Eintritt Erw. 20 DKK

1450 wurde dieser Hof ca. 12 km westlich von Nyborg begründet. Heute ist in den herrschaftlichen Räumen nichts anderes als ein großer Antiquitätenladen eingerichtet. Das sieht alles sehr gut und edel aus, aber – ob die Möbel bei Ihnen daheim auch noch so wirken?

Orte in der Umgebung

Damestenen   C4
16 km südlich von Nyborg liegt dieser 12 m hohe und 1 000 t schwere Stein. Die profane Erklärung für sein Hiersein ist, daß ihn die Eiszeit aus Norwegen mitbrachte. Die viel spannendere ist die, daß ihn eine Riesin einst aus Langeland herüber warf, um die Svindinge Kirke zu zerstören. Doch der Stein flog nur bis hierher. Ein idealer Rastplatz.

Lindeskov Langdysse   C4
Der mit 168 m längste Langdolmen Dänemarks wurde als Grab mehrfach verwendet, doch fanden nur wichtige Leute hier ihre letzte Ruhe. Kein spektakulärer Ort, sondern für Unbedarfte eigentlich nur ein Erdhügel.

Odense   C4

Nimmt man die Besucherströme als Maßstab, so befindet sich Odenses Mittelpunkt in der Hans Jensens Stræde. Dort nämlich steht das Hans-Christian-Andersen-Haus, das jeden Besucher magisch anzieht. Doch natürlich wäre das etwas wenig, hätte die drittgrößte Stadt Dänemarks nicht mehr zu bieten als nur dieses Haus. Der Komponist Carl Nielsen ist der zweite große Sohn der Stadt, natürlich ist auch ihm ein Museum gewidmet. Überhaupt ist die Museumsszene hier großartig – aber nicht nur sie. Von der Fußgängerzone aus zweigen Passagen ab, in denen man kleine Boutiquen besuchen oder sich in Cafés niederlassen kann. Einkaufsmöglichkeiten bietet die Stadt für jeden Geschmack, sogar die Billig-Textilkette C&A hat sie zu ihrem ersten dänischen Stützpunkt erkoren und sich an der Seite des sehr viel edleren Magasin du Nord plaziert.

Auch am Abend wird es in Odense nicht still, zumindest im Sommer nicht. In den Kneipen, rund um Brandts Klædefabrik oder in dem Vergnügungszentrum Arkaden endet die Nacht oft erst in den Morgenstunden.

Einst muß sich hier ein heiliger Platz für Odin befunden haben, zu dem die Menschen pilgerten. Im Zuge dessen bildeten sich dann Markt und Siedlung. Bereits 1020 wurde Odense Bischofsstadt. 1086 kam es zu einem Drama in der Sankt Albani Kirke (→ Sehenswertes, Sankt Knuds Kirke). Im 14. Jh. unterstand die Stadt eine Weile den Holsteinern, fiel dann aber wieder an die dänische Krone und blühte als reiche Handelsstadt auf. Auch die Könige wußten die Stadt zu schätzen, und so entstand nach der Reformation aus dem ehemaligen Johanniterkloster Sankt Hans ein Schloß, das später umgebaut und wesentlich erweitert wurde.

Im 18. Jh. waren Handschuhe der bedeutendste Exportartikel der Stadt. Um 1800 weitete sich Odense über die eigentlichen Stadtmauern hinaus aus. Zudem wurde der Kanal zum Meer gebaut, dank dem Odense heute einen der größten dänischen Häfen besitzt, obgleich die Stadt 22 km von der See entfernt ist.

Dank dieser Entwicklungen sowie auch der Errichtung mehrerer Eisenbahnstrecken war Odense bald die zweitgrößte Stadt des Landes. Zwar ist sie heute hinter Århus zurückgefallen, dennoch gibt es hier zahlreiche bedeutende Industriebetriebe, so etwa die Lindøwerft im Osten oder die Albani-Brauerei, die als eine der wenigen der Kopenhagener Großbrauerei Carlsberg-Tuborg Paroli bietet. Jüngste Errungenschaft der Stadt ist der neue Bahnhof. Insgesamt hat das Stadtbild schon unter dem Wachstum der letzten Jahrzehnte gelitten. Am Stadtrand sind neue Siedlungen entstanden, im Zentrum sind zahlreiche historische Gebäude geopfert worden. Einzig das Viertel um das H. C. Andersen-Haus besitzt noch eine schöne Bebauung. Und rund um die 1977 stillgelegte Brandts Klædefabrik hat sich ein neuer kultureller Mittelpunkt mit Cafés und Kinos, verschiedenen Museen und Boutiquen entwik-

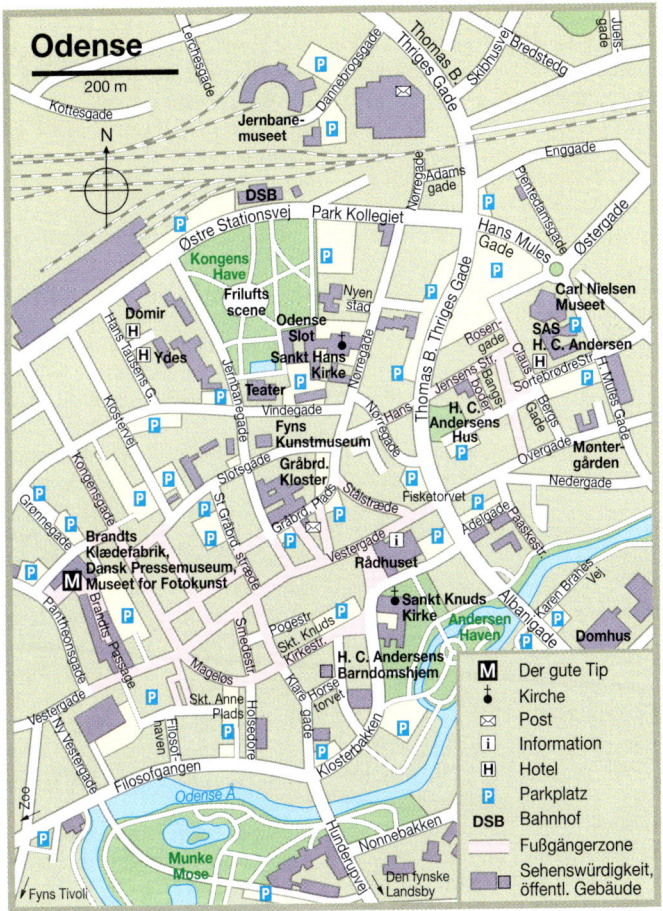

Odense

200 m

N

Jernbane-museet

DSB

Østre Stationsvej   Park Kollegiet

Kongens Have

Frilufts scene

Domir

H Ydes

Odense Slot

Sankt Hans Kirke

Teater

Vindegade

Fyns Kunstmuseum

Gråbrd. Kloster

Brandts Klædefabrik, Dansk Pressemuseum, Museet for Fotokunst

M

Stålstræde

Fisketorvet

Vestergade

Rådhuset

i

Pogestr.

Skt. Knuds Kirkestr.

H. C. Andersens Barndomshjem

Skt. Anne Plads

Magelos

Klare Horse torvet

Filosofhaven

Klosterbakken

Filosofgangen

Odense Å

Nonnebakken

Munke Mose

Fyns Tivoli

Den fynske Landsby

Thomas B. Thriges Gade

Adams gade

Enggade

Hans Mules Gade

Østergade

Carl Nielsen Museet

SAS

H. C. Andersen

H. C. Andersens Hus

Møntergården

Nedergade

Adelgade

Albanigade

Sankt Knuds Kirke

Andersen Haven

Domhus

Karen Brahes Vej

M	Der gute Tip
✝	Kirche
⊠	Post
i	Information
H	Hotel
P	Parkplatz
DSB	Bahnhof
	Fußgängerzone
	Sehenswürdigkeit, öffentl. Gebäude

keln können, der einen Gegenpol zum eher touristisierten Andersen-Viertel bildet.

Hotels

Hotel Domir
Hans Tausens Gade 19
Tel. 66 12 14 27, Fax 66 12 17 82

38 Zimmer
3. Kategorie (Æ, DC, EC, Visa)
Freundliches, helles Haus mit soliden Zimmern. Günstiger geht es in dieser Stadt wohl kaum.
Radisson SAS H.C. Andersen Hotel
Claus Bergs Gade 7
Tel. 66 14 78 00, Fax 66 14 78 90

Hans Christian Andersen »*Es war so herrlich draußen auf dem Lande. Es war Sommer; das Korn stand gelb, der Hafer grün, das Heu war unten in den grünen Wiesen zusammengetragen. Dort stolzierte der Storch auf seinen langen, roten Beinen und plapperte ägyptisch, denn diese Sprache hatte er von seiner Mutter gelernt. Rings um Äcker und Wiesen waren große Wälder und mitten in den Wäldern tiefe Seen. Ja, es war wirklich herrlich auf dem Lande...*«

So beginnt eine der bekanntesten Geschichten des Märchenerzählers und Reiseschriftstellers Hans Christian Andersen. Sie handelt vom häßlichen Entlein, aus dem ein wunderschöner Schwan wird. Es ist eine spannende, zuweilen traurige, vor allem aber eine zauberhafte und poetische Geschichte. Natürlich hat sie ein Happy-End. Schon dieser kleine Einstieg zeigt, wie liebevoll, wie zärtlich der dänische Nationaldichter mit wenigen Worten seine Heimat zu skizzieren, ja zu verzaubern vermochte.

Der Triumph des lange Verkannten ist das Thema dieses Märchens. Es zieht sich wie ein roter Faden durch viele Andersen-Geschichten, und es könnte als Symbol für das liebenswerte Dänemark gelten. Noch immer unterschätzen manche Beobachter, selbst manche Besucher, die bunte Vielfalt des kleinen Landes. Das wahre Talent, die pralle Lebenslust der kauzigen, kulturliebenden Dänen mag sich manchem erst auf den zweiten oder dritten Blick erschließen. Aber dann wird man das Entlein, das auch ein Schwan ist, um so mehr

145 Zimmer
1. Kategorie (Æ, DC, EC, Visa)
Neues, weitläufiges Hotel nahe dem H.C. Andersen-Museum, gerne auch als Tagungshotel genutzt. Zudem kann hier täglich zwischen 19 und 4 Uhr im Casino alles auf Rot oder Schwarz gesetzt werden (Eintritt 40 DKK).

Ydes Hotel
Hans Tausensgade 11
Tel. 66 12 11 31, Fax 66 12 17 82
28 Zimmer
3. Kategorie (Æ, DC, EC, Visa)
Freundliches, helles Hotel in zentraler Lage mit sehr gutem Preis-/Leistungsverhältnis.

Sehenswertes

Sankt Hans Kirke
Nørregade
Konzipiert wurde dieses Gotteshaus als Klosterkirche für ein Johanniterkloster. Im 15. Jh. wurde die Kirche stark erweitert und im 19. Jh. umgestaltet, so daß sich kein stilistisch einheitliches Bild ergibt. Bemerkenswert ist aber, daß die Kirche Dänemarks einzige Freilicht-Kanzel besitzt.

Sankt Knuds Kirke
Flakhaven
Wir schreiben das Jahr 1086. König Knud flieht vor aufrühre-

schätzen, seine bescheidene Selbstzufriedenheit, seinen hintergründigen Humor, der so vieles leichter macht und leichter nehmen läßt. Das alles spiegelt sich in den weltberühmten Fabeln des H. C. Andersen wider, die ja eigentlich Märchen für Erwachsene sind.

Am 2. April 1805 wurde dieser Andersen, den heute die ganze Welt kennt und dessen Werke in mehr Sprachen übersetzt wurden als die jedes anderen Dichters, in der Stadt Odense auf der Insel Fünen geboren. So ganz sicher ist nicht, ob seine Wiege im Haus an der Ecke Jensenstræde und Bangs Boder stand; aber aufgewachsen, das hat er im »Märchen meines Lebens« anschaulich beschrieben, ist er im Haus Munkemøllestræde 3–5. Dort ist heute das Museum eingerichtet, das Ziel so vieler Besucher ist. Ein Stipendium des Königshauses, 800 Reichstaler pro Jahr, ermöglichte ihm weite Reisen. Doch in seine Heimatstadt kehrte er stets besonders gern zurück. 1867 ehrte Odense seinen größten Sohn mit einem Fackelzug und der Verleihung der Ehrenbürgerwürde. Alles, fast alles dreht sich dort seither um den Dichter; natürlich sind auch die Festspiele in Fünens Hauptstadt nach ihm benannt. Aber auch die »Kleine Meerjungfrau« in Kopenhagen ist ja eine Erinnerung an H. C. Andersen, jedenfalls an eines seiner schönsten Märchen. Gut 50 Jahre lang, mit Unterbrechungen, lebte er in der Metropole, »nach der ich mich so gesehnt hatte«. Am 4. August 1875 starb er dort, hochgeehrt von König, Kronprinz und Bürgersleuten, nach dreijährigem Krebsleiden.

rischen Bauern im jütischen Vendsyssel. In Odense glaubte er sich sicher, doch die Bauern holten ihn ein. Knud und seine Brüder Erik und Benedikt suchten in der damaligen Holzkirche Sankt Albani Zuflucht. Vergeblich. Knud und Benedikt wurden erschlagen und an der Kirche begraben. 1101 wurde Knud heiliggesprochen und der an Stelle der Holzkirche errichtete Dom wurde im gleichen Jahr auf seinen Namen geweiht.

Bereits 1157 und nochmals 1247 vernichteten Brände große Teile der Kirche, bei deren Wiedererrichtung in fast 200jähriger Bauzeit sich der gotische Stil durchsetzte.

Im Inneren sehenswert ist zum einen der großartige Altar mit seinen ca. 300 Figuren, die Szenen aus dem Leben Jesu, aber auch bekannte Persönlichkeiten der damaligen Zeit darstellen. Geschaffen wurde dieses Meisterwerk von Claus Berg ca. 1515–24. Zum anderen sollten Sie die Krypta im Keller besuchen. Dort liegen die sterblichen Überreste König Knuds in einem Schrein, in einem zweiten die Überbleibsel seines Bruders Benedikt oder des hl. Alban, das ist nicht sicher.

Odense Zoo
Sr. Boulevard 320
Juli 9 – 19 Uhr; Mai, Juni, Aug.
9 – 18 Uhr; April, Sept. 9 bis
17 Uhr; Okt. – März 9 – 16 Uhr
Eintritt Erw. 40 DKK, Kinder
20 DKK
Der Zoo ist der neue Stolz der
Stadt, denn endlich wird er auf
ein größenmäßiges Niveau gebracht, wie es der drittgrößten
Stadt des Landes zusteht. 1995
wurde der Abschitt »Okavango«
eingeweiht, in dem man afrika-
nische Vögel bestaunen kann.

Museen und Galerien

Carl Nielsen Museet
Claus Bergs Gade 11
Tgl. 10 – 16 Uhr
Eintritt Erw. 15 DKK, Kinder
5 DKK
Carl Nielsen ist der bekannte dänische Komponist klassischer
Musik. In diesem Museum werden die Stationen seines Lebens
skizziert, in den Ecken kann man
sich hinsetzen und über Kopfhö-
rer seinen Werken lauschen.
Oder sich in Ruhe die künstleri-
schen Arbeiten seiner Frau anschauen. Erfreulicherweise ist
hier weniger Trubel als im nahen
Andersen-Museum.

Der gute Tip **M**:
Jernbanemuseet
Hinter dem Odenseer Bahn-
hof steht Dänemarks
schönstes Eisenbahnmuseum
voller historischer Loks und
Waggons.

**Danmarks Grafiske Museum/
Dansk Pressemuseum**
Brandt Passage 37/3.
Juli, Aug. tgl. 10 – 17 Uhr; Sept.
bis Juni Di–So 10 – 17 Uhr
Eintritt Erw. 20 DKK, Kinder
10 DKK
Sehr beeindruckendes Museum,
das die Entwicklung des Presse-
und Druckereiwesens dokumentiert. Nostalgikern wird angesichts der Setzkästen wohl wehmütig um das Herz.

Den fynske Landsby
Sejersskovvej 20
Tgl. 10 – 19 Uhr; April bis Mitte
Mai, Mitte Sept. bis 22. Okt.
tgl. 10 – 17 Uhr
Eintritt Erw. 20 DKK, Kinder
10 DKK
Das Freilichtmuseum der Stadt
mit historischen Gebäuden besitzt Werkstätten, die im Sommer noch für die Besucher betrieben werden.

Fyns Kunstmuseum
Jernbanegade 13
Tgl. 10 – 16 Uhr
Eintritt Erw. 25 DKK, Kinder
frei
Das Museum zeigt vor allem fü-
nische Malerei der letzten 250
Jahre, gleichwohl ist es längst
nicht so beeindruckend wie das
Kunstmuseum in Fåborg.

H.C. Andersens Barndomshjem
Munkemøllestræde 3 – 5
Jan. – Mai, Sept. – Dez. tgl. 11
bis 15 Uhr, Juni – Aug. tgl. 10
bis 17 Uhr
Eintritt Erw. 5 DKK, Kinder
2 DKK
Das Jugendhaus (1807 – 19) des
großen Schriftstellers, in dem

nur ein paar Räume gezeigt werden, ist kein Vergleich zum H. C. Andersen-Haus.

H. C. Andersens Hus
Hans Jensens Stræde 37–45
Juni–Aug. tgl. 9–18 Uhr;
Sept.–Mai tgl. 10–16 Uhr
Eintritt Erw. 20 DKK, Kinder
10 DKK

H. C. ist Sohn der Stadt Odense. Und deshalb fallen Deutsche und Dänen, Schweden und Niederländer, Italiener, Amerikaner und Japaner alljährlich in Heerscharen ein, um in diesem Museum den Stationen seines Lebens zu folgen. Leider kann man sich angesichts des Gedränges nur mühsam in Ruhe den Exponaten widmen. Doch beeindruckend ist das Werk dieses Mannes schon, imponierend auch die Zahl der ausgestellten Übersetzungen. Wenig überzeugend ist allerdings die neu erschienene H. C. Andersen CD-Rom für ca. 200 DM.

Jernbanemuseet M
Dannebrogsgade 24
Mai–Sept. tgl. 10–16 Uhr;
Okt.–April Mo–Sa 10–13, So
10–16 Uhr
Eintritt Erw. 20 DKK, Kinder
10 DKK

Jedem Eisenbahnfreund wird bei den ausgestellten Lokomotiven und Waggons in diesem faszinierenden Museum das Herz höher schlagen. Angesichts der Bedeutung der Eisenbahnfähren für das Land ist es nur einleuchtend, daß auch ihnen breiter Ausstellungsraum eingeräumt wird. Beeindruckend ist außerdem die große Modellbahnanlage. Natürlich gehört auch ein Museumsshop dazu.

> Der gute Tip M:
> **Kunsthallen Brandts**
> **Klædefabrik**
> Pressemuseum, Kunsthalle, Fotomuseum und Buchhandlung laden in Brandts Klædefabrik zum Schauen und Schmökern ein.

Kunsthallen Brandts Klædefabrik M
Brandt Passage 37
Juli, Aug. tgl. 10–17 Uhr;
Sept.–Juni Di–So 10–17 Uhr
Eintritt Erw. 25 DKK, Kinder
10 DKK

In der ehemaligen Textilfabrik entstand nach deren Schließung 1977 ein moderner Freizeitkomplex. Die Kunsthalle im oberen Stockwerk präsentiert wechselnde Ausstellungen internationaler Kunst und ist ein mutiger Gegenpol zum eher biederen Fyns Kunstmuseum in der Jernbarngade.

Museet for Fotokunst
Brandt Passage 37
Juli, Aug. tgl. 10–17 Uhr; Sept. bis Juni Di–So 10–17 Uhr
Eintritt Erw. 20 DKK, Kinder
10 DKK

Neben den üblichen Sonderausstellungen finden Sie hier eine fotohistorische Schau und können einen Blick auf die Neuerwerbungen, Hauptwerke einheimischer und internationaler Fotografie sowie Fotos mit botanischen Motiven werfen.

Møntergården
Overgaden 48
Tgl. 10–16 Uhr
Eintritt Erw. 15 DKK, Kinder
5 DKK

Das 1646 errichtete Gebäude ist eines der ältesten der Stadt. Heute beherbergt es das Heimatmuseum, dessen Sammlung im übrigen recht klein ist. Bemerkenswert sind die Münzsammlung und die schönen Spitzen.

Essen und Trinken

Den gamle Kro
Overgade 23
Tel. 66 12 14 33
Tgl. 11–24 Uhr
1. Kategorie (Æ, DC, EC, Visa)

Eines der ältesten Häuser Odenses (1683), auch im Inneren sehr traditionsbewußt. Viel Fleisch prägt die Karte, die an der französischen Küche orientiert ist.

Franck A
Jernbanegade 4
Tel. 66 12 27 57
Mo–Sa 11.30–23, So 12 bis 23 Uhr
2. Kategorie (DC)

Das beliebte *Frokost*-Lokal wird gerne auch von Personen des öffentlichen Lebens besucht. Begründet wurde es 1923 von Marius Franck-Andersen.

Marie Louise
Lottrups Gård, Vestergade 70–72
Tel. 66 17 92 95
Mo–Sa 12–14, 18–22 Uhr
Luxuskategorie (Æ, DC, EC, Visa)

Etwas versteckt auf einem Hinterhof in der Fußgängerzone plaziertes Restaurant, eines der besten des Landes. Trotzdem herrscht hier keine steife Atmosphäre, im Gegenteil. Ausgerichtet auf die französische Küche, werden hier zum Beispiel das Fischmenü für 420 DKK oder das Monatsmenü für 336 DKK gereicht, ein einfaches Hauptgericht liegt bei 200 DKK, die *Frokost* am Mittag bei 100 DKK.

Målet
Jernbanegade
Mo–Sa. 11–24, So 15–24 Uhr
3. Kategorie

Der Dauerbrenner. Viel Fleisch für wenig Geld. Zur Wahl stehen zehn unterschiedliche Zubereitungsarten für Schnitzel (je 65 DKK). Aber auch ein Drei-Gänge-Menü für 110 DKK ist zu haben.

Einkaufen

Kramboden
Nedergade 24

Fürwahr ein Kramladen. Schöne historische Atmosphäre, die Waren sind aber schon für Touristen ausgesucht.

Magasin du Nord
Vestergade

Filiale des berühmten Kopenhagener Kaufhauses mit Top-Modemarken für Sie und Ihn. Zum Shopping die beste Adresse der Stadt.

Uromager
Hans Jensens Stræde

Dänemarks bekannteste Mobiles sind die Flensted Mobile, die

hier gegenüber dem H. C. Andersen-Haus verkauft werden. Ein tolles Mitbringsel, auch für Erwachsene.

Am Abend

Arkaden
Vestergade 68
Hier trifft sich abends die ganze Stadt. In den überdachten Arkaden gibt es verschiedene Restaurants (Brasilianer, Grieche, Italiener und anderes mehr) sowie ein paar Kneipen. Hin und wieder ist auch Live-Musik geboten. Sehen und gesehen werden ist hier nicht unwichtig.

Jazzhus Dexter
Vindegade 65
Mi, Do 19–2, Fr, Sa 19–5 Uhr
Das Odenseer Jazz-Mekka präsentiert Freitag und Samstag Live-Musik, dank der Fernsehschirme können Sie auch in der letzten Reihe sitzen und dennoch etwas mitbekommen.

Tinsoldaten
Frue Kirkestræde 3
Die Kneipe für das allerletzte Bier der Nacht, eingerichtet unter anderem mit Inventar aus einer britischen Kirche.

Allgemeine Informationen

Auskunft
Odense Turist Bureau
Rådhuset
5000 Odense C
Tel. 66 12 75 20, Fax 66 12 75 86
Odense Eventyrpas
Wer Lust auf ein umfangreicheres Besichtigungsprogramm hat,

Mit gut 180000 Einwohnern ist Odense die drittgrößte Stadt Dänemarks

sollte sich den »Abenteuerpaß« leisten. Er ermöglicht den kostenlosen oder ermäßigten Zutritt zu den Museen sowie den kostenlosen Transport mit ausgewiesenen Bus- und Bahnlinien. Der Paß kostet für einen Tag 50 DKK, für zwei 90 DKK, für Kinder unter 14 Jahren die Hälfte. Man erhält ihn am Bahnhof, im Touristenbüro, in den Museen, in der Jugendherberge und auf dem Campingplatz.

Ort in der Umgebung

Carl Nielsens Barndomshjem   C4
Odensevej 2a, Nr. Lyndelse
Mai–Aug. 11–15 Uhr
Eintritt Erw. 5 DKK, Kinder 2 DKK

Carl Nielsen Dänische Musik wird erst zögerlich in Deutschland entdeckt. Ob ein alter Meister wie Niels W. Gade, ein moderner Klassiker wie Rued Langgaard oder Gegenwartskomponisten wie Ib Nørholm oder Per Nørgaard, das Wirken dänischer Komponisten scheint auf den Norden beschränkt. Das gilt auch für den bekanntesten unter ihnen, Carl Nielsen. Er steht noch immer im Schatten des Finnen Sibelius und des Norwegers Grieg, obgleich ihn Dirigenten wie Leonard Bernstein oder Esa-Pekka Salonen im Repertoire hatten bzw. haben. Geboren wurde Nielsen am 9. Juni 1865 in Nørre-Lyndelse, südlich von Odense. Er war ein Sohn einfacher Leute, der sich nach oben arbeiten mußte und nicht zuletzt deshalb immer wieder mit dem anderen großen Sohn der Insel, H. C. Andersen, verglichen wird.

Seine ersten kompositorischen Versuche sind auf 1878 datiert, entstanden noch in Zusammenarbeit mit seinem Vater, der auch Musiker war. In der Folgezeit waren es die Wiener wie Haydn und vor allem Mozart, die ihn begeisterten. Mitte der Achtziger des 19. Jahrhunderts studierte er in Kopenhagen und nahm den hier herrschenden Zeitgeist auf, der das Nordische in Literatur, Kunst und Musik stärker betonen wollte. Zwar wurden Werke von ihm auch schon in dieser Zeit aufgeführt, doch blieb ihm die Anerkennung noch versagt. Das änderte sich

12 km südlich von Odense steht das bescheidene Geburtshaus des großen Komponisten, in dem er einen Teil seiner Kindheit und frühen Jugend verbrachte. Das als Museum eingerichtete Haus ist kein Muß-Ziel.

C4 Svendborg

Von der Bebauung her sind Middelfart und Fåborg schöner. Wer nach abendlichen Vergnügungen sucht, ist in Odense richtiger, wer der Geschichte auf der Spur sein mag, sollte sich Richtung Nyborg und Kerteminde orientieren. Dennoch ist Fünens zweitgrößte Stadt ein beliebtes Ziel. Das ist wohl der einmaligen Lage am Sund zu verdanken, die der Stadt eine ganz eigene Atmosphäre verleiht. Und auch in der weitläufigen Fußgängerzone ist immer recht rege Betriebsamkeit, zum Shoppen ist Svendborg ein idealer Platz. Da stört es auch nicht, daß es an klassischen Sehenswürdigkeiten hier kaum etwas gibt.

Genannt wird die Stadt übrigens erstmals im 13. Jh. Auf welchen Svend und welche Burg sich der Name bezieht, ist ungeklärt. Sicher aber ist, daß sich Svendborg, aller politischen Widrigkeiten zum Trotz, immer gut behaupten konnte, denn dank seiner günstigen Lage blühte der Handel, ob innerhalb des Landes oder auch mit den Hansestädten.

erst in den Neunzigern. Seine erste Symphonie entstand. So sehr er sich weiterhin für Mozart begeisterte, so lehnte er Wagner ab.

Gegen Ende des Jahrhundert begann dann seine kreativste Phase. 1898–1901 komponierte er die Oper »Saul og David«. Ihr folgte unter anderem ein Jahr später die zweite Symphonie, 1906 mit »Maskerade« die nächste Oper, dann in den Jahren 1910–1911 seine dritte, vielleicht stärkste Symphonie, »Symphonia Espansiva« genannt. Schon zu dieser Zeit widmete er sich aber auch einem anderen Genre, nämlich dem Lied. Manches von dem gehört heute zum dänischen Hausschatz.

Doch trotz aller Anerkennung mußte Nielsen seinen Lebensunterhalt als praktizierender Musiker verdienen – zunächst an der Violine, später am Dirigentenpult und als Lehrer am Konservatorium. Einleuchtend, daß ihm wenig Zeit für kreative Prozesse blieb.

Die vierte Sinfonie entstand unter Einwirkung einer Ehekrise, die fünfte klang 1922 wieder munterer und moderner. Drei Jahre später erschien seine letzte Symphonie, nun bereits von den neuen Strömungen aus Richtung Schönberg und Bartók geprägt. 1931 war sein letztes Werk fertig. Im Oktober des Jahres starb Carl Nielsen, eine große Menschenmenge begleitete ihn auf seiner letzten Fahrt durch Kopenhagen.

Sehenswertes

Sankt Nikolai Kirke
Gjerritsgade
Die Mitte des 13. Jh. gebaute Kirche ähnelt weniger den typisch dänischen als vielmehr den norddeutschen. Turm und Sakristei sind spätgotisch, die Turmspitze wurde erst 1763 aufgesetzt. Ende des 19. Jh. befreite man das Gebäude auch vom weißen Putz. Beachtenswert sind die von Kræsten Iversen gestalteten Glasmalereien.

Essen und Trinken

Guldfisken
Jessens Mole 17
Tel. 62 22 42 45
Juni Mo–Sa 18–21.30 Uhr; Juli tgl.; Aug., Sept. Di–So 18–21.30 Uhr
2. Kategorie (Æ, DC, EC, Visa)
Der alte Räucherofen erinnert daran, daß das Gebäude 70 Jahre als Räucherei diente. Und Fisch ist auch heute noch Thema der kleinen, aber exzellenten Karte.

Sandig
Kullinggade 1b
Tel. 62 22 92 11
Mo–Sa 12–14, 18–22 Uhr
2. Kategorie, (Æ, DC, EC, Visa)
Etwas versteckt in Hafennähe liegendes Restaurant. Urgemütliche Räume, aufmerksamer Service und vor allem Fischgerichte, die für die Qualität sicherlich nicht zu hoch bezahlt sind.

Im Labyrinth von Schloß Egeskov kann man leicht den Überblick verlieren

Orte in der Umgebung

C4 Egeskov Slot

Egeskovgade 18, Kværndrup
Mai, Sept. tgl. 10–17 Uhr; Juni bis Aug. 9–18 Uhr
Eintritt Erw. 50 DKK, Kinder 25 DKK

Neben Odense dürfte Egeskov Slot wohl die bekannteste Sehenswürdigkeit Fünens sein. Kein Wunder folglich, daß sich im Sommer hier die Menschenmassen drängeln, der Parkplatz proppevoll ist. Genaugenommen besteht die heutige Anlage aus vier Angeboten: dem Schloß selbst, dem Park, einem Labyrinth und einem Automuseum. 1554 wurde das Wasserschloß errichtet, nachdem man seinen bescheidenen Vorgänger abgerissen hatte.

Heute kann man in aller Ruhe durch die Räume marschieren, unterstützt von einem sehr informativen Faltblatt, das man am Eingang erhält. Wunderschön ist auch der weitläufige Schloßpark mit seinen ganz unterschiedlichen Pflanzentypen, dem Rosen- und dem Kräutergarten.

Das Veteranmuseum beherbergt zahlreiche alte Autos, diverse Flugzeuge und Kutschen. Ein ganz besonderer Clou ist das von Piet Heins angelegte Labyrinth, aus dem das Entkommen wahrlich nicht leicht ist. Dieses, aber auch all die anderen Attraktionen machen einen Besuch im und am vielleicht schönsten Wasserschloß Europas nicht nur für Erwachsene, sondern gerade auch für Kinder zum Erlebnis.

C4 Gudme

Gudme ist eine der dänischen Handballhochburgen. Als man eine größere Sporthalle errichten wollte, stieß man auf den »Kongegården« (Königshof), der wohl aus zwei Häusern bestanden hat. Das große Haus maß 47x9 m und war damit das größte Gebäude seiner Art in Skandinavien. Datiert wird es auf das 3.–4. Jh. Ausgrabungen brachten u. a. Schmuck und römische Münzen zu Tage. Heute steht der Besucher nur vor einer großen Freifläche.

Die Kirche der Stadt fällt durch ihren bullig wirkenden Turm auf, im Inneren sind die dekorativen Malereien zu erwähnen.

C4 Tåsinge

Tåsinge ist die Insel zwischen Fünen und Langeland, mit ersterer über die Brücke bei Svendborg, mit letzterer durch einen Damm und eine Brücke verknüpft. Leider rauschen dank dieser Verbindungswege viele an Tåsinge vorbei, obgleich sich hier eine der schönsten Idyllen Dänemarks versteckt. Denn die alte Schiffersiedlung Troense lädt heute noch zum Spaziergang entlang ihrer gepflegten, am Wasser aufgereihten Reetdachhäuser ein.

Hotel

Hotel Troense
Strandgade 5–7, Troense
Tel. 62 22 54 12, Fax 62 22 78 12

30 Zimmer
3. Kategorie (Æ, DC, EC, Visa)
Phantastisch oberhalb des Wassers gelegen, ein traumhafter Blick. Das Haus bietet solide Küche, funktionale Zimmer, ist aber leider etwas hellhörig. Wenn am Wochenende zum Tanz aufgespielt wird, hat man in allen Zimmern etwas davon. Dansk Kroferie angeschlossen.

Sehenswertes

> Der gute Tip **M**:
> **Valdemars Slot**
> Wem Schloß Egeskov zu voll ist, findet mit Valdemars Slot eine Alternative. Besonders reizvoll ist die Anfahrt mit dem Schiff aus Svendborg.

Valdemars Slot M   C4
Slotsalléen 100, Troense
Mai–Ende Juni, Mitte Aug. bis Sept. tgl. 10–17 Uhr; Anf. Juli bis Mitte Aug tgl. 10–18 Uhr
Eintritt Erw. 45 DKK, Kinder 20 DKK

Zwar ist Egeskov Slot berühmter, aber vielleicht ist Valdemars Slot etwas »normaler«, natürlicher. Hat man auf Egeskov das Gefühl, Ehrfurcht sei angebracht, so fühlt man sich auf Valdemar ungezwungener. Ohne daß das »Schloßgefühl« verlorenginge.

Denn auch Valdemars Slot besitzt eine schöne, weitläufige Anlage. Christian IV. war 1639 der Meinung, seinem Sohn Valdemar Christian an dieser Stelle ein

Im Teepavillon von Valdemars Slot
setzt man sich nach einem Rundgang
gerne zu Tisch

Schloß bauen zu müssen. 1644 war es fertig, doch des Sohnes Interesse an diesem Geschenk war eher gering. Stattdessen zog er durch Europa und beteiligte sich unter anderem an einem schwedisch-polnischen Krieg, in dem er 1656 fiel. 1754 wurde das Schloß erheblich umgebaut.

Zur Anlage gehören auch zwei Restaurants, das exklusive Valdemars Slot mit französisch orientierter Küche und das bodenständigere Den grå Dame.

C5 *Ærø*

Zu den idyllischsten Plätzen Dänemarks gehört ohne Zweifel die Insel Ærø. Fernab aller Stadtmodernisierungen, Autobahnen und Industriegebiete hat sich hier ein Fleckchen erhalten können, dessen Verträumtheit unzählige Besucher alljährlich schätzen. Insbesondere Radler und Segler lieben die kleine Insel, denn hier kombinieren sich gute Erreichbarkeit, Übersichtlichkeit und landschaftliche Schönheit. Vom 68 m hohen Synneshøj aus kann man sich von letzterem überzeugen.

Ærøskøbing, Hauptstadt der Insel, wird von kopfsteingepflasterten Sträßchen durchzogen, an denen farbenprächtige kleine Häuser stehen. Sie stammen überwiegend aus dem 18. Jh. Fast museal wirkt der Ort.

Marstal erscheint etwas moderner, nicht zuletzt wegen des Werftbetriebes im Hafen, aber auch, weil hier die größeren Geschäfte angesiedelt sind. Als Hafenstadt war Marstal immer bedeutender als Ærøskøbing, in den 1890ern besaß der Ort sogar mehr Schiffe als Kopenhagen, nämlich 300. Erst nach dem Ersten Weltkrieg verlor Marstal mit dem Aufkommen der Motorschiffahrt Bedeutung.

Bregninge ist ein anderer interessanter Ort auf der Insel. Er besitzt eine Kirche, deren ganzer Stolz der Altar des Odenser Meisters Claus Berg ist.

Landschaftlicher Glanzpunkt ist ohne Zweifel die Küste bei Voderup Klint, wo das Land sich steil über das Meer erhebt.

Besucher lieben die verträumten Dörfer auf Ærø: Reetgedecktes Fachwerkhaus in Bregninge

Sehenswertes

Marstal Kirke
Hj. Kirkestræde/Kongensgade
Die von den Schiffern errichtete Kirche entstand im 18. Jh., der Turm folgte aber erst 1920. Absoluter Clou der Kirche ist das Altarbild, das einen Jesus zeigt, dessen Apostel wie Marstaler Bürger aussehen. Beachtenswert sind auch die unter der Decke hängenden Schiffe.

Museen

Flaskeskibssamlingen
Smedegade 22, Ærøskøbing
Tgl. 10–16 Uhr
Eintritt 8 DKK
Eines der originellsten dänischen Museen, denn »Flaschen-Peter« hat hier über 250 Buddelschiffe zusammengetragen.

Marstal Søfartsmuseum
Prinsengade 2, Marstal
Mai, Sept. tgl. 10–16 Uhr; Juni, Aug. tgl. 10–17 Uhr; Juli 9 bis 21 Uhr; Okt–April Mo–Fr 10 bis 16 Uhr
Eintritt Erw. 25 DKK, Kinder 5 DKK
Schiffsmodelle, Schiffsmodelle, Schiffsmodelle. Und natürlich auch sonst vieles, was Seefahrt und Ærø verbindet. Ansehen!

Allgemeine Informationen

Auskunft
Ærøskøbing Turistbureau
Torvet
5970 Ærøskøbing
Tel. 62 52 13 00, Fax 62 52 14 36

Unterwegs in Jütland

Jütland, da denkt ein jeder sofort an die unendlich weiten Strände an der Westküste. An die rauschende Nordseebrandung, den weißen Sand, die rote untergehende Sonne am Horizont. An burgenbauende Kinder, an wagemutige Surfer, an ungehemmte Nacktbader. An Ferienhäuser, so weit das Auge reicht, an kleine Boutiquen, an dem rauhen Wind strotzende Radler. Doch das ist nur die eine Seite Jütlands. Die andere Seite ist städtischer. Während dort auch in den Wintermonaten das Leben pulsiert, ist es an der Westküste im November oder März eher ruhig. Melancholiker kommen dann auf ihre Kosten.

Århus ist das alles überragende Zentrum. Dänemarks zweitgrößte Stadt zeigt sich lebendig und selbstbewußt. Hervorragende Restaurants, tolle Galerien, eindrucksvolle Museen, Leben in den Straßen, gute Geschäfte, wer will schon nach Kopenhagen?

Doch auch andere Städte müssen sich nicht verstecken. Am wenigsten Kolding, der Magnet Südjütlands. Aber auch Randers, Silkeborg und Vejle sind Städte, die als Einkaufszentren große Bedeutung besitzen. Schön, wenn sie dann noch in eine traumhafte Umgebung eingebettet sind, so wie Silkeborg mit der Seenplatte.

Überraschend groß ist der Kontrast zwischen Århus und Aalborg, der immerhin viertgrößten Stadt Dänemarks. Und denoch erscheint die Stadt des Aquavit nicht so quirlig, auch wenn sie mit der Jomfru Ane Gade die längste Theke Dänemarks besitzt. Doch gerade hier wird deutlich, daß für das kleines Land Dänemark der Begriff »viertgrößte Stadt« doch eine relative Bezeichnung ist.

Eigenartig ist auch der Süden, ein Teil des einstigen Herzogtums Schleswig. Der deutsche Einfluß ist eigentlich überall spürbar. Hier sagt man zur Begrüßung »Moin«, gibt es deutsche Schulen, erscheint mit »Der Nordschleswiger« die Zeitung der deutschen Minderheit. Sønderborg, Tønder, Åbenbrå und Haderslev sind die Städte, in denen ebenso gut deutsch und dänisch gesprochen wird. Obgleich die Dänen behaupten, die Südjüten würden ein grauenhaftes Dänisch sprechen. Wegen des deutschen Einflusses natürlich.

Die Inseln Mandø, Fanø, Rømø, Samsø, Læsø und Anholt sind dem Wetter schutzlos ausgeliefert, von den Touristen geliebt und mitunter rettungslos überlaufen.

Und dann wären da noch die Perlen, deretwegen so mancher eine weite Reise auf sich nimmt – beispielsweise Ribe, Dänemarks älteste Stadt, oder Ebeltoft, im Süden der jütischen Nase, Djursland, gelegen. Das benachbarte Grenå kann da nur dank eines Haifischbeckens mithalten. Und Skagen natürlich, die Malerstadt ganz im Norden. Ein tolles Licht, eine einmalige Atmosphäre. So schön es auch am Strand der Westküste sein mag – Jütland hat mehr.

Windkraftanlage bei Ebeltoft: Von dieser Energie gibt es im Land des Danebrog reichlich

Ebeltoft

Ærøskøbing, Ribe und Ebeltoft entsprechen dem Klischee vom klassischen dänischen Städtchen. Klein, überschaubar, gut erhaltene historische Bebauung, Städte mit viel Atmosphäre eben. Als Hafenstadt hat sich Ebeltoft zwar im Laufe der Jahrhunderte so mancher Bedrohung ausgesetzt gesehen, dennoch war die Stadt nie im Brennpunkt der Geschichte. Ebeltoft dämmerte so vor sich hin. Heute ist von dieser Verschlafenheit nichts mehr zu spüren. In den Sommermonaten sieht man die Pflastersteine vor lauter Menschen kaum. Dicht an dicht schieben sich die Massen durch die engen Gassen von Adelgade, Overgade und Nedergade. Ein paar Kilometer weiter befindet sich der Fährhafen, von dem aus die Schiffe Richtung Seeland ablegen. An seiner Seite steht unübersehbar der erste Windkraftpark des Landes. Westlich der Stadt erstrecken sich die Mols Bjerge, ein hügeliges Gebiet, das sich für Wanderungen und Radtouren eignet.

Sehenswertes

Fregatten Jylland
Strandvejen 4
Mitte Okt.–März tgl. 10–16 Uhr; April–Mitte Juni, Mitte Aug. bis Mitte Okt. tgl. 10–17 Uhr; Mitte Juni–Mitte Aug. tgl. 9–19 Uhr
Eintritt Erw. 40 DKK, Kinder 20 DKK

Ökologie *Dänemark eilt der Ruf eines ökologischen Musterschülers voraus. Saubere Seen und natürliche Energiegewinnung, das sind die Klischees. Die Realität ist eine andere.*
So haben die Dänen große Probleme mit der Verschmutzung ihrer Binnengewässer, etwa des Limfjord und des längsten Flusses des Landes, der Gudenå. Und auch an der Nordsee kann es passieren, daß der weiße Schaum nicht durch die tosende Brandung, sondern von Ölresten hervorgerufen wurde.
Trotz solcher Alarmzeichen ist Dänemark ein ökologisch sehr bewußt ausgerichtetes Land. Atomkraft gibt es hier nicht, große Hoffnungen setzt man stattdessen auf die Fernwärme. Hier geht die Politik sogar so weit, daß sie Gemeinden zwingt, sich dem Fernwärmenetz anzuschließen.
Dies ist ein Teil der neuen Energiepolitik nach dem Ölschock Anfang der Siebziger, die weniger auf das Erschließen neuer Quellen als vielmehr auf das Einsparen von Energie ausgerichtet wurde. Dänische Häuser sind in aller Regel hervorragend isoliert. Auch Firmen wurden gezwungen, für Energieeinsparung zu sorgen. Heute ist Dänemark aber immer noch einer der Staaten mit dem höchsten CO_2-Ausstoß pro Einwohner, weshalb die Dänen besondere Anstrengungen unternehmen, diese Spitzenposition zu verlieren. Um 20 Prozent soll der Ausstoß vermindert werden. Auch ist vorgesehen, daß um die Jahrtausendwende 50 Prozent des Haushaltsmülls wiederverwendet wer-

1860 war das 71 m lange Holzschiff vollendet. Es wurde zwar durch Schrauben angetrieben, konnte jedoch ebenso als richtiger Segler weiterfahren. Ausgerüstet war es mit 44 Kanonen, über 400 Leute konnte die »Jylland« beschäftigen. 1886 war mit den großen Touren und Schlachten Schluß, das Schiff diente in der Folgezeit verschiedenen Zwecken, 1984 legte die »Jylland« dann in Ebeltoft an und wurde durchgehend restauriert. Heute kann man bei einem Rundgang auf und unter Deck der Fregatte die Details studieren.

Museum

Glasmuseum
Strandvejen 8
Jan.–Mai, Sept.–Dez. tgl. 10 bis 17 Uhr; Juni–Aug. tgl. 10 bis 19 Uhr
Eintritt Erw. 30 DKK, Kinder 5 DKK
Ein sehr eindrucksvolles Museum, das die Möglichkeiten des Glases als Kunstwerk wie als Gebrauchsgegenstand darstellt. Im Hof befindet sich eine Glasbläserei, außerdem gibt es einen kleinen Shop. Das Museum soll in den nächsten Jahren erweitert werden.

den können. Doch Sparen ist nur die eine Seite, umweltfreundliche Energiegewinnung die andere.

Die große Zahl dänischer Windparks, immerhin gibt es zur Zeit 2 900 Windmühlen, schafft zuweilen den Eindruck, die Dänen würden große Teile ihrer Energie hieraus gewinnen. Doch der Schein trügt, der Gesamtanteil erneuerbarer Energien, zu denen neben dem Wind noch Abfallverbrennung und Sonne gehören, beträgt ca. 6,5 Prozent. Dafür ist die Windkraft aber ein wichtiger Exportfaktor geworden. Dänische Firmen wie Vestas, Micon und Nordex beherrschen fast 50 Prozent des Weltmarkts. Und die Perspektiven sind glänzend, denn das größte Wachstum wird für Indien und China prophezeit. Insbesondere auf dem indischen Markt sind die Dänen bereits heute gut vertreten.

Erfolgreich sind die Dänen auch bei der Ölgewinnung, die Firma A.P. Møller bohrt in der Gemeinschaftsfirma DUC zusammen mit Texaco und Shell in der Nordsee nach Öl. Die Plattformen sind nach Personen der dänischen Mythologie oder Geschichte benannt, so etwa Gorm, Dagmar und Valdemar.

Doch völlig selbstlos handeln auch die Dänen nicht. Ökologisch hergestellte Molkereiprodukte lagen lange Zeit wie Blei in den Regalen der Supermärkte. Erst als die großen Ketten die Preise fast auf das Niveau konventioneller Produkte senkten, wurden die Dänen zu ökologisch bewußten Verbrauchern.

Essen und Trinken

Mellem Jyder
Juulsbakke 3
Tel. 86 34 11 23
Mai–Sept. Mi–Mo 10–23 Uhr;
Okt.–April Mi–Mo 10 bis
21 Uhr; Feb. geschl.
2. Kategorie (EC, Visa)
Typisch dänisch-rustikale Stube
mit heimischer Hausmannskost.
Gemütlicher Garten.

4 Esbjerg

Eine breite Fußgängerzone durchzieht die Innenstadt. Ge- mütlich ist sie nicht. Auch der Hafen entspricht nicht dem Klischee des kleinen, leicht verträumten Fischerhafens. Im Gegenteil. Hier tobt das Leben, LKWs rollen dicht an dicht durch das Gelände, riesige Fährschiffe warten auf die Passagiere, die große Trawlerflotte löscht den Fang. Wer vorher noch in Ribe war, muß Esbjerg als Schock empfinden.

Die Stadt an der Westküste hat eine Entwicklung durchgemacht wie wohl keine andere dänische Stadt. Mitte des 19. Jh. noch ein Fischerdorf, erkor man 1868 Esbjerg zum neuen Hafen an der jütischen Südwestküste, nachdem durch den dänisch-preußischen Krieg Husum verlorengegangen war.

Die heute fünftgrößte Stadt des Landes wird von den Touristen nicht geliebt, ist aber der Lebensnerv für die weitere Umgebung.

Museen

Fiskeri- og Søfartsmuseet/ Saltvandsakvariet
Tarphagevej
Mitte Mai–Juni, Sept. tgl. 10 bis 18 Uhr; Juli, Aug. tgl. 10 bis 20 Uhr; Okt.–Mitte Mai 10 bis 16 Uhr
Eintritt Erw. 40 DKK, Kinder 20 DKK

Das beliebteste Museum der Stadt ist ideal auch für Kinder. Unzählige Aquarien mit Getier aus Nord- und Ostsee, das Seehundbecken, eine Ausstellung über die Entwicklung der dänischen Fischerei und im Gelände die Nachbildung von Werkstätten und Ausstellung von Booten machen dieses Museum wahrlich besuchenswert.

Esbjerg Museum/Vestjyllands Ravnmuseum
Nørregade 25
Juni–Aug tgl. 10–16 Uhr; Sept. bis Mai Di–So 10–16 Uhr
Eintritt Erw. 20 DKK, Kinder 10 DKK

Dieses Heimatmuseum zählt zu den besseren, hier wurden nicht alle mögliche Funde in die Vitrinen gestopft, sondern sorgfältig ausgewählt und übersichtlich aufbereitet. So kann der Besucher problemlos den rasanten Aufstieg Esbjergs nachvollziehen. Und wer Bernstein mag, findet in der oberen Etage eine eindrucksvolle Sammlung.

Essen und Trinken

Den røde Okse
Tarphagevej 9, Sædding
Tel. 75 15 16 15
Tgl. 11–21.30 Uhr
2. Kategorie (DC, EC, Visa)
Wenn ein Restaurant gegenüber dem Fischereimuseum liegt, dann muß es wohl hier in erster Linie Fisch geben. Gutes Preis-/Leistungsverhältnis, freundlicher Service.

Fanø

56 qkm umfaßt die beliebte Insel, die aus Flugsand besteht. Dank ihrem bis zu 200 m breiten Strand ist sie heute das Ziel zahlloser Besucher, der Tourismus ist die Haupteinnahmequelle geworden.

Das war nicht immer so. Zunächst waren nur die beiden Orte Sønderho und Nordby besiedelt, der Rest der Insel bestand aus Sand und Heide. 1741 erwarben die Fanniker die Insel, die bis dahin dem König gehört hatte. Fanø wurde als Hafen immer bedeutender und war Mitte des 19. Jh. hinter Kopenhagen sogar die Nummer 2.

Doch dann kam Esbjerg auf, und es ging mit Fanø nieder. Bis die ersten Touristen eintrafen…

Flugsand und Meer: Ein kilometerlanger breiter Strand macht die Insel Fanø zum beliebten Ferienziel

Museum

Fanø Skibsfart- og dragtsamling
Hovedgaden 28, Nordby
Juli tgl. 10–17 Uhr; Mai, Juni,
Aug., Sept. Mo–Sa 10–12, 14
bis 17, So 14–17 Uhr; Okt. bis
April Mo–Sa 10–12 Uhr
Eintritt Erw. 10 DKK, Kinder
5 DKK

Länger als in den meisten anderen Provinzen Dänemarks bewahrten sich die Fanniker ihre Traditionen und pflegten ihr Trachtenwesen. Dieses Museum veranschaulicht diese Zeit, zeigt aber auch die Einrichtung einer Fischerwohnung und die Bedeutung der Schiffahrt im 19. Jh.

Essen und Trinken

Sønderho Kro
Kropladsen 11, Sønderho
Tel. 75 16 40 09
Tgl. 12–23 Uhr; Jan., Febr.,
zweite Nov.-Hälfte geschl.
1. Kategorie (Æ, DC, EC, Visa)

Das bekannteste und zweifelsohne auch beste Restaurant der Insel, urgemütlich in einem alten Gasthof eingerichtet. Das aus dem 17. Jh. stammende Gebäude ist wohl eines der ältesten Gebäude Fanøs. Im Sommer ist das Fischmenü ein Muß.

Fredericia B4

Eine der eigenartigsten Städte Dänemarks ist Fredericia. 1648 begannen hier die Arbeiten für eine Festungsstadt, deren Straßen schachbrettartig angelegt wurden. Um Fredericia interessant zu machen, versprach man den Zuziehenden weitgehende Privilegien, lockte darüber hinaus aber auch Minderheiten wie Juden und Katholiken.

1848 und 1849 besetzten die Schleswig-Holsteiner die Stadt, 1909 wurde die Festung geschlossen und zugleich eine Bebauung außerhalb des Walls erlaubt. 1935 baute man die Lillebæltsbro hinüber nach Fünen.

Hotel

Der gute Tip 🅼:
Kryb-i-ly-Kro
In diesem Landgasthof verbinden sich dänische Gemütlichkeit, hervorragende Küche und der Service eines guten Hotels.

Kryb-i-ly-Kro 🅼
Kolding Landevej 160, Taulov
Tel. 75 56 25 55, Fax 75 56 45 14
76 Zimmer
2. Kategorie (Æ, DC, EC, Visa)
Landgasthof ist fast schon eine Untertreibung für dieses Haus, das 1973 völlig niederbrannte. Es ist in dunklen, gemütlichen Tönen eingerichtet, mit verschiedenen Serviceeinrichtungen wie Sauna oder Solarium bestückt und besitzt gute, nicht übertrieben ausgestattete Zimmer, eine eindrucksvolle Bibliothek und nicht zuletzt ein bemerkenswert gutes Restaurant – man kann gut verstehen, weshalb auch Besucher von weither für ein Wo-

chenende ins Kryb-i-ly-Kro kommen. Dansk Kroferie angeschlossen.

Nicht weniger bemerkenswert ist übrigens die Historie des *Kro*, denn es war Christian IV., der 1737 am damaligen Søholme Kro vorbeikam und sah, wie die Bauern vom Regen überrascht wurden. Der König soll ihnen zugerufen haben, sie sollten doch im Krug unterschlüpfen – fortan hieß der Gasthof »Schlüpf-unter-Krug«. Als der König nun einen Schnaps haben wollte, mußte der Wirt ihm gestehen, hierfür leider keine Lizenz zu besitzen. Er erhielt sie in der nächsten Sekunde.

Frederikshavn

Ähnlich wie Helsingør auf Seeland lebt Frederikshavn vom kleinen Grenzverkehr. Schweden, aber auch Norweger schauen gerne einmal vorbei und nutzen die günstigen Alkoholpreise. Noch bis 1818 hieß die Stadt Fladstrand und diente als wichtige Marinebasis. Nicht unwichtig war auch die Fischereiflotte. Doch beides hat heute an Bedeutung verloren, Frederikshavn ist in erster Linie Fähr- und Shoppingstadt.

Museen

Bangsbo Museet
Dr. Margrethesvej 6
April–Okt. tgl. 10–17 Uhr;
Nov.–März Di–So 10–17 Uhr

Eintritt Erw. 20 DKK, Kinder 5 DKK

Der Hof wird bereits im 14. Jh. genannt, als er noch zum Børglum Kloster gehört. Dann fällt er an die Krone und kommt später in Privatbesitz. Natürlich gibt es im Laufe der Zeit bauliche Veränderungen, so 1750 mit einem neuen Hauptgebäude. Um 1900 herum trafen sich hier zahlreiche Größen des dänischen Kulturlebens. Heute befindet sich ein Museum in den Räumen, das unter anderem die Geschichte Frederikshavns nacherzählt und eine eindrucksvolle Sammlung an Gallionsfiguren besitzt. Als Höhepunkt muß aber sicherlich das Ellingåschiff von ca. 1100 genannt werden.

Krudtårn
Havnepladsen
April–Okt. tgl. 10–17 Uhr
Eintritt Erw. 10 DKK, Kinder 2 DKK

Der Rest der einstigen Festung Fladstrand, die 1864 geschlossen wurde, beherbergt heute ein militärgeschichtliches Museum. 1975 versetzte man den Turm um 270 m.

Grenå

Ähnlich wie Frederikshavn ist auch Grenå als Stadt nicht sonderlich aufregend. Es besitzt kein historisches Stadtbild, kaum bemerkenswerte Gebäude. Natürlich ist die Lage immer Grenås Vorteil gewesen. Der Hafen bot sich als Handelsplatz geradezu

an. Heute gibt es zudem Fährverbindungen nach Seeland, Anholt und Schweden.

Kinder

> Der gute Tip 🅜:
> **Kattegatcentret**
> Stehen Sie den Haien
> Nase an Nase gegenüber, nur
> Millimeter trennen Sie
> voneinander!

Kattegatcentret 🅜
Færgevej 4
Mitte Juni–Anfang Aug.
9–19 Uhr; Mai–Mitte Juni, Aug 10–18 Uhr; Sept.–April 10–16 Uhr
Eintritt Erw. 45 DKK, Kinder bis 11 Jahre 30 DKK

Vor dem Erlebnis steht im Sommer leider die Warteschlange. Binnen kürzester Zeit hat sich das Kattegatcenter zum Publikumsliebling entwickelt. Drinnen können Sie an Schautafeln, aber auch anhand eigener Experimente Interessantes über das Meeresleben um Dänemark erfahren. Viel spannender jedoch ist das Haifischbecken. Durch einen Tunnel gehen Sie praktisch mitten durch das Becken hindurch. Hoffentlich hält das Glas!

Djurs Sommerland
Randersvej 17, Nimtofte
Mitte Mai–Mitte Juni, Aug.
tgl. 10–18 Uhr; Mitte Juni–Juli tgl. 10–20 Uhr
Eintritt 80, in der Hochsaison 90 DKK

Einer der größten Spielparks Jütlands bietet Vergnügen für Jung und Alt. Ist der Eintritt bezahlt, sind die restlichen Aktivitäten kostenlos.

Orte in der Umgebung

D2 **Anholt**

Die heute nur noch 22 qkm große Insel war einst Teil des Festlands. Eine weite Dünenlandschaft prägt das Eiland, andere Teile wirken noch eiszeitlich, Riffs sind erkennbar. Besiedelt sind nur Anholt by und der Hafen, die Häuser sind zum Teil mit dickem, weit hinunterhängendem Stroh bedeckt. Der 35 m hohe Leuchtturm war 1788 fertiggestellt, die Anholt Kirke wurde 1819 gebaut.

Dansk Landbrugsmuseum
Randersvej 4, Gammel Estrup
Tgl. 10–17 Uhr
Eintritt Erw. 20 DKK, Kinder frei

Auch dieses Museum besitzt wieder die beliebte Mischung aus Dokumentation und Aktivität. Einerseits wird nämlich die Entwicklung der dänischen Landwirtschaft gezeigt, andererseits gibt es hier im Sommer viele Möglichkeiten, bei der aktiven Arbeit zuzuschauen oder mitzumachen. Ideal für Kinder.

Gammel Estrup Jyllands Herregårdsmuseum
Randersvej 2
April–Sept. 10–17 Uhr; Okt. bis März Di–So 11–15 Uhr
Eintritt Erw. 15 DKK, Kinder 5 DKK

Bereits um 1340 wird der Hof erstmals urkundlich genannt, der noch heute aufgrund seiner architektonischen Geschlossenheit zu den schönsten Jütlands zählt. Um 1500 diente er als Burg, 100 Jahre später erhielt er sein etwas harmloseres Gepräge. Heute kann man das historische Interieur bestaunen, das überwiegend aus dem 18. Jh. stammt.

Thorsager Kirke
Thorsager

Erwähnenswert ist diese Kirche eigentlich nur, weil sie Jütlands einzige Rundkirche ist. Man nimmt an, daß sie unter Valdemar Sejr im 13. Jh. erbaut wurde. 1877–78 wurde das äußere Mauerwerk restauriert und stilistisch verändert. So eindrucksvoll wie die Rundkirchen auf Bornholm ist diese nicht.

Haderslev   B

In frühen Tagen ging es Haderslev hervorragend, denn die Stadt lag an der Übergangsstelle des Fjords, Reisende und Handelnde aus Ribe, Kolding oder Fünen trafen sich hier. Eine Burg schützte die Stadt. Doch mit dem großen Stadtbrand 1627 begann der Niedergang, von dem sich Haderslev nie so recht erholte. 1864–1920 gehörte die Stadt den Deutschen.

Heute lebt sie ein wenig im Schatten Koldings. Diese nicht unbedingt positive Historie hat es allerdings ermöglicht, daß

Haderslev noch zahlreiche historische Gebäude besitzt und eine der attraktivsten jütischen Städte ist. Zu den schönsten Gebäuden zählen die in der Apotekergade 9 und 11 sowie das in der Slotsgade 23.

Sehenswertes

Dom
Mai–Sept. 10–17 Uhr;
Okt.–April 10–15 Uhr
Eine der eindrucksvollsten jütischen Kirchen ist der mächtige Dom, dessen Grundstein bereits im 13. Jh. gelegt wurde. Immer wieder änderte man den Bauplan, erst im 15. Jh. erhielt der Dom sein heutiges Gepräge. Um 1600 entstanden die schönen Kalkmalereien. Das bronzene Taufbecken wurde 1485 von Peter Hanssen in Flensburg gefertigt. Nicht weniger imposant ist die bis zur Decke reichende Orgel.

Haderslev Dam
Südjütlands größter See ist allerdings ein künstlicher. An seiner Seite wurde ein sehr schönes Wildgehege eingerichtet.

A3 Henne Strand

Von Blåvand aus zieht sich der weite Strand fast ohne Unterbrechung die Westküste hinauf. Das Gebiet um Henne Strand gehört, dank der Nähe zur Grenze, zu den beliebtesten.
Zweifelsohne gleichen sich die Orte der Umgebung, sie besitzen

ein paar Boutiquen und Kioske, der Kaufmannsladen, das städtische Hinterland fehlt. Im Sommer tobt hier das Leben, im Winter ist es spürbar ruhiger, nur um die Weihnachtszeit werden die Ladentüren wieder geöffnet. Ansonsten sieht man Ferienhäuser über Ferienhäuser.
Was die Idylle ein wenig stört, ist das militärische Übungsgelände nördlich von Blåvand. Erfreulich ist, daß hier die Autos nicht an den Strand fahren dürfen, anders als weiter nördlich.

Essen und Trinken

Henne Kirkeby Kro
Strandvejen 234
Tel. 75 25 54 00
Ostern, Mai–Mitte Okt.
Luxuskategorie (DC, EC)
Kultstätte der Gourmets. Hans Beck Thomsens Küche zählt zur absoluten Spitzenklasse, insbesondere das aus eigener Zucht stammende Geflügel sei dem Besucher empfohlen.

Herning   A3

Auch wenn die ersten Gebäude hier bereits zu Beginn des 19. Jh. entstanden, so wurde der Ort doch erst gegen Ende des 19. Jh. so richtig besiedelt. Die Heide wurde urbar gemacht, Verkehrswege trafen hier zusammen, um 1900 entwickelte sich eine Textilindustrie. Heute ist Herning eine sehr lebendige, aber eher unpersönliche Stadt.

An der Mündung des Ringkøbing Fjord in die Nordsee liegt der Hafen von Hvide Sande

Museen

Carl Henning Pedersen og Else Alfelts Museum
Angligården, Uldjydevej 3, Birk
Mai–Okt. Di–Fr 12–17, Sa, So 10–17 Uhr; Nov.–April Di–So 12–17 Uhr
Eintritt 30 DKK
4000 Werke des Künstlerehepaares besitzt dieses kreisrunde Museum, das 1976 eröffnet wurde und schon von außen durch Carl Henning Pedersens Keramikfries imponiert. Beide gehören zu den prominentesten dänischen Künstlern dieses Jahrhunderts und sind eigentlich in allen Kunstmuseen zu entdecken.

Danmarks Fotomuseum
Museumsgade 24
Juli tgl. 13–17 Uhr; Aug.–Juni Di–So 13–17 Uhr
Eintritt Erw. 20 DKK, Kinder frei
Hier kann man eine sehr eindrucksvolle Reise durch die Geschichte der Kamera unternehmen, von den ersten komplizierten und unhandlichen Geräten bis zu den Hightech-Apparaten von heute. Hinzu kommen Holografie und wechselnde Ausstellungen. Auch wer sich nicht unbedingt für Fotografie interessiert, sollte dieses Museum besuchen.

Herning Kunstmuseum
Angligården, Uldjydevejen 3, Birk
Mai–Okt. Di–Fr 12–17, Sa, So 10–17 Uhr; Nov.–April Di–So 12–17 Uhr

Eintritt Erw. 30 DKK, Kinder bis 16 Jahre frei

Schon durch den Skulpturenpark, der Werke von 1950 bis heute zeigt, weiß das in einer alten Hemdenfabrik eingerichtete Museum zu gefallen. Im Inneren sind dänische und internationale Künstler vor allem neueren Datums vertreten.

3 Holstebro

Schon immer war Holstebro als Übergangsstelle über die Storå wichtig, nie konnte sich jedoch hier eine wirkliche Stadt ansiedeln. Erst mit den Eisenbahnverbindungen nach Ringkøbing und Struer entstand eine Stadt, die modern ist, aber dennoch ihren eigenen Charme besitzt. Man hat versucht, das fehlende historische Stadtbild durch Kultur zu kompensieren. So sei Giacomettis Skulptur erwähnt, die angeblich vom letzten Geld der Stadt erworben wurde, gleichzeitig aber symbolisiert, daß Sparen nicht immer auf Kosten der Kultur geschehen muß, sondern diese sogar der Stadt Impulse verleihen kann.

Museen

Holstebro Kunstmuseum / Holstebro Museum
Museumsvej 2
Juli, Aug. 11–17 Uhr; Sept. bis Juni Di–Fr 12–16, Sa, So 11 bis 17 Uhr; Okt.–März zusätzlich Mi 19–21.30 Uhr

Eintritt Erw. 25 DKK, Kinder bis 16 Jahre frei

Das Heimatmuseum zeichnet, wie andernorts auch, den Weg der Stadt nach. Imposante Sammlungen unter anderem zur Tabakindustrie und Geschichte des Spielzeugs ergänzen die Schau. Das Kunstmuseum kann mit moderner Kunst aus Dänemark und dem Ausland aufwarten. Darüber hinaus gibt es noch eine Sammlung mit Kunst aus Asien und Südamerika.

Museet for Kleinkunst (»Bomhuset«)
Prins Burisvej 58
Di–Fr 13–17, Sa 11–13 Uhr
Eintritt frei

In dem kleinsten und ältesten Haus der Stadt (1790) ist dieses Museum eingerichtet, in dem kein Ausstellungsstück größer als 10 x 10 cm sein darf.

Orte in der Umgebung

Hjerl Hedes Frilandsmuseum   A2
Hjerl Hedevej 14, Vinderup
April–Okt. tgl. 9–17 Uhr; Aktivitäten Mitte Juni–Mitte Aug. 13–17 Uhr
Eintritt Erw. 30 DKK, Kinder 15 DKK, in der Aktivitätszeit Erw. 50 DKK, Kinder 30 DKK

In dem großen Freilichtmuseum 25 km nordöstlich von Holstebro erhält man einen Einblick in das bäuerliche Leben, darf in Werkstätten zuschauen, die regelmäßig in Betrieb sind, und kann nachvollziehen, wie die Menschen in der Eisen- und Bronzezeit gelebt haben.

Das Schneckenhaus in Thyborøn an der Westküste Jütlands ist gänzlich mit Muscheln verziert

A2 Spøttrup Middelalderborg

April So 11–17 Uhr; Mai–Aug. tgl. 10–18 Uhr; Sept. 10–17 Uhr; Okt. 10–18 Uhr
Eintritt Erw. 15 DKK, Kinder 5 DKK

Das imposant geschützte Gebäude 40 km nördlich von Holstebro gilt als eine der am besten erhaltenen spätmittelalterlichen Burgen Dänemarks. Die heutige Anlage entstand um 1500.
Spøttrup, zunächst Burg, dann Gut, ging 1937 in den Besitz des Staates, der die Burg rekonstruieren und als Museum eröffnen ließ. Im dazugehörenden Garten gibt es einen schönen Kräuter- und einen Rosengarten zu bewundern.

Horsens

Schon die Wikinger ließen sich hier nieder. Im frühen Mittelalter entstanden in Horsens dann zahlreiche Klöster, mit deren Verschwinden im Zuge der Reformation sich ein reges Wirtschaftsleben mit Handel und Handwerk entwickelte.
Auch wenn der Ort es im Schatten von Århus nicht ganz einfach hat, so ist Horsens doch eine ansehnliche Stadt mit guten Einkaufsmöglichkeiten. Berühmtester Sohn der Stadt ist Vitus Bering (1681–1741). Er entdeckte nicht nur Alaska, sondern konnte auch feststellen, daß Asien und Amerika nicht miteinander verbunden sind. Der Seeweg zwischen beiden Kontinenten ist nach ihm benannt, ebenso eine Insel, auf der er an Skorbut starb.

Hotel

Jørgensens Hotel
Søndergade 17–19
Tel. 75 62 16 00, Fax 75 62 85 85
42 Zimmer
2. Kategorie (Æ, DC, EC, Visa)
1744 ließ der Großkaufmann Gerhard de Lichtenberg dieses, heute nach ihm benannte, Palais (»Lichtenbergske Palæ«) errichten. Und immer noch springt einem die Pracht dieses Gebäudes beim Gang durch die Fußgängerzone ins Auge. Auch im Inneren hat man die klassische Tradition gewahrt.

Sehenswertes

Klosterkirke
Kirkegade
Von dem 1261 hier errichteten Franziskanerkloster ist heute nur noch die Kirche erhalten. Um 1400 erhielt das Gotteshaus zwar schon sein heutiges Gepräge, doch wurde es in der Zwischenzeit mehrfach umgebaut. Erst während einer Restaurierung 1888–92 gab man ihm wieder die Gestalt, die es wohl um 1400 besessen haben muß. Die Kirche birgt ein sehr reichhaltiges Inventar aus dem 17. und 18. Jh.

Museen

Arbejder-, handværker og Industrimuseet
Gasvej 17–19
Juli, Aug. tgl. 10–16 Uhr; Sept. bis Juni tgl. 11–16 Uhr
Eintritt Erw. 10 DKK, Kinder bis 15 Jahre frei
Horsens ist keine typische Touristenstadt, und deshalb wird dieses in einem alten Elektrizitätswerk eingerichtete Museum leider zu oft übersehen. Historische Maschinen sind hier aufgestellt, die Aufbruchstimmung während der Industrialisierung glaubt man noch zu spüren, teilweise sind die Maschinen noch in Betrieb. Erkundigen Sie sich nach dem Tagesprogramm, gerade für Kinder kann es hier sehr spannend sein.

> Der gute Tip 🅼:
> **Horsens Kunstmuseum**
> Die Kunstmuseen in Randers, Aalborg oder Århus zeigen dieselben Künstler, doch hier ist es nicht so überlaufen.

Horsens Kunstmuseum 🅼
Carolinelundsvej 2
Juli, Aug. Di–So 10–16 Uhr;
Sept.–Juni Di–So 11–16 Uhr;
Eintritt Erw. 20 DKK, Kinder frei
Das hervorragende Kunstmuseum besitzt eine imposante Sammlung ganz moderner Kunst. Aber auch Goldaltermaler und Landschaftsmaler der 1930er sind ausreichend vertreten.

Orte in der Umgebung

Ejer Bavnehøj / Yding Skovhøj　B3
Höher kommen Sie in Dänemark nicht als hier. Ejer Bavnehøj gilt mit seinen 171 m als höchster Punkt des Landes. Zwar mißt

das benachbarte Yding Skovhøj noch 2 m mehr, doch sind diese durch einen bronzezeitlichen Grabhügel entstanden. Um aber alle Zweifel zu zerstreuen, hat man auf Ejer Bavnehøj noch einen Aussichtsturm gesetzt, so daß Sie nun hier aus einer Höhe von 184 m auf das Land blicken können.

Weitere erwähnenswerte Erhebungen in Dänemark sind übrigens der Rytterknægten auf Bornholm (162 m), der Himmelbjerg bei Silkeborg mit 147 m und die nur 1 m flachere Gyldenløves Høj auf Seeland.

B4 Kolding

Knapp 60 000 Menschen wohnen in der Stadt am gleichnamigen Fjord im Südosten Jütlands. Ist bis Haderslev der deutsche Einfluß noch spürbar, so ist er in Kolding nicht mehr zu bemerken. Stattdessen ist Kolding heute das dominierende Einkaufszentrum im weiteren Umkreis, an der Straße nach Esbjerg steht ein gewaltiger Shopping-Tempel, aber die Innenstadt kann ebenfalls mit zahlreichen Boutiquen aufwarten. Darüber hinaus hat Kolding aber auch dem Sightseeing-Touristen manches zu bieten.

Sehenswertes

Den Geografisk Have
Christian IV. Vej
Jan.–April, Okt.–Dez. Mo–Fr

8–14.30, Sa, So 8–17 Uhr; Mai–Sept. 8–17 Uhr
Eintritt Erw. Mai–Sept. 25 DKK, Kinder 12–16 Jahre 10 DKK, sonst frei
3 000 verschiedene Pflanzenarten, diverse Gewächshäuser und auch Spielmöglichkeiten für Kinder sind ideal für eine Pause von der Stadt.

Museen

Kunstmuseet Trapholt
Æblehaven 23
Mai–Sept. 10–17 Uhr; Okt. bis April Mo–Fr 12–16, Sa, So 10 bis 16 Uhr
Eintritt Erw. 22 DKK, Kinder unter 16 Jahren frei
Mehr und mehr wandelt sich Trapholt zu einem Museum für dänisches Mobiliar. Aber auch sonstige Kunst kommt nicht zu kurz.

Daneben gibt es Wechselausstellungen und eine kleine Plakatsammlung. Die herrliche Lage am Fjord macht den Besuch auch über die Ausstellungen hinaus zum Erlebnis.

Museet på Koldinghus
Feb.–Okt. 10–17 Uhr; Nov, Dez. Mo–Fr 12–15, Sa, So 10 bis 15 Uhr
Eintritt Erw. 30 DKK, Kinder unter 16 Jahren frei
Zwar thront auch heute noch das Schloß eindrucksvoll über der Stadt, doch im Inneren sah es zwei Jahrhunderte eher traurig aus. 1808 wohnten spanische Truppen hier, zündelten ein wenig, und schon stand das Ge-

Orte in der Umgebung von Horsens
Kolding, Ort in der Umgebung
Løkken, Orte in der Umgebung

bäude in Flammen. Nur sehr mühsam konnte das Haus restauriert werden, die letzten Maßnahmen waren erst im Jahr 1994 beendet.

Nun ist Koldinghus nicht nur sein eigener Ausstellungsraum, sondern dient außerdem als Heimatmuseum und der Darstellung der deutsch-dänischen Auseinandersetzungen.

Bereits Mitte des 13. Jh. war das Gebäude unter Erik Klipping errichtet worden. Seine Nachfolger ließen die Anlage erweitern, unter Christian IV. kam 1598 der markante Turm hinzu.

Ort in der Umgebung

4 Christiansfeld

1773 kamen die Herrenhutter hierher, ihre von Bescheidenheit geprägte Kultur bestimmt auch heute noch die Atmosphäre. Der Reformator Johan Huss ist der geistige Vater dieser religiösen Bewegung, die sich zunächst in Böhmen und Mähren, später in Sachsen entwickelte.

Lassen Sie sich einfach durch den Ort treiben, achten Sie auf die schlichten Häuser, gehen Sie auf den eigenartigen Gottesacker, auf dem die Männer links, die Frauen rechts und alle mit dem Blick gen Osten liegen, betreten Sie die Kirche, probieren Sie den hier so typischen Honigkuchen – und bilden Sie sich Ihr ganz persönliches Urteil über Christiansfeld. Ganz werden auch Sie sich dem eigenen Flair des Orts nicht entziehen können.

Løkken B1

So wie Henne Strand nur ein Synonym für die breiten Strände im Südwesten Jütlands ist, so ist es Løkken für das rege Strandleben weiter nördlich. Wie dort prägen auch hier unzählige Ferienhäuser, Boutiquen und Kioske den Küstenstreifen an der Jammerbucht, pulsiert im Sommer das pralle Leben und kehren im Winter die Einsamkeit und Stille ein. Doch im Vergleich zu Henne Strand und Umgebung wirkt die See hier noch rauher, scheint der Wind manchmal noch stärker zu tosen.

Bereits im 17. Jh., also lange bevor die ersten Touristen kamen, erwiesen sich die Einwohner hier als sehr geschäftstüchtig. Sie verkauften den Fischern und Handelsschiffern, die hier ankamen, nämlich Essen und Trinken. Und ohne das Handelsprivileg der Städte zu achten, löschten sie auch noch gleich die Ladung.

Orte in der Umgebung

Mårup Kirke B1

Seit 1926 findet in dieser Kirche kein Gottesdienst mehr statt, denn immer mehr nähert sich das Meer dem Gebäude. Längst ist das Inventar entfernt worden, und jeder stellt sich die Frage: Wann stürzt die Mårup Kirke ins Meer?

Rubjerg Knude B1

Der im Jahre 1900 auf der 74 m hohen Lehmsteilküste errichtete

Leuchtturm verlor schon 1968 seine Funktion. Denn mittlerweile hatten ihn die Sandmassen, die der ständige Wind hier oben heftig durcheinanderwirbelt, mehr und mehr zugedeckt. Wann die Dünen schließlich den letzten Stein unter sich begraben, ist wirklich nur noch eine Frage der Zeit.

A2 **Nykøbing / Mors**

Nykøbing M. ist ein kleiner, unspektakulärer Ort am Limfjord, der kaum ältere Häuser aufweist. Die Umgebung besitzt deshalb ihren eigenen Reiz, weil Mors rundherum von Wasser umgeben wird und die Atmosphäre einer Binneninsel versprüht.

Hotel

Hotel Pakhuset
Havnen
Tel. 97 72 33 00, Fax 97 72 52 33
18 Zimmer
2. Kategorie (Æ, DC, EC, Visa)
Dieses sehr originelle Hotel am Hafen ist in einem alten Speicher eingerichtet. Sehr individuelle Zimmerausstattung.

Museum

Dueholm Kloster
Dueholmgade
Tgl. 10–16 Uhr
Eintritt Erw. 30 DKK, Kinder frei
Mit dem Wohl des Klosters war lange Zeit auch das Wohl der Stadt verknüpft. Heute ist hier das Heimatmuseum untergebracht. Die Atmosphäre ist schon beeindruckend, die Säle wirken zuweilen etwas überfüllt.

Kinder

Jesperhus
Legindvej
Juli, erste Aug.-Woche tgl. 9 bis 20 Uhr; Mitte–Ende Juni, zweite–letzte Aug.-Woche tgl. 10–18 Uhr; Mai–Mitte Juni, Sept. tgl. 10–17 Uhr Eintritt Mai, Sept. Erw. 60 DKK, Kinder 45 DKK; Juni bis Aug. Erw. 70 DKK, Kinder 55 DKK
Auf einer Fläche von 6 ha finden Sie Spielplätze und Terrarien, riesige Blumenbeete und Vögel jeder Art. Wem das nicht reicht, den erwartet der Spaß am kühlen Naß im Wasserland (Juli 10–22 Uhr, sonst auf Anfrage Tel. 97 72 37 01, Eintritt Erw. 30 DKK, Kinder 15 DKK).

Randers

Randers, heute die sechsgrößte Stadt Dänemarks, war schon immer eine reiche Stadt. Denn hier, am Randers Fjord, trafen Straßen aus Nord, Süd und West zusammen und begünstigten einen florierenden Handel. Was natürlich auch die Regenten dazu verführte, sich hier selbst einzurichten, die Stadt zudem nicht nur zu befestigen, sondern auch mit Pri-

Orte in der Umgebung von Løkken
Nykøbing/Mors
Randers, Orte in der Umgebung

vilegien auszustatten. Schließlich wollte man Randers attraktiv halten.

Dieses Wachstum hat bis heute angehalten. Immer noch gilt Randers als eine der am stärksten wachsenden Städte des Landes. Das hat seinen Preis. Manch historischer Straßenzug wurde einfach abgerissen. Dennoch besitzt auch Randers noch schöne Ekken. Wichtiger ist die Stadt aber sicherlich als Arbeitsplatz und Einkaufszentrum. Das Rathaus wurde übrigens 1930 auf Rollen gestellt und leicht verschoben, um die Straße zu verbreitern.

In Randers wird auch noch eines der letzten Biere gebraut, die nicht zum Carlsberg Konzern gehören, das Thor Bryg.

Museen

Kulturhistorisk Museum
Stemannsgade 2
Di–So 11–17 Uhr
Eintritt Erw. 20 DKK, Kinder frei

In schönen alten Zimmern ist hier in einem der besseren Heimatmuseen eine wohlsortierte Sammlung zu sehen.

Randers Kunstmuseum
Stemannsgade 2
Di–So 11–17 Uhr
Eintritt Erw. 20 DKK, Kinder frei

Hier trifft man sie wieder, die berühmten dänischen Maler, die in jede gute Sammlung gehören, Christen Købke und Kræsten Iversen, Richard Mortensen und Anna und Michael Ancher. Trotz des »Normalsortiments« ist ein Besuch empfehlenswert, weil sich die Sammlung auf die Höhepunkte dänischer Malerei konzentriert.

Essen und Trinken

De fire Sanser
Niels Brocksgade 14
Tel. 86 40 37 33
Mo–Fr 11–22, Sa 17 bis 22 Uhr
1. Kategorie (DC, EC, Visa)

Am Stadtrand gelegenes Restaurant inmitten der Kreativszene der Stadt (»Mediebyen«). Medienleute, Werber und andere haben sich in den Büros eingerichtet. »Die vier Sinne« bieten eine phantasievolle Küche französischer Ausprägung.

Orte in der Umgebung

Clausholm Slot   B3
Ostern–Mai Sa 14–17, So 11–17 Uhr; Juni–Mitte Aug. tgl. 11–17 Uhr; zweite Hälfte Aug. Mo–Fr 14–17 Uhr

Jeder dänische Schüler kennt Clausholm, denn König Frederik IV. hatte 1711 in Kolding die von Clausholm stammende Anna Sophie lieben gelernt. Und nachdem Königin Louise ein Jahr später gestorben war, heiratete er sie, obgleich sie 22 Jahre jünger war als der 50jährige König. Die Empörung war entsprechend groß. Nach dem Tod des Königs wurde Anna Sophie vom Hof verbannt und mußte wieder nach Clausholm ziehen.

Neben der einstigen Wikingerburg
Fyrkat hat man ein typisches Langhaus
rekonstruiert

Park, Kirche und ein Teil des Schlosses sind geöffnet.

B2 Hobro

Vermutlich würde sich niemand um Hobro kümmern, hätten das nicht einst die Wikinger getan.

Sehenswertes

Fyrkat
Fyrkatvej 45
Mai–Aug. tgl. 9–19 Uhr;
Sept.–Okt. tgl. 9–17 Uhr
Eintritt Erw. 17 DKK, Kinder
10 DKK
Drei Wikingerburgen hat man in Dänemark ausgraben können, nämlich Aggersborg in Nordwestjütland – heute nur als schwach markiertes Feld erkenn-

bar –, dann Trelleborg auf Seeland, das mit Museum und ähnlichem schon besser aufbereitet ist, und eben Fyrkat. Um 980 muß diese Burg erbaut worden sein, wurde aber nur kurz genutzt. Innerhalb eines durch Wälle geschützten Kreises ist die Siedlung in Viertel geteilt. Jedes Viertel wiederum besitzt vier Häuser sowie einen durch sie gebildeten Innenhof. Dies alles läßt sich heute durch die Steinmarkierungen nur noch erahnen. Die Ausgrabungen fanden 1950 bis 63 statt. Die Funde sind im Museum in Hobro zu sehen.

Ribe

Die älteste Stadt Dänemarks ist noch immer eine der schönsten – und beliebtesten.

ut einem der schonen Backstein-
ebel in der Altstadt von Ribe fühlen
örche sich noch wohl

860 wird Ribe erstmals genannt, die Wikinger betrieben von hier aus regen Handel mit den Nachbarn im Süden und Norden, aber auch Richtung Britannien. Im 12. Jh. entstanden der Dom und die Burg Riberhus, die allerdings 1685 abgerissen wurde. Mit ihrem Niedergang nahm auch der Abstieg der Stadt seinen Lauf. Die Handelsschiffe konnten mittlerweile so gebaut werden, daß das Risiko einer Fahrt über Skagen minimiert wurde und die Verladung der Waren bei Ribe für den Landtransport nicht mehr notwendig war. Später lief Esbjerg Ribe den Rang als Hafenstadt ab, mit der neuen Grenzziehung ging das südliche Hinterland verloren. Ribe erstarrte. Schlecht für die Einwohner. Gut für die Besucher. Rund um den Markt, aber auch zum Beispiel in Fiskergade, Overdammen und Puggårdsgade sieht man noch einzigartig erhaltene Häuser.

Hotel

Hotel Dagmar
Torvet 1
Tel. 75 42 00 33, Fax 75 42 36 52
1. Kategorie (Æ, DC, EC, Visa)
Das älteste Hotel Dänemarks. Von daher natürlich bewußt traditionsorientiert und entsprechend gediegen eingerichtet. Im Restaurant serviert man hervorragende Fischgerichte (tgl. 12 bis 22 Uhr, 1. Kategorie).

Sehenswertes

Dom Ⓜ
Juni–Aug. 10–18 Uhr; Mai, Sept. 10–17 Uhr; Okt.–April 11–15, So 13–15 Uhr
Eintritt Erw. 5 DKK, Kinder 1 DKK
Der rotbraune Sandstein, der die Kirche nicht unwesentlich prägt, stammt aus dem westfälischen Porta Westfalica, der vulkanische Tuffstein aus Andernach bei

Der gute Tip Ⓜ:
Dom
Der Riber Dom ist wohl die schönste Kirche Jütlands. Für den Aufstieg in den Turm brauchen Sie aber Kondition.

Köln. Seine Grundmauern erhielt das Gotteshaus im 12. Jh., der markante Turm kam im 13. Jh. hinzu, mußte aber nach einem Einsturz 1594 erneuert werden. Die südlichen Seitenschiffe wurden im 15. Jh. ergänzt. Besonders beeindruckend sind die Malereien von Carl Henning Pedersen in der Apsis, die er in den 1980ern fertigte.

Der Aufstieg den Turm hinauf ist recht mühsam und nur mit gutem Schuhwerk zu empfehlen. Doch die Mühe lohnt, der Blick über die Stadt ist großartig.

Stormflodssøjlen (Sturmflutsäule)

An der Straße Skibbroen steht die Sturmflutsäule, die die großen Katastrophen der letzten Jahrhunderte markiert.

Museum

Kunstmuseum

Sankt Nicolaigade 10
Mitte Juni–Aug. 11–17 Uhr;
Sept.–Mitte Juni Di–Sa 13–16,
So 11–16 Uhr
Eintritt Erw. 20 DKK, Kinder
5 DKK

Das kleine, konventionelle Kunstmuseum besitzt eine feine Goldaltersammlung. Daneben gibt es auch eine kleine Schau mit Riber Motiven.

Museum for Vikingetid og Middelalder

Odins Plads
Juni–Aug. tgl. 10–17 Uhr;
April, Mai, Sept, Okt. tgl. 10
bis 16 Uhr; Nov.–März Di bis
So 10–16 Uhr
Eintritt Erw. 30 DKK, Kinder
15 DKK

Der große Stolz der Riber Museumswelt, denn endlich können die Riber demonstrieren, daß dies die älteste Stadt Dänemarks ist, es hier schon immer regen Handel gab und Ribe insbesondere zur Wikingerzeit eigentlich der Mittelpunkt der Welt war. Manchmal wird es in den Räumen etwas eng, informativ und aufschlußreich ist die Schau aber allemal.

Quedensgaard

Overdammen 10
Juni–Aug. tgl. 10–17 Uhr;
März–Mai, Sept., Okt. Di bis
So 11–15 Uhr; Nov.–Feb. Di bis
So 10–17 Uhr
Eintritt Erw. 10 DKK, Kinder
3 DKK

Wo das Wikingermuseum aufhört, nämlich im Mittelalter, setzt dieses Museum etwas weniger spektakulär die Stadtgeschichte fort. Das Haus selbst wurde in seinem Kern 1583 errichtet.

Essen und Trinken

Sælhunden

Skibbroen 13
Tel. 75 42 09 46
Tgl. 10–22 Uhr, im Sommer
10–23 Uhr
3. Kategorie (DC, EC, Visa)

Hier geht es noch so richtig heimisch zu, man serviert solide Hausmannskost wie Labskaus, alles wird noch mit Liebe und Können selbst zubereitet. Sehr gemütlich.

Weis Stue
Torvet 2
Tel. 75 42 07 00
Tgl. 11.30–20.45, im Sommer bis 21.45 Uhr
3. Kategorie

Kleines, gemütliches Lokal in einem alten Fachwerkhaus aus dem 16. Jh., gute Küche mit großen Portionen, immer gut besucht.

3 **Ringkøbing**

Ringkøbing ist ein kleiner, niedlicher Ort, der besonders zwischen Markt und Hafen sehr reizvolle Partien besitzt. An ihm erstreckt sich der 300 qkm große Ringkøbing Fjord, der größte Fjord der jütischen Westküste und dank seiner geschützten Lage auch ein beliebtes Surfrevier. Einst hatte der Fjord einen offenen Zugang zum Meer, der dann aber versandete. So grub man 1910 bei Hvide Sande einen Durchbruch. Diesen erweiterte das Meer dann eigenhändig, was im Binnenland zu Überschwemmungen führte, so daß der Durchbruch nur fünf Jahre später wieder geschlossen wurde. 1931 wurde der nun mit Schleusen geschützte Kanal erneut geöffnet.

4 **Rømø**

Seit 1948 ist die Insel durch einen Damm mit dem Festland verbunden. Heute gehört sie zu den beliebtesten Zielen der Deutschen, schließlich ist man schnell hier, kann surfen oder baden, Kinder können an dem unendlich langen Strand an der Westküste spielen, oder man sitzt einfach im Hafen von Havneby und verdrückt eine Portion frisch gepulter Krabben. Erwähnt wurde Rømø erstmals 1190, der Aussichtspunkt Høstbjerg ist 19 m hoch. Von Havneby aus besteht auch eine Fährverbindung nach List/Sylt.

Samsø C3

Die zwischen Jütland und Seeland gelegene Insel gehört eher zu den touristischen Stiefkindern. Und spektakulär geht es hier fürwahr nicht zu, eher beschaulich. Sehenswert sind die gotische Kirche von Nordby, das Naturreservat Stavns Fjord, die Aussicht vom 64 m hohen Aussichtsturm auf dem Ballebjerg, der als geografischer Mittelpunkt Dänemarks gilt, das Heimatmuseum in Tranebjerg sowie mit Vesborg Voldsted im Süden die Mauerreste einer Burg. Spezialität der Insel sind übrigens die Frühkartoffeln.

Silkeborg B3

Die meisten dänischen Städte liegen entweder am Wasser und werden im wesentlichen vom Hafen geprägt, oder sie befinden sich im Binnenland, wo Kirche und Fußgängerzone Stadt und

Auf der Insel Samsø im Kattegat
herrscht kein Mangel an Wind (hier bei
Kolby Kås)

Umland dominieren. Silkeborg
ist da anders. Denn Silkeborg besitzt ein wunderschönes und in
Dänemark einzigartiges Umland. Eine große Seenplatte,
ideal für Kanuten, und eine hügelige Landschaft, reizvoll für
Radler, locken. Diese Umgebung
ist bereits in der Stadt spürbar.

Hotel

Låsby Kro

Hovedgaden 49, Låsby/Ry
Tel. 86 95 17 66, Fax 86 95 10 92
45 Zimmer
3. Kategorie (Æ, DC, EC, Visa)
Wenn es einen *Kro* gibt, der dem
Bild des typisch dänischen Land-
gasthofes entspricht, dann ist es
der Låsby Kro. Richtig urgemütlich ist es hier, liebevoll sind die
Wände ausgeschmückt. Gemütlich sind auch die Zimmer, die
Küche serviert gute dänische
Hausmannskost. Dansk Kroferie angeschlossen

Sehenswertes

Hjejlen

Havnen, Sejsvej
Tel. 86 89 16 70
Mai–Ende Sept. nach Fahrplan
Fahrpreis Silkeborg-Himmel-
bjerget und zurück Erw.
54 DKK, Kinder 26 DKK
Gut 25 m lang ist er, der älteste
Raddampfer der Welt (1861),
der im Sommer von Silkeborg
über die Seenplatte Richtung
Himmelbjerg schnauft. Ständig
muß Kohle nachgelegt werden.
Zwar fahren auch noch andere

Schiffe diese Tour, doch die »Hjejlen« ist schon etwas Besonderes.

Auch die Tour auf den Berg sollten Sie mitnehmen, denn von hier bietet sich ein großartiger Blick über die Seen. Am Anleger gibt es in dem Lokal übrigens auch ein kleines Museum für Jodle Birge zu besichtigen, Silkeborgs Antwort auf die »Wildekker Herzbuben«.

Museen

Silkeborg Kunstmuseum
Gudenåvej 7–9
April–Okt. Di–So 10–17 Uhr;
Nov.–März Di–Fr 12–16, Sa,
So 10–16 Uhr
Eintritt Erw. 20 DKK, Kinder
bis 16 Jahre frei

Asger Jørgensen, besser als Asger Jorn bekannt, gilt als einer der wichtigsten dänischen Maler des 20. Jh. Seine abstrakte, zum Teil düstere Malerei ist nicht jedermanns Sache. Doch seine Fans werden sicherlich gerne in dieses Museum pilgern, das ihn zum Mittelpunkt hat, daneben aber auch andere Werke zeigt.

Silkeborg Museum
Hovedgårdsvej 7
Mitte April–Mitte Okt. tgl. 10 bis 17 Uhr; Mitte Okt.–Mitte April Mi, Sa, So 12–16 Uhr
Eintritt Erw. 20 DKK, Kinder 5 DKK

Das spektakulärste Ausstellungsstück ist der Tollund-Mann, eine 1950 gefundene, 2200 Jahre alte Moorleiche. Das Haus selbst stammt von 1767.

Skagen 🅼 C1

Skagen ist Jütlands nördlichste Stadt und eine der schönsten.

Schon Ende des 13. Jh. wird Skagen erwähnt, später nimmt die Stadt einen rasanten Aufstieg. Zu verdanken hat sie diesen der Fischerei und dem Handel mit Trockenfisch. Ab 1600 wurde es dann stiller in Skagen, denn Kriege, Überschwemmungen und Versandungen setzten der Stadt doch zu. Zwiespältig war das Verhältnis zu den öfter hier auflaufenden Schiffen. Einerseits mußten viele Fischer bei Rettungsaktionen ihr Leben lassen, andererseits bereicherten sich die Skagener am Strandgut und kamen so zu Wohlstand.

> Der gute Tip 🅼:
> **Skagen**
> Skagen gehört zu den populärsten Zielen in Jütland. Versuchen Sie im September herzukommen, dann ist es ruhiger und das Licht noch intensiver.

Erst Ende des 19. Jh. ging es auch in Skagen wieder bergauf. Heute strömen die Touristen in die Stadt, besuchen morgens die Fischauktionen, wollen die bekannten Malereien sehen oder fahren zur Nordspitze Grenen.

Sehenswertes

Grenen C1
Für viele das Ziel der Ziele während einer Fahrt durch Jütland.

Endlich einmal zugleich in Nord- und Ostsee stehen! Das wird aber nicht ganz einfach, denn im Sommer ist es hier entsprechend voll. Wer vom Parkplatz nicht die 15 Min. bis zur Spitze gehen möchte, kann sich auch für 10 DKK von einem Trecker dorthinbringen lassen.

Den Tilsandede Kirke
Eintritt Erw. 7 DKK, Kinder 3 DKK

Südlich der Stadt hat der Sand die Kirche unter sich begraben. Nur der Turm guckt noch heraus und kann bestiegen werden, allerdings blickt man nicht sonderlich weit.

Råbjerg Mile
Diese großartige Wanderdüne bewegt sich jedes Jahr 8 m ostwärts. Ein überragender Anblick, wie die Natur sich hier ihren eigenen Weg bahnt.

Museum

Skagens Museum
Brøndumsvej 4
Juni–Aug. 10–18 Uhr; Mai, Sept. 10–17 Uhr; April, Okt. Di–So 11–16 Uhr; Nov–März Mi–Fr 13–16, Sa 11–16, So 11 bis 15 Uhr
Eintritt Erw. 30 DKK, Kinder bis 15 Jahre frei

Ende des 19. Jh. fanden sich an der Spitze Jütlands, wo das Licht am intensivsten ist, Künstler zusammen und bildeten als Skagenmaler den wohl bekanntesten Künstlerkreis Dänemarks. Mit ihren Darstellungen des Fischerlebens, der Auseinandersetzung

mit dem Meer, aber auch von Familienidyllen, immer charakterisiert durch ungewöhnliche Farben und besonderes Licht, haben sie das weltweite Bild von Dänemark wesentlich mitgeprägt. Die Werke von Peter Severin Krøyer, Holger Drachmann, Viggo Johannsen, Carl Locher, Anna und Michael Ancher sowie all den anderen sind längst zu millionenfach gedruckten Postern, Kalendern oder Büchern geworden. Entsprechend groß ist der Andrang im Museum.

Essen und Trinken

Skagen Fiskerestaurant
Fiskepakhus 7–8, Havnen
Tel. 98 44 35 44
Ende Mai–Aug.
2. Kategorie (EC, Visa)

Das neue Kultlokal in Skagen, eingerichtet in alten Packhäusern, serviert Fisch bis zum Abwinken. Wer mehr auf Fleisch steht, muß woanders hin.

Trekosten
Højensvej 4, Gammel Skagen
Tel. 98 44 21 60
Juni–Aug. tgl. 12–16, 18 bis 23 Uhr
1. Kategorie (DC, EC, Visa)

Auch hier gibt es natürlich Fisch und abermals Fisch, hinzu kommt aber noch die tolle Sicht auf das Wasser.

Sønderborg und Als   B4/B

Strenggenommen zählen die Insel Als und damit auch Sønderborg nicht zu Jütland, lange Zeit

Maler, die das intensive Licht an der Nordspitze Jütlands liebten, machten Skagen berühmt

wurden Stadt und Insel Fünen zugerechnet. Heute symbolisiert die gewaltige Brücke über den Als Sund die Zugehörigkeit zum Festland. Als selbst ist ein abwechslungsreiches, fruchtbares Eiland mit vielen kleinen Höfen, schönen Fachwerkhäusern, an der Ostküste einigen Fjorden und im Norden unübersehbar dem Thermostathersteller Danfoss als größtem Arbeitgeber. Das Danfoss-Werk wirkt fast wie eine eigene Stadt.

Bekanntestes Bauwerk ist das Augustenborg Slot, einst Residenz der Oldenburger Herzöge. Ende des 18. Jh. erhielt das Gebäude sein heutiges Gepräge, später hatte es verschiedene Funktionen, heute ist es ein Krankenhaus. Nordborg hingegen wurde bereits um 1150 errichtet und wird heute als Schule

genutzt, der Park darf aber immerhin betreten werden.

Bedeutendster Ort auf Als ist aber Sønderborg. Bereits 1256 wird die gleichnamige Burg genannt, um sie herum entwickelte sich die Stadt. Diese besitzt sehr schöne alte Winkel, aber auch ein sehr lebendiges Zentrum, das gerne von Tagesbesuchern aus Deutschland aufgesucht wird.

Museum

Sønderborg Slot [M]
Mai–Sept. tgl. 10–17 Uhr;
April, Okt. tgl. 10–16 Uhr;
Nov. bis März tgl. 13–16 Uhr
Eintritt Erw. 15 DKK, Kinder
bis 15 Jahre frei

Eines der bekanntesten Bilder der dänischen Malerei: Christian II. lebt hier in Gefangenschaft und geht tagtäglich um einen runden Tisch. Im Boden zeichnet sich schon eine Kuhle ab. Dieses von Carl Bloch gezeichnete Bild ist leider falsch, denn Tisch und somit Kuhle gab es nie. Aber Christian II. wurde hier tatsäch-

Der gute Tip M:
Sønderborg Slot
Kaum ein anderes Museum bietet Ihnen so gute Einblicke in die wechselvolle deutsch-dänische Geschichte.

lich gefangengehalten. Frederik I. hatte ihn aus dem Amt gedrängt, bot ihm später aber Verhandlungen über seine Rückkehr aus dem Exil an. Das zumindest glaubte Christian II. Tatsächlich lockte ihn Frederik 1552 aber nur ins Land, um ihn einsperren zu lassen – die Gefangenschaft dauerte immerhin 17 Jahre.

Im 12. Jh. wurde die Burg gebaut, Mitte des 16. Jh. dann aber zum Schloß umgestaltet. Doch der damals wohl recht prächtige Bau verfiel zusehends. Mit der zu Beginn des 18. Jh. notwendigen umfangreichen Restaurierung erhielt Sønderborg Slot sein Barockgepräge.

Seit 1921 dient das Schloß als Museum. Insbesondere die Darstellung der Regionalgeschichte weiß zu faszinieren, die Auseinandersetzung mit den Deutschen, die Weltkriege, die Wiedervereinigung 1920, der Wider-

stand später, all das ist eindrucksvoll dargestellt. Aber auch andere Abteilungen wie die der Seefahrt oder der Malerei sind sehenswert.

Ort in der Umgebung

Dybbøl Banke B5
Mitte April – Sept. tgl. 10 bis 17 Uhr
Eintritt Erw. 40 DKK, Kinder 15 DKK

Das 4 km westlich von Sønderborg gelegene Dybbøl ist einer der wichtigsten Orte dänischer Geschichte, denn hier verloren die Dänen 1864 gegen die Übermacht aus Preußen und Österreich. Der Konflikt um Schleswig war entschieden und Dänemark nun endgültig von der großen Ostseemacht samt Kolonien zum Kleinstaat geworden. Das äußerst sehenswerte Historiecenter Dybbøl Banke dokumentiert die Auseinandersetzungen. Danach kann man noch über die Schlachtfelder marschieren. Schanzen und Gräben sind zu sehen, weit kann man über Land und Meer blicken. Unübersehbar ist auch die »Dybbøl Mølle« mit ihrer lokalhistorischen Sammlung.

Tønder A4/A5

Das kleine, sehr ansehnliche Tønder ist die dänische Klöppelstadt. Diese Industrie entwickelte sich im 17. Jh., und noch immer versucht man, die Tradition zu wahren. Auch im Hei-

Sønderborg und Als
Ort in der Umgebung
Tønder, Ort in der Umgebung

matmuseum kann man eindrucksvolle Beispiele der Klöppelkunst sehen.

Ursprünglich war Tønder ein wichtiger Nordseehafen, doch dann wurden die Schiffe größer, und die Vidå war für diese zu klein. Heute ist Tønder eine durchaus lebendige Kleinstadt, die vom kleinen Grenzverkehr profitiert. Vestergade und Østergade können noch mit historisch gewachsener Bebauung aufwarten. Und stolz ist man natürlich auch darüber, daß in der Nähe der zweite Sohn der Königin nebst Gemahlin wohnt.

Museen

Sønderjyllands Kunstmuseum / Tønder Museum
Kongevej 55
Mai–Okt. Di–So 10–17 Uhr;
Nov.–April Di–So 13 bis
17 Uhr
Eintritt Erw. 10 DKK, Kinder unter 16 Jahren frei
Das südjütländische Kunstmuseum zeigt neuere dänische Kunst und hat sich insbesondere auf den Surrealismus der 30er und 40er Jahre spezialisiert.

Essen und Trinken

Christie's
Ribe Landevej 37
Tel. 74 72 08 90
Mo–Sa 12–14, 18–21 Uhr
Luxuskategorie (Æ, DC, EC, Visa)
Christie's Jens Peter Kolbeck streitet sich mit René Knudsen in

Århus und Christian Bind vom Fakkelgaard in Kollund um den Platz der kulinarischen Nummer 1 in Jütland. Dänisch-französische Küche.

Kinder

Sommerland Syd Tinglev
Terkelsbøl
Mitte Mai–Mitte Juni, zweite Aug.-Woche–Ende Aug. Mo bis Fr 10–17, Sa, So 10–18 Uhr, Eintritt 75 DKK; Mitte Juli–erste Aug.-Woche tgl. 10 bis 18.30 Uhr, Eintritt 90 DKK
Eines der bekannten »Sommerländer«, also ein Spielpark mit Karussels, Booten, Buden, der obligatorischen Wasserrutsche und vielem mehr. Ein Vergnügen für Jung und Alt.

Ort in der Umgebung

Møgeltønder   A5
Der Ort ist ein wahres Schmuckstück. So wie in einem alten Film ist die von prächtigen Bäumen bestandene Slotsgade mit Kopfsteinpflaster belegt. Gleich muß die Postkutsche kommen …
Schackenborg Slot ist heute Wohnsitz von Prinz Joachim und seiner Gemahlin Alexandra.

Essen und Trinken
Schackenborg Slotskro
Slotsgade 42
Tel. 74 73 83 83
Di–So 12–20.30 Uhr
1. Kategorie (Æ, DC, EC, Visa)
Eines der bekanntesten und besten Restaurants Südjütlands,

was sich in der Nähe des Prinzen wohl auch gehört. Hier wird französische Küche serviert.

B3 Vejle

Vejle besitzt keine reizvolle Bebauung, dafür aber eine großartige Lage, die besonders imponierend ist, wenn man die Brücke hoch über dem Fjord überquert.

Viel los war in Vejle eigentlich nie, erst mit der Eröffnung des Hafens im Jahr 1827 kam Leben in die Stadt. Noch heute vermittelt Vejle den Eindruck eines recht schnellen Wachstums, große Industriegebiete säumen den Stadtrand.

Sehenswertes

Sankt Nikolai Kirke

Nur wenig ist noch von der im 13. Jh. errichteten ursprünglichen Kirche erhalten, der größte Teil wurde im 16., vor allem aber im 19. Jh. angebaut. Bemerkenswert sind die in die Mauer des nördlichen Kreuzgangs eingemauerten 23 Schädel – angeblich stammen sie von nördlich der Stadt hingerichteten Räubern.

Museum

Kunstmuseum

Flegborg 16
Di–So 11–16 Uhr
Eintritt Erw. 15 DKK, Kinder frei

Das kleine Kunstmuseum besitzt eine hervorragende Grafiksammlung sowie viel Gegenwartskunst.

Orte in der Umgebung

Billund   B

Billund ist eigentlich ein ziemlich belangloser Binnenort. Eigentlich.

Sehenswertes

Legoland   A3/B

April–Sept. tgl. 10–22 Uhr; Juli bis Mitte Aug. bis 21 Uhr
Eintritt Erw. 100 DKK, Kinder 90 DKK

Die Welt aus Lego und Duplo zieht jeden Sommer wahre Heerscharen an. Bedeutende Plätze oder besonders charakteristische Landschaften sind aus Legosteinen errichtet worden, ob französische Schlösser, südenglische Häuserzeilen, der Münchner Flughafen oder der Kopenhagener Nyhavn.

Doch man darf hier nicht nur staunen, sondern soll aktiv sein, in Karussels, beim Bootfahren oder Goldwaschen. Eine Vielzahl von Animateuren hält Groß und Klein ständig bei Laune. Natürlich ist auch für das leibliche Wohl gesorgt. Spektakulär ist das Spielzeugmuseum, für die Kleinen ist natürlich auch der Lego-Shop anziehend. In der Hochsaison müssen Sie vor einigen Attraktionen mit längeren Wartezeiten rechnen. Rollstuhlfahrer haben auf dem Gelände übrigens keine Probleme.

ans Christian Andersen einmal
nders: An Attraktionen und Phantasie
at das Legoland viel zu bieten

Mobilium
Ellehammer Allé
Juni–Mitte Sept. tgl. 10 bis
19 Uhr; Mitte Sept.–Mai Sa, So
10–16 Uhr
Eintritt Erw. 50 DKK, Kinder
25 DKK
Die Alternative zu einem Besuch
des Legolandes sind diese drei
Museen in einem. Danmarks
Flyvemuseum zeigt eine Flug-
zeugausstellung, Danmarks Bil-
museum eine Automobilsamm-
lung und das Falck Museet veranschaulicht die Aufgaben des
dänischen Rettungsdienstes.

Givskud Zoo
Givskud
Mai–Mitte Juni, Mitte Aug. bis
Sept. tgl. 10–17 Uhr; Mitte Juni
bis Mitte Aug. tgl. 10–19 Uhr;
Okt. 10–16 Uhr
Eintritt Erw. 60 DKK, Kinder
30 DKK
Hier fahren Sie mit dem Wagen
durch die verschiedenen Gehege:
Giraffen schauen durch das Au-
tofenster, Ziegen schubsen Ihr
Gefährt, und wenn Sie die Abtei-
lung mit den Löwen erreichen,
sollten Sie den Wagen möglichst
geschlossen halten.

Jelling   B3
Jelling ist einer der meistbesuch-
ten Orte des Landes und für die
Dänen eine Art Kultstätte.

Sehenswertes
Thyras Høj / Gorms Høj
Zwei Steine sind es nur, die die
Besucher anziehen, doch sie sind
geschichtlich von großer Bedeu-
tung. Da ist zum einen der kleine
Stein, auf dem geschrieben steht:
»König Gorm schuf diese Mäler
nach Thyra, seiner Frau, der
Zierde Dänemarks«.
Auf dem 2,50 m großen Stein ist
folgendes zu lesen: »König Harald ließ diesen Stein setzen für
seinen Vater Gorm und seine
Mutter Thyra. Der Harald, der
ganz Dänemark gewann und
auch Norwegen und der die Dänen zu Christen machte.« Hier-
mit wird dokumentiert, daß das
Land sich von der heidnischen
Zeit verabschiedet und dem
Christentum geöffnet hat, zudem wird auf diesen steinernen
Urkunden »Dänemark« erst-
mals genannt.

Unübersehbar sind auch die beiden Hügel, der nördliche wird »Thyras Høj« genannt. Bei Ausgrabungen im 19. Jh. mußte man feststellen, daß diese Grabkammer schon lange vorher geräumt worden war, nur Nägel und ein paar andere Reste kamen noch zutage. Hier ist wohl Gorm 958 begraben worden.

Dennoch heißt der südliche Hügel »Gorms Høj«, allerdings ist dieser nie als Grab genutzt worden. Der Christ Harald ließ stattdessen Gorms Grab in die nun erbaute Kirche umbetten, der Hügel hatte nur Erinnerungscharakter.

B2 Viborg

Eine altehrwürdige Stadt, wurden hier doch 1027–1655 die dänischen Könige gekrönt. Selbstverständlich war Viborg auch Bischofssitz und besaß in seiner Blütezeit zehn Kirchen und fünf Klöster. Allerdings war die Stadt auch der Ausgangspunkt der Reformation in Dänemark, hier begann der Reformator Hans Tausen 1525 seinen Siegeszug.

Viborg war außerdem eine wichtige Station auf dem alten Handelsweg, Heerweg genannt, von Aalborg ins heutige Schleswig-Holstein.

Heute zeigt sich Viborg als eine eine recht lebendige jütische Durchschnittsstadt mit ein paar interessanten Sehenswürdigkeiten. Und südlich der Stadt findet

sich mit den hügeligen Dollerup Bakker eine der abwechslungsreichsten jütischen Landschaften.

Hotel

Hvalpsund Færgekro
Sundvej 87, Hvalpsund
Tel. 98 63 86 00, Fax 98 63 86 44
16 Zimmer
3. Kategorie (Æ, DC, EC, Visa)
40 km nördlich der Stadt herrlich am Fjord gelegener *Kro* mit urgemütlicher Schankstube und sehr ordentlichen Zimmern. Sofern Saison ist, sollten Sie unbedingt den Aal probieren! Dansk Kroferie angeschlossen.

Sehenswertes

Dom
Diese Kirche darf man nicht verpassen, denn Joakim Skovgaards 1901–06 geschaffene monumentale Bilderbibel überwältigt! Die Kirche selbst entstand 1864 bis 76, von ihrer baufälligen Vorgängerin ist nur die Krypta des 12. Jh. erhalten.

Museum

Skovgaard Museet
Domkirkestræde 2–4
Mai–Sept. 10–12.30, 13.30 bis 17 Uhr; Okt.–April 13.30 bis 17 Uhr
Eintritt frei
Im alten Rathaus befindet sich das Museum für eine der bekanntesten dänischen Malerfamilien, nämlich die Skovgaards.

Peter Christian (1817–75) war der Vater, Joakim (1856–1933) und Niels (1858–1938) hießen die Söhne. Das Museum besitzt zwar eine sehr umfangreiche Sammlung, man trifft die Skovgaards aber auch in allen dänischen Kunstmuseen an.

Kinder

EL-Museet
Bjerringbrovej 44, Tange (südlich von Viborg)
Ostern–Okt. tgl. 10–17 Uhr
Eintritt 30 DKK
In diesem sehr eindrucksvolles Museum zum Thema Energiegewinnung können Kinder selbst experimentieren und spielend einfach Einblicke in die Welt des Stroms erhalten.

2 Aalborg

Ca. 118 000 Menschen wohnen in Dänemarks viertgrößter Stadt. Aalborg ist wortwörtlich in aller Munde, denn den hier kreierten Kümmelschnaps trinkt man überall in der Welt. Trinken tut man aber auch in Aalborg selbst gerne, sonst gäbe es hier nicht die längste Theke Dänemarks.
Nun ist aber der Alkohol nicht der einzige Erwerbszweig der Stadt, der große Industriehafen zeugt davon. Aalborg liegt recht günstig für den Handel mit Norwegen und Schweden. Schon früher hat dies der Entwicklung der Stadt gut getan. An dieser Stelle wurde der Limfiord überquert, hier richtete sich der Bischof ein.
Der wirtschaftlichen Entwicklung ist aber auch anzukreiden, daß das historische Aalborg kaum mehr existiert, auch wenn die Stadt sich noch in der historischen Fassung schreiben läßt (Aalborg statt Ålborg). Århus ist sicherlich lebendiger, Ebeltoft anmutiger, Skagen atmosphärisch dichter. Und dennoch lohnt ein Besuch Aalborgs, denn die Stadt besitzt einige wirkliche Sehenswürdigkeiten.

Hotels

Limfjordshotellet
Ved Stranden 14–16
Tel. 98 16 43 33, Fax 98 16 17 47
180 Zimmer
2. Kategorie (Æ, DC, EC, Visa)
In dem gepflegten und zentral gelegenen Haus wurde außerdem das Aalborger Kasino eingerichtet. Behindertenfreundlich.
Scandic Hotel
Hadsundvej 200
Tel. 98 15 45 00, Fax 98 15 55 88
101 Zimmer
2. Kategorie (Æ, DC, EC, Visa)
Das solide, neue Haus wird gerne von Geschäftsleuten genutzt, da es nahe der Autobahn liegt. Gute Serviceeinrichtungen. Behindertenfreundlich.
Slotshotellet
Rendsburggade 5
Tel. 98 10 14 00, Fax 98 11 65 70
144 Zimmer
2. Kategorie (Æ, DC, EC, Visa)
Einfaches, aber ordentliches Haus unweit des Zentrums.

Ein barocker Turmhelm krönt die im gotischen Stil errichtete Budolfi Kirke in Aalborg

Sehenswertes

Budolfi Kirke
Algade
Mai–Sept. Mo–Fr 9–16, Sa 9–14 Uhr; Okt.–April Mo–Fr 9–15, Sa 9–12 Uhr

Die heutige Kirche soll um 1450 entstanden sein, doch schon zuvor muß an dieser Stelle ein im 12. Jh. errichtetes Gotteshaus gestanden haben. In den Jahren von 1941 bis 43 wurde der Chor verlängert. Sehenswert ist der Altar von 1689, aber auch die Kanzel mit ihren Szenen aus dem Leben Jesu.

Helligåndsklostret
C.W. Obels Plads
Ende Juni–Mitte Aug. Mo, Mi, Fr 14 Uhr Führungen in deutscher Sprache
Eintritt Erw. 25 DKK, Kinder 10 DKK

Aus fünf Gebäuden, die ab 1431 entstanden, wurde der Klosterkomplex zusammengefügt. Nach der Reformation diente das Haus als Hospital für Arme und Kranke, heute als Witwenstift.

Jens Bangs Stenhus
Østerågade 9

Dieser Backsteinbau ist wohl das kurioseste Haus der Stadt, denn sein erster Besitzer, der Kaufmann Jens Bang, streckt den Bürgern von der Hauswand aus die Zunge heraus – wohl aus Ärger darüber, daß ihm eine politische Karriere versagt blieb. Errichtet wurde das Gebäude 1623–24 und gilt als bestes erhaltenes Renaissancebürgerhaus des Landes.

Lindholm Høje 🅼

Juni–Aug. tgl. 10–19 Uhr;
Mitte April–Mai, Sept.–Mitte
Okt. tgl. 10–17 Uhr , Mitte
Okt.–Mitte April Di–So
10–16 Uhr
Eintritt Erw. 20 DKK, Kinder
10 DKK

Lindholm Høje, nördlich des
Fjords in Nørresundby gelegen,
gilt als der größte skandinavische Bestattungsplatz der jüngeren Eisenzeit. Gut 700 Gräber
hat man hier bei Ausgrabungen
1952–59 gefunden. Zumeist
hatte man den Leichnam ver-
brannt und die Grablege mit
wertvollem Besitz des Verstorbenen ausgestattet. Alles wurde
dann zugeschüttet und durch
eine schiffsförmige Steinmarkie-
rung kenntlich gemacht. Allerdings kamen auch einige Skelett-
gräber zutage. In der Umgebung
hat man zudem Reste einer Siedlung entdeckt. Über all dieses be-
richtet eine Ausstellung. Das Gelände selbst ist frei zugänglich.

Museum

Nordjyllands Kunstmuseum

Kong Christians Allé 50
Di–So 10–17 Uhr; Juli, Aug.
tgl. 10–17 Uhr
Eintritt Erw. 20 DKK, Kinder
frei

Großes, von den Stararchitekten
Elissa und Alvar Aalto sowie
Jean-Jacques Baruël 1968–72
errichtetes Museum, das 1982
erweitert wurde. Im Zentrum
steht internationale Kunst des
20. Jh.

Essen und Trinken

Kilden

Vesterbro 2
Tel. 98 13 84 00
Tgl. 7–12, 18–23 Uhr
1. Kategorie (Æ, DC, EC, Visa)

Im Hotel Hvide Hus eingerichtetes Restaurant mit der wohl besten Lage der Stadt, denn hier
hat man von der 15. Etage einen
hervorragenden Blick über die
Stadt und den Fjord. Gute dänisch-französische Küche.

> **Der gute Tip 🅼:**
> **Lindholm Høje**
> Hier schreiten Sie über eines
> der bedeutendsten Grabfelder
> der Wikingerzeit und
> haben dabei immer das mo-
> derne Aalborg im Blick.

Penny Lane

Sankelmarksgade 9–11
Tel. 98 12 05 80
Mo–Sa 17–24 Uhr
Luxuskategorie (Æ, DC, EC,
Visa)

Wohl Aalborgs bestes Restaurant, mit französischer wie italie-
nischer Ausrichtung. Berühmt
für den Fisch und eine sehr umfangreiche Weinkarte. Den Wein
kann man nebenan auch für daheim erwerben.

Papegøjehaven

Ålborghallen, Europaplads
Mo–Sa 10–16 Uhr
Tel. 98 12 54 99
1. Kategorie (DC, EC, Visa)

Das Gebäude ist ein idealer Ort
für eine typisch dänische *Frokost*. Ein sehr aufmerksamer

Service und ein vorzügliches Büffet. Wird gern auch von Geschäftsleuten genutzt.

Scheelsminde
Scheelsmindevej 35
Tel. 98 18 32 33
Tgl. 11–24 Uhr
1. Kategorie (Æ, DC, EC, Visa)
Außerhalb des Zentrum gelegenes, geschmackvoll eingerichtetes Restaurant mit traditioneller französischer Küche.

Am Abend

Jomfru Ane Gade
Ob Sie trinken oder tanzen, essen oder flirten wollen, an der »längsten Theke Dänemarks«, wie die Straße auch genannt wird, ist eigentlich alles möglich – auf allen Niveaustufen. Zu den besseren Restaurants gehören Dufy (Nr. 8), Fyrtøjet (Nr. 17 bis 19) und Faklen (Nr. 21).

Allgemeine Informationen

Auskunft
Aalborg Turist og Kongres Bureau
Østerågade 8
9100 Aalborg
Tel. 98 12 60 22, Fax 98 16 69 22

Orte in der Umgebung

B2 Rebild Bakker / Rold Skov
1912 kauften Dänisch-Amerikaner das Gelände 20 km südlich von Ålborg und schenkten es dem Staat als Nationalpark. Jedes Jahr wird hier am 4. Juli die amerikanische Unabhängigkeit

mit großem Spektakel gefeiert, Prominenz gibt sich ein Stelldichein. Boutiquen und Lokale gibt es hier auch, denn Rebild Bakker gehört zu den beliebtesten Ausflugszielen Jütlands. Am Parkplatz finden Sie eine Karte mit Wandervorschlägen.

Voergård Slot C
Mitte April–Mitte Sept. Sa 14 bis 17, So 10–17 Uhr
Eintritt Erw. 35 DKK, Kinder 10 DKK
Bereits 1481 wird das Haus genannt, um 1520 entstand mit dem Nordflügel der heute älteste Teil des Schlosses. Ende des 16. Jh. kam der Ostflügel hinzu. Die damalige Besitzerin Ingeborg Skeel soll mit besonderer Grausamkeit regiert haben.
Im 20. Jh. fand ein Ausverkauf des Grundbesitzes und des Schlosses statt, und erst nach dem Zweiten Weltkrieg kam die Gesamtanlage wieder in eine Hand. 1951 erwarb Ejnar Clausen, ehemals Angestellter auf einem französischen Weingut, das Gebäude. Nach dem Tod des Grafen ehelichte er die Witwe, und nach deren Ableben erbte er all das, was heute auf Voergård ausgestellt ist. Vor allem die Gemäldesammlung ist großartig.

Århus B

1995 begann man, die Århus Å am Åboulevarden wieder freizulegen. Jahrzehnte war der Fluß von Teer bedeckt. Somit wird auch wieder der Ursprung der Stadt erkennbar, denn genau hier begann die Besiedelung, die später zur Stadtgründung führte.

Århus gilt als eine der ältesten dänischen Städte. Schon die Wikinger lebten hier, Straßennamen wie *Volden* (der Wall) und *Graven* (der Graben) zeugen noch von einer Befestigung durch einen Wall mit Schutzgraben.

Das Mittelalter hindurch durchlebte die Stadt ein eher ruhiges Dasein, erst Mitte des 19. Jh. wurde Århus zur »Boomtown«. Heute ist Dänemarks zweitgrößte Stadt ohne Zweifel auch Jütlands abwechslungsreichster und lebendigster Ort. Die Universität trägt ihren Teil dazu bei. Zu den prächtigen Boutiquen der City hat sich um die Badstuegade ein Alternativviertel gebildet, in dem man auf gute Cafés, interessante kleine Geschäfte und Galerien stößt.

Weniger attraktiv ist hingegen der Hafenbereich, in dem aber deutlich wird, welch wichtige wirtschaftliche Position die Stadt besitzt.

Hotels

Ansgar Missionshotel
Banegårdsplads 14
Tel. 86 12 41 22, Fax 86 20 29 04
168 Zimmer
3. Kategorie (Æ, DC, EC, Visa)
Das zwischen Bahnhof und Rathaus gelegene, ordentliche Hotel besitzt eine einfache, aber zweifelsohne ausreichende Zimmerausstattung.

Hotel Marselis
Strandvejen 25
Tel. 86 14 44 11, Fax 86 11 70 46
102 Zimmer
2. Kategorie (Æ, DC, EC, Visa)
Vor allem durch seine einmalige Lage unmittelbar am Wasser besticht der von außen nüchterne, innen aber recht gemütliche Bau.

Hotel Royal
Store Torv 4
Tel. 86 12 00 11, Fax 86 76 04 04
105 Zimmer
1. Kategorie (Æ, DC, EC, Visa)
Das gediegen-konservativ gehaltene Hotel kann man schon vornehm nennen. Das Restaurant Queens Garden gehört zu den besten der Stadt, außerdem ist im Hause auch das Kasino der Stadt eingerichtet.

Sehenswertes

Domkirke
Store Torv
Mai–Sept. 9.30–16 Uhr;
Okt.–April 10–15 Uhr
Der hl. Niels lag hier begraben, hierhin wallfahrteten die Århuser, deren Spenden wurden dann für den Bau einer Kirche an dieser Stelle verwendet. Man begann mit der Errichtung 1191. Zunächst war das Gebäude als Basilika angelegt, doch im 15. Jh. änderte man alles, und die Kirche erhielt ihren 92 m hohen Turm. Auch die zahllosen Kalkmalereien entstanden zu dieser Zeit. Der prachtvolle Flügelaltar wurde 1479 von Bernt Notke geschaffen, der Taufstein 1481 von Peter Hansen.

Marselisborg Slot og Park
Kongevejen 100

Das 1899–1902 errichtete Gebäude dient heute dem Königspaar als Sommerwohnsitz. Dann findet auch um 12 Uhr ein Wachwechsel statt. Der Garten darf nur besucht werden, wenn Margrethe und Henrik nicht daheim sind.

Vor Frue Kirke
Klostertorvet

Dieses Gotteshaus bildete früher den Südflügel eines Dominikanerklosters, das zum Teil noch erhalten ist. Die unter der Frauenkirche liegende Krypta entstammt noch ihrem Vorgängerbau, der im 11. Jh. errichtet wurde. Ältester Teil des heutigen Gebäudes ist der Chor, das Schiff entstand um 1400. Bis zur Fertigstellung des neuen Doms besaß diese Kirche die Funktion als Bischofssitz. Sie hieß damals noch Sankt Nikolai Kirke. Bemerkenswert sind die Kalkmalereien aus dem 15. Jh.

Museen

Den Gamle By
Viborgvej 2

Juni–Aug. 9–18 Uhr; Mai, Sept. 9–17 Uhr; April, Okt. 10 bis 16 Uhr; Jan.–März, Nov. 11–15 Uhr; Dez. Mo–Sa 10–15, So 10 bis 16 Uhr

Eintritt Erw. 40 DKK, Kinder frei

65 Fachwerkhäuser aus ganz Dänemark hat man hier auf dem Gelände wiederaufgebaut. Sie vermitteln einen Eindruck vom bürgerlichen Leben vom Mittelalter bis ca. 1930. In einigen Gebäuden sind Werkstätten, Boutiquen und Lokale eingerichtet. Eine typisch dänische Stadt ist Den gamle by aber sicherlich nicht, denn die sah früher kontrastreicher aus. Für das Museum sind aber nur die Sahnestücke ausgewählt worden.

Forhistorisk Museum Moesgård
Moesgård, Højbjerg

Mai–Sept. tgl. 10–17 Uhr; Okt. bis April Di–So 10–16 Uhr

Eintritt Erw. 30 DKK, Kinder frei

Ein historischer Weg, der »Oldtidssti«, verläuft über das Gelände und führt zu historischen Plätzen. Das Museum selbst zeigt archäologische Funde, zudem sind Wikingerhäuser rekonstruiert worden.

Kunstmuseum
Vennelystparken

Di–So 10–17 Uhr

Eintritt 20 DKK, Sonderausstellungen 30 DKK

Das weitläufige Museum bietet den typisch dänischen Querschnitt von der Goldaltermalerei bis heute, wobei es allerdings bemerkenswerte Beispiele aktueller Kunst gibt, die bei den Besuchern für erregte Diskussionen sorgen. Das Museum kann immer wieder mit interessanten Sonderausstellungen brillieren.

Steno Museum / Danmarks Videnskabshistoriske Museum Ⓜ
C.F. Møllers Allé, Universitätspark, Gebäude 100

Mai, Juni, Sept. tgl. 10–16 Uhr; Juli, Aug. tgl. 10–17 Uhr; Okt.–April Di–So 10–16 Uhr

Lebendiger Kleinstadtalltag vom Mittelalter bis zur Neuzeit im Freilichtmuseum Den Gamle By

Eintritt Erw. 30 DKK, Kinder frei, Filmvorführungen Erw. 30 DKK, Kinder 20 DKK
Das Wissenschaftsmuseum gibt eindrucksvolle Einblicke in Medizin und Astronomie, Physik und Chemie. Teils kann man auch selbst experimentieren.

Essen und Trinken

l'Estragon
Klostergade 6
Tel. 86 12 40 66
Mo−Sa 18−24 Uhr
2. Kategorie (DC, EC, Visa)
Solide französische Küche zu einem vernünftigen Preis-/Leistungsverhältnis.

Miró
Marstrandsgade 2
Tel. 86 13 87 00
Mo−Sa 17−24 Uhr
1. Kategorie (DC, EC, Visa)

Wer Fisch mag, findet, abgesehen von René, hier mit Sicherheit das beste Angebot.

Prins Ferdinand
Viborgvej 2 (Den Gamle By)
Tel. 86 12 52 05
Di−Sa 11−24 Uhr
Luxuskategorie (Æ, DC, EC, Visa)
Auf dem Museumsgelände gelegenes Restaurant absoluter Spit-

> Der gute Tip 🅜:
> **Steno Museum / Danmarks**
> **Videnskabshistoriske Museum**
> Selten zuvor sind dem Besucher die Naturwissenschaften so spielerisch leicht vermittelt worden!

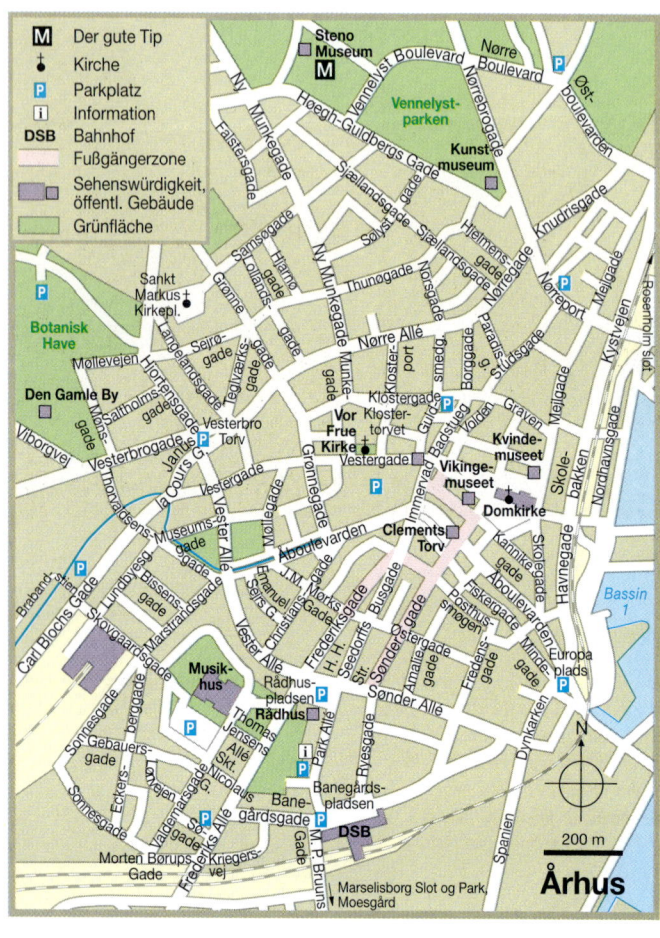

M	Der gute Tip
☦	Kirche
P	Parkplatz
i	Information
DSB	Bahnhof
	Fußgängerzone
	Sehenswürdigkeit, öffentl. Gebäude
	Grünfläche

Århus

zenklasse, die natürlich ihren Preis hat. Dänisch-französische Küche.

René

Vor Frue Kirkeplads 1
Tel. 86 12 12 11
Di–Sa 15–24 Uhr
Luxuskategorie (Æ, DC, EC, Visa)

Århus' Vorzeigerestaurant serviert phantasievolle dänisch-französische Küche nach einer saisonorientierten Karte.

Teaterbodega

Skolegade 7
Tel. 86 12 19 17
Mo–Sa 11–24, So 17–22 Uhr
2. Kategorie (DC, EC, Visa)

Es ist vor allem die historische Atmosphäre, die hier lockt. Spezialität des Hauses ist Wild.

In Århus spielt nicht nur die Gardekapelle auf: Die Stadt ist auch bekannt für ihr Jazz-Festival

Am Abend

Wie auch in Kopenhagen, so trifft man sich in Århus in erster Linie in den Cafés der Innenstadt, insbesondere in denen im Latinerviertel rund um die Badstuegade. Hier liegt übrigens auch das bekannteste von allen, das Café Jorden. Eine Alternative ist die legendäre Jazzbar Bent J. in der Nørre Allé.

Allgemeine Informationen

Auskunft
Turistbureau
Rådhus, Park Allé
8000 Århus C
Tel. 86 12 16 00, Fax 86 12 08 07

Ort in der Umgebung

Rosenholm Slot   C3
Eintritt Erw. 20 DKK, Kinder 5 DKK
Holm hieß das erste, bereits im 14. Jh. erwähnte Gebäude. 1559 kaufte Reichsrat Jørgen Rosenkrantz das Haus, ließ das heutige Hauptgebäude errichten und nannte es anschließend Rosenholm.
Bekannt wurde das Schloß durch Holger Rosenkrantz, der es Mitte des 17. Jh. als Lehranstalt für Jugendliche nutzte. Zwar ist Rosenholm auch heute noch in Privatbesitz, doch kann ein Teil des stattlichen Gebäudes besucht werden.

137

Unterwegs in Kopenhagen

Vergleicht man Kopenhagen mit anderen europäischen Hauptstädten, so ist die dänische Metropole sicherlich nicht von der Monumentalität Roms oder Paris', auch ist das Szeneleben hier nicht so lebendig wie das Londons. Aber dennoch besitzt die Kulturhauptstadt des Jahres 1996 einen Reiz, der Jahr für Jahr viele Besucher nach Kopenhagen kommen läßt.

Dieser Reiz besteht sicherlich zum einen aus der bekannten Toleranz und Lockerheit, die diese Stadt prägen. Ein Gefühl, von dem man sich gerne einfangen läßt. Zweitens ist die Stadt überschaubar, man hat sie, jedenfalls in groben Zügen, schnell kennengelernt. Und drittens bietet sie natürlich auch eine Reihe von Sehenswürdigkeiten, angefangen bei der berühmten »Kleinen Meerjungfrau« und dem Tivoli bis hin zu Museen wie der Ny Carlsberg Glyptotek oder dem Statens Museum for Kunst.

Auch als Shoppingstadt ist Kopenhagen faszinierend, wenn auch nicht billig. Dänisches Design ist weltbekannt, hier trifft man auf all die großen Entwürfe, auf Arne Jacobsens Ameisenstühle, auf Poul Henningsens ph-Lampen oder die Stereoanlagen von Bang&Olufsen.

Und das Nachtleben? Das gibt es selbstverständlich. Spät erst ziehen die Dänen los. Dabei stehen weniger die Diskos im Mittelpunkt als vielmehr die Cafés, die zum Wochenende bis morgens um 5 Uhr aufhaben.

Kopenhagens Historie ist schnell skizziert. Von Bischof Absalon dort begründet, wo heute Schloß Christiansborg steht. 1026 erstmals erwähnt, 1186 als *Hafn* (Hafen) urkundlich genannt, später als *Køpmannæhafn* (Kaufmannshafen). Nachdem die Stadt im Schatten des nahen Roskilde, des jütischen Viborg und des fünischen Nyborg steht, gelingt der Durchbruch im 14. Jahrhundert, als Kopenhagen zur dänischen Hauptstadt erklärt wird. Damals liegt die Stadt noch zentraler, denn auch südliche Teile des heutigen Schweden gehören zu Dänemark.

Es ist König Christian IV. (1588–1648) vorbehalten, städtebauliche Maßstäbe zu setzen. Unter seiner Regentschaft entstehen einige der noch heute schönsten Bauten der Stadt, so Schloß Rosenborg, der Runde Turm oder die Börse. Aber auch Frederik V. (1746–66) weiß sich zu verewigen, Frederiksstaden entsteht, ein eigener, harmonischer Stadtteil mit Schloß Amalienborg als Mittelpunkt.

Natürlich bleibt auch Kopenhagen nicht von Rückschlägen verschont, Pest und Brände suchen die Kapitale wiederholt heim, während der Napoleonischen Kriege schießen die Engländer die Stadt sturmreif.

Nachdem Dänemark Schleswig im Krieg mit Preußen und Österreich 1866 verloren hat, bleibt das Land in der Folgezeit von Kriegen ver-

schont und kann sich allmählich erholen. Nach der Jahrhundertwende verkauft man die karibischen Besitzungen an die USA, Island löst sich. Auch die deutsche Besatzung verläuft hier glimpflicher ab als anderswo in Europa. Doch sie reißt Wunden auf, die auch heute nicht überall verheilt sind. Nur – Kopenhagen bleibt vom Krieg und seinen Zerstörungen fast völlig verschont, der historische Kern erhalten.

Der Gammeltorv in Universitätsnähe ist ein beliebter Treffpunkt der Studenten

Nach dem Krieg entwickelt sich ein Wohlstand, der sich in der Hauptstadt natürlich am deutlichsten zeigt. Mit der Strøget (der Strich) entsteht eine prächtige Einkaufsmeile. Als Kopenhagen zu Europas Kulturhauptstadt 1996 ausgerufen wird, beginnt das große Aufräumen, Plätze und Fassaden werden herausgeputzt.

Doch ist Kopenhagen keine reiche Stadt, die Nachbargemeinden im Norden profitieren vom Sog der Hauptstadt, dort wohnen die guten Steuerzahler. Und so bleibt manches Viertel so wie es ist. Das gilt insbesondere für Vesterbro, den Stadtteil hinter dem Bahnhof, Treffpunkt der Junkies und Prostituierten, vordergründig von Sexshops geprägt. In den Seitenstraßen bemüht man sich allerdings, Vesterbro wieder zum Blühen zu bringen. Eine lebhafte, von Einwanderern aus Südosteuropa und Südostasien geprägte Kultur ist hier spürbar. Eine Häusersanierung ist zwar angedacht, doch fehlen der Stadt die Mittel. Vesterbro ist eines der *Brokvarter* (Brückenviertel), die im 19. Jahrhundert entstanden, nachdem die Stadt in ihrem Kern zu stark ge-

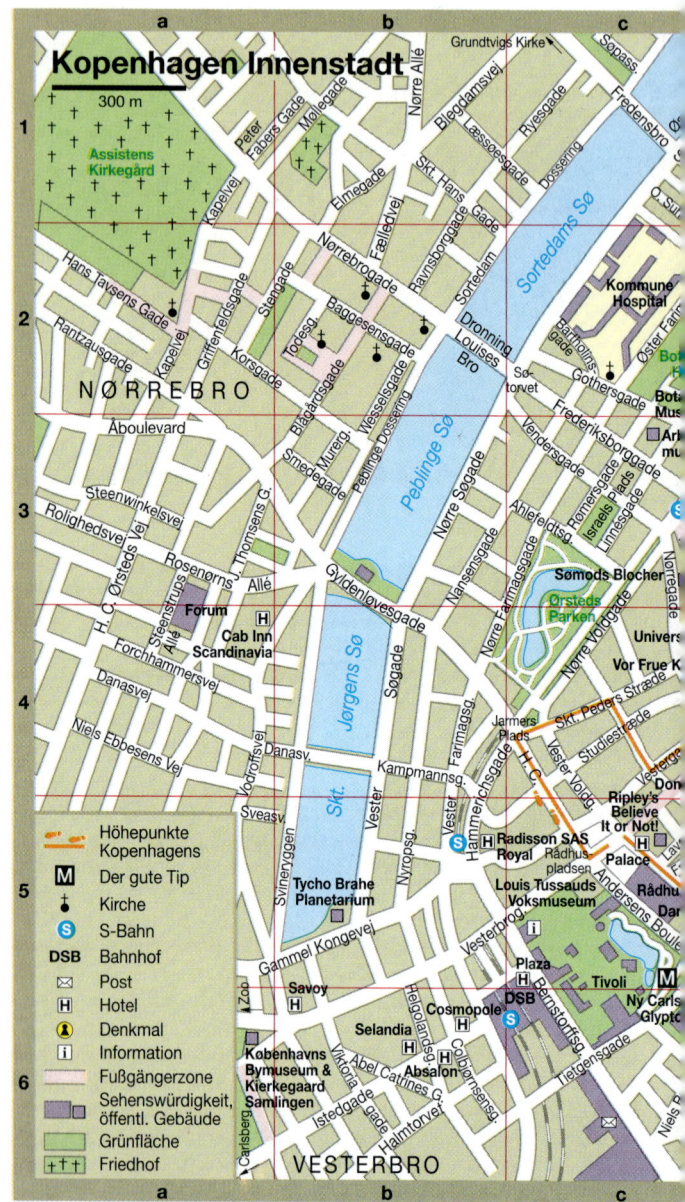

Kopenhagen Innenstadt

300 m

Assistens Kirkegård

Grundtvigs Kirke

Kommune Hospital

NØRREBRO

Åboulevard

Dronning Louises Bro

Sortedams Sø

Søtorvet

Peblinge Sø

Steenwinkelsvej

Rolighedsvej

Rosenørns Allé

Sømods Blocher

Ørsteds Parken

Forum

Cab Inn Scandinavia

Univers

Vor Frue K

Jørgens Sø

Sankt Jørgens Sø

Forchhammersvej

Danasvej

Niels Ebbesens Vej

Jarmers Plads

Kampmannsg.

Don

Ripley's Believe It or Not!

Tycho Brahe Planetarium

Radisson SAS Royal

Rådhuspladsen

Palace

Louis Tussauds Voksmuseum

Rådhu Dar

Gammel Kongevej

Plaza

Tivoli

Savoy

DSB

Ny Carls Glyptc

Cosmopole

Selandia

Københavns Bymuseum & Kierkegaard Samlingen

Absalon

VESTERBRO

Legende

- 🩴 Höhepunkte Kopenhagens
- **M** Der gute Tip
- ✝ Kirche
- **S** S-Bahn
- **DSB** Bahnhof
- ✉ Post
- **H** Hotel
- ⓘ Denkmal
- **i** Information
- Fußgängerzone
- Sehenswürdigkeit, öffentl. Gebäude
- Grünfläche
- ✝✝✝ Friedhof

Die Buchstaben-Zahlen-Kombinationen im Text verweisen auf die Planquadrate dieser Karte.

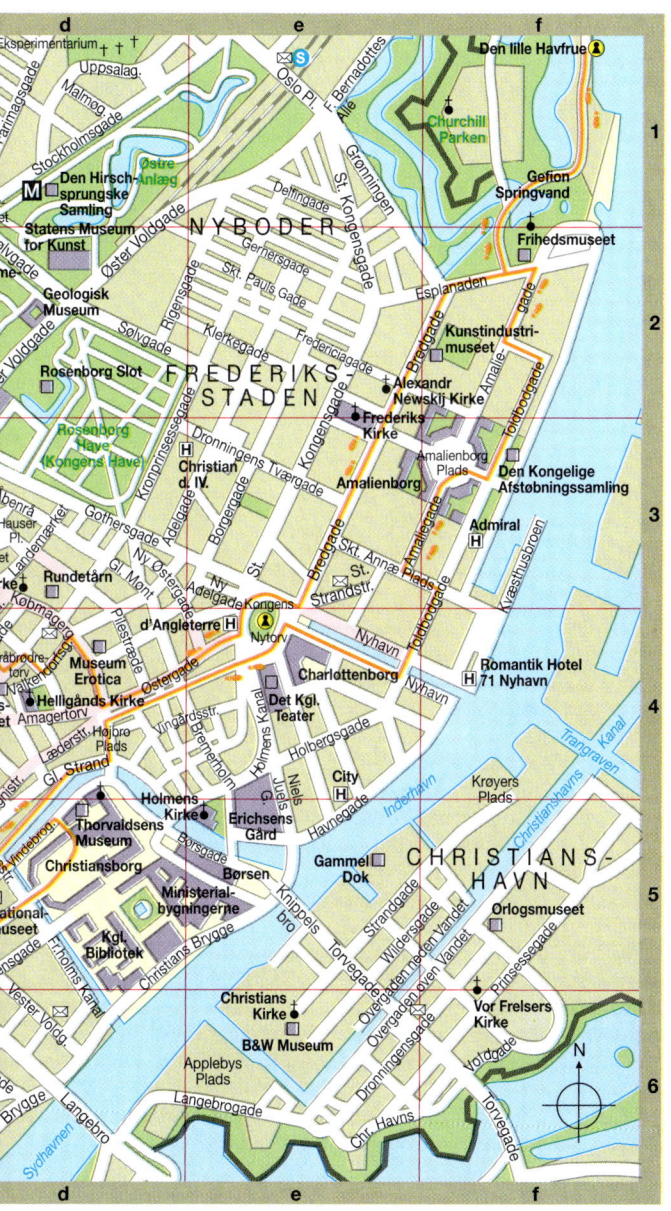

Øresund – eine Brücke zwischen Dänemark und Schweden? Vor 400 Jahren waren Dänen und Schweden nahezu pausenlos in kriegerische Händel verwickelt. Heute gilt ihr Verhältnis offiziell als bestens; inoffiziell bekritteln sich die beiden ganz gern: Den Schweden sind die Dänen zu langsam, zu laut und zu lustig, umgekehrt finden Dänen nur mühsam Kontakt zu den spröden Nachbarn im Osten, mit denen sie eine so lange gemeinsame Geschichte verbindet.

Nun soll sie aber zur Jahrtausendwende ein gigantisches Projekt noch näher aneinander binden: die Øresundbrücke. Jahrzehnte wurde über sie gestritten, doch nicht zuletzt wegen des Endes der DDR und der damit verbundenen Befürchtung, wichtige internationale Verkehrsströme könnten direkt über See von Ostdeutschland nach Schweden (oder umgekehrt) fließen, hat man sich auch auf dänischer Seite zum »Ja« durchringen können. Umweltschützer haben vergebens prote-

wachsen war. Auch Nørrebro gehört dazu, das vielleicht interessanteste Viertel außerhalb der Innenstadt. Eine ganz eigene Kultur ist hier entstanden, die im krassen Gegensatz zur mondänen Strøget steht. Kleine Boutiquen, verrauchte Cafés, günstige Lokale, natürlich auch so mancher Sozialfall haben Nørrebro geprägt, das schon immer etwas anders war. Hier war der politische Widerstand gegen die deutschen Besatzer am stärksten, hier fanden in den Siebzigern die großen Straßenschlachten statt, als das Stadtbauamt mit der Abrißbirne durch das Viertel zog.

Straßenschlachten gab es aber auch in Christianshavn, einem von Christian IV. initiierten Stadtteil auf der anderen Seite des Hafens, der mit seinen Kanälen an Amsterdam erinnert und um 1900 ein Armutsviertel war. Hier besetzten Anfang der siebziger Jahre Jugendliche ein vom Militär verlassenes Gelände und erklärten den Freistaat Christiania. Was folgte, waren heftige verbale und körperliche Attacken von beiden Seiten. Heute ist der Freistaat toleriert und gerät sogar zum Touristenziel. Reisebusse halten vor dem Eingang, mit Kameras bewaffnete Besucher hasten über die Pusherstreet. Dabei wollen die Christianitter nur eines, nämlich in Ruhe ihre alternative Lebensform entwickeln. Dazu gehören auch das Bekenntnis zum Hasch und die Ablehnung härterer Drogen. Doch Wunsch und Wirklichkeit harmonieren nicht, ständig versuchen Leute von außerhalb, hier auch einen Umschlagplatz für die harte Ware zu etablieren. Und nur zu gerne kommen jene in den Freistaat, die weniger an der Entwicklung Christianias interessiert sind als an einer Möglichkeit, sich kostenlos durchfüttern zu lassen.

Eine weitere Besonderheit liegt am anderen Ende der Stadt. Frederiks-

stiert und prozessiert. Sie befürchten einen Schaden für Flora und Fauna im Øresund, halten aber auch die Verkehrsprognosen, die der Kalkulation der Brückenbauer zugrunde liegen, für Utopie.

Die Befürworter hingegen träumen von einem Aufschwung für die gesamte Region. Fest steht immerhin, daß sich die Fahrt über die Meeresstraße von 55 auf nur noch wenige Minuten reduziert. Billiger wird die Überquerung aber nicht, denn die Baukosten sollen durch eine Maut erwirtschaftet werden.

Zusammen mit der neuen Brücke über den Großen Belt und einer geplanten Verbindung über den 19 Kilometer breiten Fehmarnsund (noch unklar, ob das ein umweltfreundlicher, aber sehr teurer Tunnel oder die billigere, aber umstrittene Kombination aus Flachbrücke und Tunnel wird) ist die Überbrückung des Øresund die letzte kühne Klammer zwischen Skandinavien und Kontinentaleuropa.

berg heißt die Stadt, die mitten in Kopenhagen liegt und dennoch eigenständig ist: mit einem eigenen Rathaus, eigenem Bürgermeister und so fort. Hier finden Sie einen herrlichen Park mit dem Frederiksberg Slot (Militärakademie) und der Carlsberg Brauerei. Gerne hätten die Kopenhagener Stadtväter die reiche Gemeinde Frederiksberg unter ihrer Fuchtel, doch wehren sich die Bewohner mit aller Macht und Raffinesse. Aber so ist Kopenhagen eben, widersprüchlich und gelassen.

Hotels

Grob gesagt, unterscheidet man in Kopenhagen drei Hotelkategorien. Da gibt es die wenigen Top-Hotels, deren Preise sich gut über 1 500 DKK bewegen. Breiter wird die Palette bei den guten Mittelklassehotels, die ein solide, zum Teil auch noch komfortabel zu nennende Ausstattung besitzen und zumeist zentral gelegen sind. Und schließlich findet man eine große Zahl sehr einfacher Hotels hinter dem Hauptbahnhof im Stadtteil Vesterbro. Das Viertel genießt sicherlich einen zweifelhaften Ruf, doch das sollte Sie nicht schrecken, hier ist es nicht gefährlicher als anderswo in der Stadt. Diese Hotels sind überwiegend sehr schlicht gehalten (Bett, Tisch, Fernseher), dafür aber auch (für Kopenhagener Verhältnisse) günstig und sauber allemal.

Absalon Hotel   b6
Helgolandsgade 15
Tel. 31 24 22 11, Fax 31 24 34 11
253 Zimmer
2. Kategorie (Æ, DC, EC, Visa)
In Vesterbro gelegenes, für diese Gegend außerordentlich sauberes und gutes Hotel mit äußerst

zuvorkommendem Service. Gehört zu Dansk Kroferie, wird also mit Kroschecks noch billiger.

e4 Hotel d'Angleterre
Kongens Nytorv 34
Tel. 33120095, Fax 33121118
130 Zimmer
Luxuskategorie (Æ, DC, EC, Visa)

In der Nobelherberge der Stadt steigt alles ab, was Rang und Namen hat, vom erfolgreichen Politiker bis zum abgehalfterten Popstar. Oder umgekehrt.

Eine gediegen-klassische Atmosphäre bestimmt das Innenleben, daß der Service hier selbstverständlich top ist, muß wohl kaum betont werden.

a4 Hotel Cab Inn Scandinavia
Vodroffsvej 57
Tel. 35361111, Fax 35361114
201 Zimmer
3. Kategorie

Ein Haus mit Jugendherbergscharakter, ist aber dennoch keine Unterkunft mit Riesenschlafsälen, sondern ein sehr schlichtes, sauberes Hotel mit kleinen Zimmern samt Bett, Tauchsieder und Fernseher. Für einen kurzen Aufenthalt für Preisbewußte sehr empfehlenswert. Ein ähnliches Haus gibt es mit dem Cab Inn Copenhagen im Danasvej.

e4/ Hotel City
e5 Peder Skramsgade 24
Tel. 33130666, Fax 33130667
81 Zimmer
1. Kategorie (Æ, DC, EC, Visa)

Ruhiges, zentral gelegenes Hotel der Best-Western-Kette, etwas verkitscht im Eingangsbereich, dafür etwas sparsamer in der Zimmerausstattung, dennoch zu empfehlen.

Copenhagen Admiral Hotel
Toldbodgade 24–28
Tel. 33118282, Fax 33325542
366 Zimmer
1. Kategorie (Æ, DC, EC, Visa)

Urgemütliches Hotel am Hafen, gegenüber den Fährschiffen nach Oslo und Bornholm. Die alte Speicheratmosphäre ist erhalten geblieben und maritim ausgekleidet worden. Achten Sie aber bei der Buchung auf ein Zimmer zur Seeseite hin!

Hotel Cosmopole
Colbjørnsensgade 5–11
Tel. 31213333, Fax 31313399
208 Zimmer
2. Kategorie (Æ, DC, EC, Visa)

Großes, gern gebuchtes Hotel im unteren Preisbereich. Simple Ausstattung.

Gentofte Hotel
Gentoftegade 29, Gentofte
Tel. 31680911, Fax 31680611
71 Zimmer
2. Kategorie (Æ, DC, EC, Visa)

Der traditionelle Gasthof außerhalb der Innenstadt ist ideal für alle, die in Kopenhagen nur einen Teil ihres Urlaubs verbringen und die eher Nord-Seeland erkunden möchten. Gute Küche.

Palace Hotel
Rådhuspladsen 57
Tel. 33144050, Fax 33145279
159 Zimmer
1. Kategorie (Æ, DC, EC, Visa)

Wer lieber in britisch gestylten Hotels übernachtet und das auch noch zentral, kommt um dieses Haus nicht herum.

Radisson SAS Royal Hotel
Hammerichsgade 1
Tel. 33 14 14 12, Fax 33 14 14 21
265 Zimmer
Luxuskategorie (Æ, DC, EC,
Visa)
Noch immer gehen die Meinungen darüber auseinander, ob das Riesengebäude am Hauptbahnhof eine architektonische Meisterleistung oder ein städtebaulicher Schandfleck ist. Tatsache bleibt, daß es von Dänemarks Architekturstar Arne Jacobsen entworfen wurde und zur Kopenhagener Hotelelite gehört.

Romantik Hotel 71 Nyhavn
Nyhavn 71
Tel. 33 11 85 85, Fax 33 93 15 85
82 Zimmer
Luxuskategorie (Æ, DC, EC,
Visa)
Kleiner als das Copenhagen Admiral, in Art und Atmosphäre jedoch recht ähnlich, wurde auch hier aus einem Lagergebäude ein stimmungsvolles Hotel.

Sehenswertes

Alexander Newskij Kirke
(→ Routen und Touren, Zu Fuß: Höhepunkte Kopenhagens)

Amalienborg
(→ Routen und Touren, Zu Fuß: Höhepunkte Kopenhagens)

Assistens Kirkegård
Nørrebrogade, Nørrebro
Auf dem Prominentenfriedhof der Stadt liegen u.a. Hans Christian Andersen, Martin Andersen Nexø, Søren Kirkegaard, der Physiker Hans Christian Ørsted und der Maler Christian Købke.

Botanisk Have c2
Øster Farimasgade 2a/Gothersgade 140
Der botanische Garten ist ideal für eine kleine Pause fernab des Innenstadttrubels, und zumindest der Besuch des auffälligen Palmenhauses empfiehlt sich nicht nur für Botaniker.

Børsen e5
Ved Christiansborg Slotsplads
Unter Christian IV. wurde das Gebäude mit dem auffälligen, vier Drachenschwänze ineinander verflechtenden Turm gebaut, doch erst im 19. Jh. wurde es tatsächlich zur Börse. Heute dient es allerdings als Bürohaus.

Carlsberg
Ny Carlsbergvej 140
Mo–Fr 11, 12.30, 14 Uhr
Eintritt frei
Carlsbergs stärkstes Bier ist das »Elephant«, und stark müssen auch die Elefanten sein, die das Eingangsportal des Brauereigiganten tragen. Falls Sie ebenfalls etwas vertragen und nicht nach dem ersten Schluck Bier umfallen, dürfen Sie an einer Brauereibesichtigung samt Verköstigung teilnehmen.

Charlottenborg e4
(→ Routen und Touren, Zu Fuß: Höhepunkte Kopenhagens)

Christiansborg d5
(→ Routen und Touren, Zu Fuß: Höhepunkte Kopenhagens)

Christianshavn f4/e6
Dieser ganz eigene Stadtteil besitzt eine höchst eigene Atmosphäre. Viele Häuser sind noch aus der Gründerzeit (1617 bis 22) erhalten. Der schachbrettar-

tige Straßenverlauf und die Kanäle erinnern an Amsterdam. Noch wirkt das Viertel etwas verschlafen, doch mittlerweile entdecken Werbeagenturen und Architekten Christianshavn, so daß es bald schick sein wird, hier zu wohnen. Einen Spaziergang sollte man sich hier schon gönnen, die Orientierung ist recht einfach. Bemerkenswerteste Sehenswürdigkeiten sind das Designcenter Gammel Dok, die Vor Frelsers Kirke und die Christians Kirke. Nahe der Vor Frelsers Kirke erstreckt sich auch der Freistaat Christiania.

f1 **Gefion Springvand**
(→ Routen und Touren, Zu Fuß: Höhepunkte Kopenhagens)
Grundtvigs Kirke
På Bjerget / Bispebjerget
Eine der jüngsten und eindrucksvollsten Kirchen der Stadt, fast 20 Jahre wurde an ihr gearbeitet, erst 1940 war das Bauvorhaben abgeschlossen. Dabei mußte Kaare Klint das Werk seines Vaters vollenden, der 1930 starb. Die Kirche weiß durch ein ganz eigenes Lichtspiel zwischen den mächtigen gotischen Pfeilern zu gefallen.

e5 **Holmens Kirke**
Holmens Kanal
Die Kirche ist schon ein Kuriosum, denn entstanden ist sie aus einer Ankerschmiede. Es war wieder Christian IV., der um das Gebäude herum eine Kirche für die Schiffsleute bauen ließ. In den letzten drei Jahrhunderten wurde sie jeweils erweitert. Im Inneren fällt das 117 cm hohe

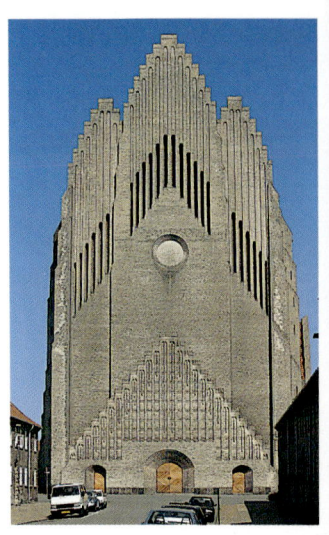

Wie eine monumentale Orgel erhe
sich die moderne Grundtvigs Kirche a
dem Bispebje

Taufbecken auf. Mit ihm war es einfacher, die Sklaven aus Afrika zu taufen.

Det kongelige Teater
(→ Routen und Touren, Zu Fuß: Höhepunkte Kopenhagens)
Den lille Havfrue (»Kleine Meerjungfrau«)
(→ Routen und Touren, Zu Fuß: Höhepunkte Kopenhagens)
Rosenborg Slot
Øster Voldgade
Juni – Aug. tgl. 10 – 16 Uhr; Mai, Sept. – Mitte Okt. tgl. 11 bis 15 Uhr; Mitte Okt. – April Di bis So 11 – 15 Uhr
Eintritt Erw. 40 DKK, Kinder 5 DKK
Hier werden die Kronjuwelen verwahrt! Und wem haben wir

das Schloß zu verdanken? Christian IV. natürlich. Der wollte ein Vergnügungsschloß haben, und auch seine Nachfolger fanden anfangs Gefallen an Rosenborg. Erst mit Frederik IV. nahm das Interesse an dem Schloß ab. Anfang des 19. Jh. wurde es zum Museum. So kann man noch ein bißchen königliche Luft schnuppern, die besagten Juwelen und noch weiteren königlichen Schmuck bestaunen oder draußen im Garten einfach nur relaxen. Bei gutem Wetter kommen die Kopenhagener jedenfalls hier gerne hin.

Rundetårn
Købmagergade 52a
Juni–Aug. tgl. 10–20 Uhr;
April, Mai, Sept. Mo–Sa 10 bis 17, So 10–16 Uhr; Okt. bis März Mo–Sa 10–17, So 10 bis 16 Uhr, Di, Mi zusätzlich 19 bis 22 Uhr
Eintritt Erw. 15 DKK, Kinder 5 DKK
Schön, wenn man bequem ist und gleichzeitig bestimmen darf. Auf Christian IV. traf das zu, und er ließ diesen Turm 1840–42 ohne Treppen bauen. Stattdessen konnte er hinaufreiten. Erst die letzten Meter steht noch eine Treppe. Sie müssen leider die 35 m per pedes bewältigen, was dem ein oder anderen auf diesem Schneckenweg erkennbar schwer fällt. Doch die Aussicht über die Stadt sollte Lohn genug sein.

Rådhus
(→ Routen und Touren, Zu Fuß: Höhepunkte Kopenhagens)

Vor Frelsers Kirke
Dronningensgade

Im Stadtteil Christianshavn liegt die wohl die spektakulärste Kirche Kopenhagens. Denn an ihrer Außenseite kann man auf 150 Stufen den Turm erklimmen und einen einmaligen Blick genießen. Schon von weitem glänzt die Turmspitze mit der Weltkugel und der Jesus-Figur, unverkennbar hat das Gotteshaus (1682 bis 96) italienische Vorbilder.

Museen

Ob Sie sich eher für die Kunst begeistern oder sich in die Kulturgeschichte der Sexualität vertiefen wollen, in Kopenhagen gibt es für jeden etwas.

Davids Samling   d3
Kronprinsessegade 30
Di–So 13–16 Uhr
Eintritt frei
Neben Kunst des 18. Jh. und einer feinen Porzellansammlung begeistert hier vor allem die Ausstellung islamischer Kunst, die als eine der besten in Europa gilt.

Der gute Tip 🅜:
Den Hirschsprungske Samling
Wer einen Einblick in die dänische Kunst erhalten möchte, vor dem großen Statens Museum for Kunst aber zurückschreckt, findet hier eine Alternative.

Den Hirschsprungske Samling 🅜 d1
Stockholmsgade 20
Mo, Do–Sa 10–17, Mi 10 bis 22 Uhr
Eintritt Erw. 20 DKK, Kinder frei

Hier bietet sich eine ganz hervorragende Schau quer durch den Garten dänischer Kunst. Alles, was in der dänischen Malerei Rang und Namen hat, ist versammelt. Den Grundstock der Sammlung legte der Tabakfabrikant Hirschsprung, 1902 schenkte er diese dem Staat.

f2 Frihedsmuseet
(→ Routen und Touren, Zu Fuß: Höhepunkte Kopenhagens)

e5 Gammel Dok
Strandgade 27b, Christianshavn
Mo, Di, Do–So 10–17, Mi 10–20 Uhr
Eintritt Erw. 20 DKK, Kinder frei

Ob das Opernhaus in Sydney oder die Grande Arche de la Défense in Paris, hier waren dänische Architekten am Werk. In diesem alten Lagerhaus können Sie sich in neueste dänische Architekturtendenzen vertiefen. Eigentliche Absicht der Museums ist es aber, Aufträge für dänische

Der gute Tip M:
Ny Carlsberg Glyptotek
Eines der Schmuckstücke der Kopenhagener Museumsszene, schon die Räumlichkeiten sind einen Besuch wert.

Architekten zu akquirieren. Aber das muß Sie ja nicht stören.

f3 Den Kongelige Afstøbningssamling
Vestindisk Pakhus, Toldbodgade 40
Mi, Sa, So 13–17 Uhr
Eintritt Erw. 20 DKK, Kinder frei

In einem alten Speicher an der Kopenhagener Promeniermeile Toldbodgade ist die Königliche Abgußsammlung eingerichtet worden. Sie können sie nicht verfehlen, denn vor der Tür wartet der »David« aus Florenz!

Kunstindustrimuseet
(→ Routen und Touren, Zu Fuß: Höhepunkte Kopenhagens)

Museum Erotica
Købmagergade 18
Okt.–April 11–20 Uhr; Mai bis Sept. 10–21 Uhr
Eintritt 48 DKK

Keine Angst, dieses Museum besitzt nichts Schmuddeliges, sondern ist eine interessante, informative, oft faszinierende, nur selten abstoßende Kulturgeschichte der Sexualität in Dänemark. Das Liebesverhalten Prominenter wird ebenso dargestellt wie die Historie und Zensur erotischer Literatur. Auch die Freigabe der Pornografie, die die Dänen als erste initiierten, spielt natürlich eine große Rolle.

Nationalmuseet
(→ Routen und Touren, Zu Fuß: Höhepunkte Kopenhagens)

Ny Carlsberg Glyptotek M
Dantes Plads 7
Mai–Aug. Di–So 10–16 Uhr; Sept.–April Di–Sa 12–15, So 10–16 Uhr
Eintritt Erw. 15 DKK, Mi, So frei, Kinder frei

In weiten, lichtdurchfluteten und geschmackvoll ausgemalten Räumen stehen Skulpturen aus Griechenland, Italien und Ägypten. Etruskische Kunst ist ebenso vertreten wie Plastiken von Rodin und Gemälde berühmter französischer Impressionisten. Immer wieder erliegt der Besucher der Faszination des Gebäudes, das auf Geheiß des Bierbrauers Carl Jacobsen (Carlsberg) und seiner Gattin Ottilia 1892 bis 97 errichtet wurde. Beide hatten auf Reisen in Frankreich ihr Faible für Skulpturen entdeckt und anschließend diese einmalige Sammlung zusammengetragen.

Statens Museum for Kunst
Sølvgade 48–50
Di, Do–So 10–16.30, Mi 10 bis 21 Uhr
Eintritt Erw. 20 DKK, Kinder frei

Sicherlich ist dieses Haus das Prunkstück der hiesigen Museumsszene. Dabei geht es weniger um die europäischen Künstler, Werke von Cranach, Munch oder Rubens kann man auch andernorts finden. Und ob die Rembrandts wirklich welche sind, ist auch nicht sicher. Faszinierend ist aber der Querschnitt durch die dänische Kunst: angefangen bei den Goldaltermalern wie Christoffer Wilhelm Eckersberg und Christen Købke, weiter über die Skagenmaler wie die Anchers, Fünenmaler wie Johannes Larsen und Fritz Syberg und Bornholmer Maler wie Kristian Zahrtmann und Edvard Weie bis hin zu den Klassikern der Moderne, sprich Asger Jorn und Per Kirkeby. Und auch jüngste Tendenzen sind berücksichtigt. Hier bietet sich Ihnen eine abwechslungsreiche Schau, die viele Entdeckungen ermöglicht!

Thorvaldsens Museum   d5
(→ Routen und Touren, Zu Fuß: Höhepunkte Kopenhagens)

Tycho Brahe Planetarium   b5
Gammel Kongevej 10
Di–So 10.30–21 Uhr
Eintritt Erw. 15 DKK, Kinder 5 DKK
Eintritt für Filme 65–100 DKK, Kinder 48 DKK

Omnimax-Kinos, in denen sich der Betrachter mittendrin im Geschehen glaubt, sind ja gerade sehr modern. In diesem Planetarium folgt man dem Trend und bietet, neben einer Astronomie-Ausstellung, auch solcherlei Filme an, die einem das Gefühl vermitteln, persönlich als Mr. Spock durch das All zu gleiten.

Essen und Trinken

Natürlich besitzt Kopenhagen die größte Dichte dänischer Spitzenrestaurants. Wenn nicht hier, wo dann? Das mag für den Gourmet eine Freude sein, für den Besucher mit dem schmaleren Geldbeutel ein Leid.

Für wen Finanzen keine so große Rolle spielen, kann gepflegte französische oder dänisch-französische Küche hier in der Stadt in vollen Zügen genießen. Für ein Hauptgericht sind ca. 200 DKK zu veranschlagen

Schon etwas mehr suchen muß man nach dänischer Hausmannskost, auch diese bewegt sich aber selten unter 150 DKK. Eine Alternative sind in der Innenstadt die Cafés, die meist gute Pasta-Küche für unter 100 DKK servieren. Bewegt man sich aus dem Zentrum heraus, etwa in Richtung Nørrebro, stößt man mit etwas Suchen durchaus auch auf günstigere Lokale.

Teurer hingegen sind die berühmten, kunstvoll belegten *smørrebrøder*, zumindest werden sie das, wenn man sie nicht nur genießen will, sondern seinen Hunger stillen muß.

Ein Ärgernis sind nach wie vor die hohen Essenspreise im Tivoli, denn für eine Durchschnittsmahlzeit müssen Sie hier mit mindestens 200 DKK rechnen.

Restaurants

d3 **Alsace**
Ny Østergade 9
Tel. 33 14 57 43
Mo–Sa 11.45–22.45 Uhr
1. Kategorie (Æ, DC, EC, Visa)
Die ganz hervorragende französische Küche ist bekannt für Fischgerichte. Im Sommer ist der gemütliche Garten geöffnet.

b1 **Barcelona**
Fælledvej 21
Tel. 31 35 76 11
Tgl. 17–23 Uhr
2. Kategorie (DC, EC, Visa)
Unten ist es eine Kneipe mit kleinen Standards wie Chili con carne, oben ein gutes, dennoch günstiges Restaurant mit spanischer Küche.

b2 **Brasserade**
Fælledvej 7
Tel. 35 36 44 94
Tgl. ab 17.30 Uhr
2. Kategorie (Æ, EC, DC, Visa)
Hier fällt die Auswahl nicht schwer, denn man kann sich nur zwischen bestimmten Fisch- oder Fleischsorten entscheiden. Dann kommt der Grill auf den Tisch, und man brät sich sein Essen selbst. Soßen und Folienkartoffeln gibt es dazu, und alles so oft, bis man nicht mehr kann.

Bryggeriet Apollo
Vesterbrogade 3
Tel. 33 12 33 13
Mo–Mi, So 11.30–24, Do–Sa 11.30–2 Uhr
2. Kategorie (Æ, DC, EC, Visa)
Treten Sie ein, auch wenn Sie keinen Hunger haben, denn das hauseigene Bier schmeckt wunderbar. Und sollte Ihnen nun doch der Magen knurren, so stehen die Spareribs dem Bier in Qualität nicht nach.

Casablanca
Nansensgade 20
Tel. 33 15 72 60
Tgl. 17.30–22 Uhr
3. Kategorie
Eine der wenigen Möglichkeiten, im Zentrum günstig zu speisen, bietet dieses marokkanische Restaurant.

Era Ora
Torvegade 62
Tel. 31 54 06 93
Mo–Sa 18–24 Uhr
Luxuskategorie (Æ, DC, EC, Visa)
Der beste Italiener der Stadt ist in Christianshavn zu finden.

Fiskekælderen i Den Gyldne Fortun
Ved Stranden 18
Tel. 33 12 20 11
Mo–Fr 12–24, Sa, So 18 bis 23 Uhr
1. Kategorie (Æ, DC, EC)

Hier tobt das Leben: Der heute
so charmante Nyhavn galt früher als
Reeperbahn Kopenhagens

Als Ausweichmenü gibt es in diesem Fischrestaurant der Spitzenklasse auch ein Fleischgericht.

Færgen Sjælland
Christians Brygge
Tel. 33 14 43 30
Mo–Do 12–24, Fr 12–1,
Sa 18–1 Uhr
1. Kategorie (Æ, DC, EC, Visa)
Ein einmaliges Erlebnis, denn hier speist man auf einer alten Fähre, blickt auf das Treiben im Hafen und drüben in Christianshavn. Gute dänische Küche.

3 **Gammel Mønt 41**
Gammel Mønt 41
Tel. 33 15 10 60
Mo–Sa 11.30–24 Uhr; Mai bis Aug. Sa geschl.
1. Kategorie (Æ, DC, EC)
Das Lokal ist kein reines Fischrestaurant, kann sich aber mit jedem anderen Haus am Platze messen.

Kanalen f5
Wilders Plads 2
Tel. 32 95 13 30
Mo–Sa 11.30–24 Uhr
1. Kategorie (Æ, DC, EC, Visa)
Etwas ab vom Schuß liegt dieses Lokal in Christianshavn. Doch der Weg lohnt, denn hier finden Sie nicht nur eine exzellente französische Küche vor, sondern auch die Lage am Kanal kann begeistern.

Kong Hans Kælder d4
Vingårdsstræde 6
Tel. 33 11 68 68
Mo–Sa 18–22 Uhr
Luxuskategorie (Æ, DC, EC, Visa)
Die Nummer 1 der Stadt. Der Elsässer Daniel Letz pflegt ländli-

che französische Küche auf allerhöchstem Niveau, inzwischen schreibt er auch Kochbücher, damit Frau Pedersen und Herr Jensen ihm nacheifern können. Ein Tip: Stecken Sie genug Geld ein!

d4 Krogs Fiskerestaurant
Gammel Strand 38
Tel. 33 15 89 15
Mai–Sept. Mo–Sa 11–23 Uhr;
Okt.–April Mo–Sa 17–23 Uhr
1. Kategorie (Æ, DC, EC, Visa)
Dieser Klassiker ist für Fischesser sicherlich die wichtigste Adresse in Kopenhagen.

e3 Leonore Christine
Nyhavn 9
Tel. 33 13 50 40
Tgl. 12–24 Uhr
1. Kategorie (Æ, DC, EC, Visa)
Im ältesten Haus am Nyhavn wird exzellente dänisch-französische Küche serviert. Man sitzt in gemütlich eingerichteter Räumlichkeit und genießt aufmerksamen Service. Was will man mehr?

Der gute Tip 🅼:
Pasta Basta
So richtig ab geht es hier erst nach Mitternacht, wenn sich die einen für den Weg nach Hause und die anderen für den Weg in die Nacht stärken.

d4 Pasta Basta 🅼
Valkendorffsgade 22
Tel. 33 11 21 31
So–Mi 11.30–3, Do–Sa 11.30 bis 5 Uhr
2. Kategorie (Æ, DC, EC, Visa)

Der Italiener ist auch für die dünnere Geldbörse genießbar. In einfachem und trotzdem stilvollem Ambiente trinkt man Weine zu vernünftigen Preisen zu guten, dennoch nicht zu teuren Pastagerichten. Man beachte die Öffnungszeiten! Hier kann man auch noch nach dem Kino speisen.

Peder Oxe
Gråbrødre Torv 11
Tel. 33 11 00 77
Tgl. 11.30–1 Uhr
1. Kategorie (DC, EC, Visa)
Dänisch-französische Küche genießt man in dem Hotel-Restaurant, das aufgrund seiner großen Beliebtheit immer voll ist. Am Wochenende brauchen Sie ohne Reservierung erst gar nicht hierherzukommen.

Thorvaldsen
Gammel Strand 34
Tel. 33 32 04 00
Mo–Sa 11.30–16, 17.30 bis 22 Uhr
1. Kategorie (Æ, DC, EC, Visa)
Das relativ neue Restaurant dänisch-französischer Ausrichtung serviert im Sommer im schönen Hinterhof, ist aber auch ein gemütliches Kellerlokal.

Frokost
Huset med det grønne træ
Gammel Torv 20
Tel. 33 12 87 86
Mo–Sa 11–18 Uhr; April–Sept. Sa geschl.
3. Kategorie (Æ, EC, Visa)
Einer der Klassiker unter den Kopenhagener Frokost-Lokalen, irgendwie urig, zentral gelegen.

3 **Ida Davidsen**
Store Kongensgade 70
Tel. 33 91 36 55
Mo–Fr 9–17 Uhr
2. Kategorie (DC, EC, Visa)

Wo alles anfing! Denn einer von Ida Davidsens Vorfahren kreierte jene heute als *Smørrebrød* bekannten Brote, als seine Gäste zum mittäglichen Bierchen nach einem Imbiß verlangten. Und noch heute ist dieses Lokal Trendsetter, ist der *Smørrebrød*-Zettel ellenlang.

4 **Skildpadden**
Gråbrødretorv 9
Tgl. 12–1 Uhr
3. Kategorie

Ideal für den schmaleren Geldbeutel, hier stellt man sich seine Sandwiches selbst zusammen.

4 **Slotskælderen, Hos Gitte Kik**
Fortunstræde 4
Tel. 33 11 15 37
Di–Fr 10–17, Sa 10–15 Uhr
3. Kategorie (DC, EC, Visa)

Hervorragendes, ursprünglich gehaltenes *Smørrebrød*-Lokal im Keller, gegenüber von Schloß Christiansborg gelegen und deshalb mittags oft von Politikern besucht.

Cafés

2 **Bananrepublikken A/S**
Nørrebrogade 13
So–Mi 16–2, Do–Sa 16–4 Uhr

Eines der beliebtesten Cafés in Nørrebro, kleine spanische Küche.

3 **Café Dan Turèll**
Sankt Regnegade 3–5
Mo–Mi 10–2, Do 10–3,
Fr, Sa 10–4, So 11–1 Uhr

Einst war das nach dem 1993 verstorbenen Schriftsteller benannte Café eine der Topadressen der Stadt, heute lebt es von seinem Ruf und ist etwas mehr auf ein sich für wichtig erklärendes Publikum aus. Allerdings kann man hier eine ausgezeichnete Cajunküche erhalten.

Café Krasnapolsky c4
Vestergade 10
Mo–Mi 10–2, Do 10–3, Fr
10–5, Sa 11–5, So 15–24 Uhr

Unverwüstlich. Das Krasnapolsky ist schon so sehr zur Legende geworden, daß jugendliches Publikum aus aller Herren Länder hierherströmt. Kleine Karte, gute Küche zu vernünftigen Preisen.

Café Sommersko d3
Kronprinsensgade 6
Mo–Do 9–1, Fr, Sa 9–2,
So 10–1 Uhr

Obwohl von der Inneneinrichtung her eher ungastlich, ist das Sommersko dennoch eines der beliebtesten Cafés der Stadt. Vorwiegend junges Publikum, gutes und günstiges Essen sowie sehr freundlicher Service.

Café Victor's e3
Hovedvagtsgade 8
Mo–Mi 9–1, Do 9–2,
Fr, Sa 9–4 Uhr

Hier treffen sich Schicki und Micki und alle, die es auch so gerne wären.

Det Elektriske Hjørne e3
Store Regnegade 12
Mo–Mi 15–2, Do 15–4,
Fr, Sa 15–5, So 18–2 Uhr

Unter Jugendlichen sehr beliebtes Café, in dem erst nach 24 Uhr die Post abgeht.

c4 **La Glace**
Skoubogade 3
Das La Glace unterscheidet sich von den anderen hier aufgeführten Cafés dadurch, daß es tatsächlich noch eine altehrwürdige, traditionsbeladene Konditorei mit feinem Kuchen ist.

b1 **Sebastopol**
Guldbergsgade 2
Tgl. 10 – 22 Uhr
Mexikanische Gerichte zu günstigen Preisen serviert dieses Café in Nørrebro.

Einkaufen

Kopenhagen ist ein Einkaufsparadies, die Strøget ist übervoll von Angeboten. Doch sollte man sich nicht allein auf sie beschränken. Nördlich von ihr erstreckt sich das Latinerviertel mit der Studiestræde und der Sankt Pedersstræde, wo es ein wenig alternativer und studentischer zugeht. Südlich der Strøget finden Sie die Strædet, in der es, außer vielen Cafés, vor allem jede Menge Antikgeschäfte gibt. Vergleichbar ist nur die Ravnsborggade in Nørrebro.

Blumen

e3 **Tage Andersen**
Ny Adelgade
Wenn Sie nicht glauben, daß man mit Blumen mehr machen kann, als sie nur in die Vase zu stellen, dann betreten Sie dieses Geschäft. Tage Andersen ist Dänemarks Blumendeko-Legende. Leider wird auch schon für das Anschauen Geld verlangt (40 DKK).

Comics

Fantask c
Sankt Peders Stræde 37
Gut ausgestatteter Comicladen, natürlich auch mit Beiprodukten wie Schlüsselanhängern oder T-Shirts bekannter Comicfiguren.

Faraos Cigarer d
Skindergade 29
Wer auf Fantasyspiele steht, findet hier jede Menge Spiele, Figuren und anderes Zubehör.

Delikatessen

Kransekagehuset e
Ny Østergade 9
Die Topadresse für Leckermäuler, denn hier gibt es feinsten Kuchen im Überfluß.

Sømods Bolcher c
Nørregade 36
In der kleinen Bonbonfabrik kann man bei der Produktion zusehen, doch wichtiger ist wohl, eine große Tüte zu kaufen. Ideal natürlich auch für Kinder.

Kaufhäuser

Focus Greenland d
Højbro Plads
Sie brauchen noch ein Souvenir aus Grønland, haben aber weder Zeit noch Geld dorthin zu reisen? Kein Problem, hier bekommen Sie alles, egal ob Fellmantel oder Briefmarke.

Illum d
Østergade 52, Strøget
Stockwerk um Stockwerk zieht sich dieser im Inneren sehr schöne Bau in die Höhe, auf jeder Etage ist alles nur vom feinsten. Das beginnt mit der Parfümerie im Erdgeschoß, setzt sich

Illums Bolighus ist ein Mekka der modernen skandinavischen Einrichtungskunst

fort über die hervorragenden Modeboutiquen und schließt oben mit den Sondertischen, dem Louisiana-Shop und einigen Restaurants ab.

4 Illums Bolighus
Amagertorv 10, Strøget
Skandinavisches Design genießt Weltruf, das gilt für Glas aus Schweden ebenso wie für Porzellan aus Finnland oder Möbelstoffe aus Dänemark. Dieses Einrichtungshaus zeigt die ganze Breite (vor allem) skandinavischen Designs. Auch wer eigentlich keinen Bedarf hat, sollte sich diesen Augenschmaus nicht entgehen lassen.

4 Magasin du Nord
Kongens Nytorv 13
Man mag sich darüber streiten, ob das beste Kaufhaus Skandinaviens nun NK in Stockholm, Stockmann in Helsinki, Illum

oder das Magasin in Kopenhagen ist. Feststeht, daß das Magasin hervorragend sortiert ist und eine verführerisch tolle Foodabteilung besitzt.

Økonomi Marked   d4
Amagertorv 29, Strøget
Hier ist es immer proppevoll, denn die billigsten Dinge sind bereits ab 13 Øre zu haben. Verkauft wird quer durch die Bank alles, was günstig ist.

Mode
Bitte Kai Rand   e3
Store Strand Stræde 22
Frauenmode in teils grellen, teils dezenten Farben, mittlerweile eine der beliebtesten Marken im gehobenen Segment.

d3 **Buksesnedkeren**
Købmagergade 47
Sportive, farbenfrohe Mode.

d4 **Red / Green**
Bremerholm 1
Da freut sich der Segler, denn hier bekommt er von Gummistiefeln bis zur Windjacke alles, was er braucht, was aber auch noch edel aussehen soll. Und auch Golfer werden hier zunehmend fündig.

d4 **Sand**
Østergade 52
Nicht gerade billige, aber schicke und Trends setzende Mode für Frau und Mann.

Pfeifen

d4 **W. Ø. Larsen**
Amagertorv 9, Strøget
Da lacht das Herz des Pfeifenrauchers. Kopenhagen besitzt eine Menge Pfeifengeschäfte, die auch ständig mit Sonderangeboten aufwarten. Larsen ist dennoch etwas Besonderes, denn hier ist nicht nur die Auswahl besonders groß, sondern man verkauft auch hauseigene Mischungen und hat ein kleines Pfeifenmuseum eingerichtet.

Porzellan

d4 **Royal Copenhagen**
Amagertorv 6, Strøget
Dänisches Porzellan, das ist Royal Copenhagen. Manchem mögen die Figuren zu kitschig, das Geschirr zu bieder sein, unbestritten ist, daß Royal Copenhagen bis nach Japan einen guten Ruf besitzt. Nebenan gibt es ein gutes Café mit feinem Ku-

chen, andere lassen ihr Geld lieber in dem Shop mit Ware zweiter Wahl.

Schallplatten

c **Accord**
Vestergade 37
Second-Hand Plattenladen für Pop, Jazz und Klassik, vertreten auch am Kongens Nytorv 26 und in der Østerbrogade 84.

d **DANmusik**
Vognmagergade 7
Wer auf der Suche nach Klassik-Platten oder Noten ist, muß hierhin.

Schmuck

d **Georg Jensen**
Amagertorv, Strøget
Schmuck von Georg Jensen gilt zu Recht als exklusiv und einzigartig. Ob Ohrring, ob Brosche, ob Besteck, noch immer ist die typische Handschrift des Kopenhagener Betriebes mit seinem teils eher sehr leicht-eleganten, teils auch sehr schweren und verschnörkelten Design erkennbar, auch wenn der Firmengründer schon vor langer Zeit seinen 100. Geburtstag feierte.

Am Abend

Das Nachtleben beginnt auch in Kopenhagen erst nach Mitternacht. Diskos sind aber nur ein kleiner Teil davon, gerne trifft man sich auch in Cafés und trinkt und raucht und diskutiert und trinkt und raucht und diskutiert und trinkt und raucht und trinkt und raucht ... bis in den Morgen.

Casino
Casino Kopenhagen
Amager Boulevard 70
Tgl. 14–4 Uhr
Eingerichtet im Radisson SAS
Scandinavia Hotel. Schlips und
Jackett sind Pflicht, mit Jeans
oder Sportkleidung gibt es
selbstverständlich keinen Einlaß.

Disko
4 **Njet Z Club**
Boldhusgade 2
Fr, Sa 11–5 Uhr
Hier gibt es immer nur die aktu-
ellen Charts und viele schöne
Menschen.
4 **Woodstock**
Vestergade 12
Mi–Do 21–3, Fr, Sa 22–4 Uhr
Die Disko-Legende der Stadt,
Publikum und Musik sind mitt-
lerweile gleichermaßen leicht an-
gegraut.
3 **X-Ray**
Gothersgade 13
Do 24–5, Fr 23–5, Sa 23–6 Uhr
Techno, Techno, Techno.

Jazz
4 **Copenhagen Jazz House**
Niels Hemmingsens Gade 10
Kopenhagens Jazztempel Num-
mer 1, ständig Konzerte.
4 **Finn Zieglers Hjørne**
Vodroffsvej 24
Damit er nicht immer um Auf-
tritte bitten muß, hat sich Finn
Ziegler hier selbst ein Jazzpo-
dium geschaffen und spielt mit
Freunden.
6 **Jazzhus Slukefter**
Bernstorffgade 1
Mo–Do 20–2, Fr, Sa 20–5 Uhr

Im Tivoli untergebrachter Jazz-
club traditioneller Ausrichtung.

Theater
An Karten zu kommen, ist nicht
einfach. Versuchen Sie es direkt
am Kongens Nytorv unter
Tel. 33 14 10 02 (tgl. 13–20 Uhr)
oder für Veranstaltungen am sel-
ben Tag zum halben Preis am
Nørreport Kiosk (gegenüber der
S-Bahnstation) Mo–Fr 7 bis
19 Uhr.

Kinder

Kinder sind von Städten meist
nicht begeistert, weil Shopping
und klassische Sehenswürdigkeiten überwiegen. Kopenhagen ist
ein wenig anders, denn die Stadt
kann mit so manch attraktivem
Angebot für die Kleinen aufwarten.
Bakken
Dyrehavsbakken, Klampenborg
April–Aug 14–24 Uhr
Eintritt frei
Der Bakken ist der älteste Vergnügungspark der Welt, sein
Wahrzeichen ist der Pierrot, den
inzwischen aber auch andere
nachempfunden haben.
Viele Kopenhagener ziehen den
Bakken (eigentlich Dyre-
havsbakken) dem Tivoli vor.
Denn der Bakken ist normaler,
unspektakulärer, sicherlich günstiger und weniger von Touristen
überlaufen. Eingebettet ist er zudem in eine schöne Parkland-
schaft. An Attraktionen warten
einige Fahrgeschäfte, vor allem
aber Buden und Spielhallen.

Johann Friedrich Struensee Noch heute besitzt sein Name in Dänemark eine magische Wirkung, scheint nicht sicher, ob man ihn nicht doch völlig falsch eingeschätzt und zu Unrecht zum Tode verurteilt hat. Struensees Wirken war wie ein Donner, der nur vier Jahre dauerte und doch ein langes Nachbeben mit sich brachte.

Begonnen hatte alles 1768. Der Hof hatte den als geisteskrank geltenden König Christian VII. auf Reisen geschickt. In Kopenhagen war er in erster Linie durch seine täglich wechselnden Damenbekanntschaften und seine häufigen Bordellbesuche aufgefallen. Auf besagter Reise nun faßte er Vertrauen zu seinem Arzt, dem aus Altona stammenden Struensee. Zurück in Kopenhagen konnte Struensee diese Vertrauensposition ausbauen. Viel gravierender noch: Er wurde der Geliebte der 18jährigen Königin. Und jeder im Staate wußte es.

Struensee war aber auch bestrebt, diese Macht zu nutzen. Es begann ein Flut von Anordnungen und Erlassen über Dänemark hereinzubrechen. So erließ er die absolute Druckfreiheit und verbot jegliche Zensur. Die Minister wurden entlassen. Dann unterschrieb er Anord-

Eksperimentarium

Tuborg Havnevej 7
Mo, Mi, Fr 9–18, Di, Do 9 bis 21, Sa, So 11–18 Uhr
Eintritt Erw. 62 DKK, Kinder 44 DKK

Scheuen Sie die Fahrt hinaus nach Hellerup auf keinen Fall, Ihre Kinder werden es Ihnen danken! Denn hier können Sie den ganzen Tag experimentieren, bei Geschicklichkeitsaufgaben, beim Erzeugen von Wind- oder Wasserkraft, am PC und so manchem mehr.

Dieses faszinierende Museum weiß aber auch Erwachsene zu begeistern. Rechnen Sie doch spaßeshalber einmal aus, wann Sie nach dem Genuß von drei Bier und zwei Schnaps wieder fahrtüchtig sind oder stellen Sie per Knopfdruck Ihren idealen Speiseplan zusammen.

Guiness World of Records Museum

Østergade 16
Mo–So 10–20 Uhr
Eintritt Erw. 45 DKK, Kinder 20 DKK

Bekanntermaßen kommen die Menschen auf die absonderlichsten Dinge, nur um ins Guinness Buch der Rekorde zu gelangen. Und so wirkt auch mancher hier visualisierte Superlativ etwas absurd. Aber es gibt auch wirklich originelle Großtaten.

Louis Tussauds Voksmuseum

H.C. Andersen Boulevard 22
Mitte April–Mitte Sept. tgl. 10 bis 23 Uhr; Mitte Sept.–Mitte April tgl. 10–21 Uhr
Eintritt Erw. 48 DKK, Kinder 22 DKK

Pop- und Filmstars wie Withney Houston oder Dick und Doof, Politiker wie Kohl und Jelzin,

nungen selber, behauptete aber, der König hätte ihn dazu ermächtigt. Nun schränkte er die Zahl der Feiertage ein und wollte das Heer verkleinern. Kurzum, er kannte keine Kompromisse mehr und machte sich eigentlich jede Interessensgruppe zum Feind. Zumal er auch weiterhin nur Deutsch sprach und damit natürlich Ressentiments weckte. Und der Unmut wuchs, als die Königin 1771 Prinzessin Louise Augusta zur Welt brachte, als deren Vater Struensee angesehen wurde.

Für all diese Taten benötigte er nur zwei Jahre. Manche seiner Maßnahmen, etwa die Abschaffung der Folter, mögen aus heutiger Sicht als demokratisch, fortschrittlich bezeichnet werden, damals waren sie zu revolutionär. So kann es nicht verwundern, daß die Unruhe wuchs, in den Zeitungen seine Absetzung gefordert wurde und sich schließlich der aufgestaute Unmut im Januar 1772 in einem Racheakt entlud.

Struensee und seine Anhänger wurden von Offizieren nach einem Ball verhaftet. Königin Caroline Mathilde wurde nach Celle gebracht. Der 35jährige Struensee selbst wurde geköpft und geviertelt.

Schriftsteller wie Tania Blixen und H.C. Andersen, sie und noch viele, viele mehr stehen hier – in Wachs. Im Keller gibt es außerdem noch ein weiteres Schreckenskabinett. Und fallen Sie nicht auf den Mann mit der Kamera herein!

Ripley's Believe It or not!
Rådhuspladsen 57
Tgl. 10–22 Uhr
Eintritt Erw. 48 DKK, Kinder 20 DKK

Das witzigste Museum der Stadt, nichts ist zu absurd, um nicht hier Eingang zu finden, ob Tiere mit zu vielen Beinen oder Augen, Piercing-Rituale fremder Völker oder frühe Versuche des Fliegens und manch Glaub- oder Unglaubwürdiges mehr sind ein Spaß für alle Beteiligten.

Tivoli
Vesterbrogade 3
Mitte April–Mitte Sept.
11–24 Uhr
Eintritt Erw. 40 DKK, Kinder 20 DKK

Das Tivoli ist Kopenhagens absoluter Publikumsmagnet und einer der meistbesuchten Vergnügungsparks Europas. Zu verdanken haben wir ihn dem Journalisten Georg Carstensen, der den Park 1843 begründen durfte: Er konnte den König überzeugen, daß der Park das Volk von einer Revolution abhalten würde, wie sie sich andernorts in Europa abzeichnete. Zu den ältesten Gebäuden zählen noch das Pantomimentheater, der Turmpavillon und der Chinesische Turm. Ansonsten prägen kleine Buden und Spielhallen, vor allem aber die Fahrgeschäfte den Park. Jedes Jahr soll eine neue Attraktion das Publikum locken. Auf der großen Bühne gibt es Livemusik, zahlreiche Restaurants stehen zur Auswahl. Immer ist die besondere Stimmung spürbar, die über dem Park liegt. Da ein Besuch des Parks kein billiges Vergnügen ist, stellt er für viele ein fast feierliches Ereignis dar. Mittwochs und samstags gibt es zum Abschluß ein Feuerwerk.

Allgemeine Informationen

Auskunft

c5 **København Turistinformation**
Bernstorffgade 1, gegenüber dem Hauptbahnhof
Tel. 33 11 13 25 (Information), 33 12 28 80 (Hotelreservierung)
Mai–Mitte Sept. tgl. 9–20 Uhr; Mitte Sept.–April Mo–Fr 9 bis 17, Sa 9–14 Uhr

Ermäßigungen

Mit der Copenhagen Card erhalten Sie Rabatt oder gar freien Eintritt in zahlreiche Museen der Stadt und Umgebung, beispielsweise auch in Louisiana oder Roskilde. Es gibt die Karte für 24, 48 oder 72 Stunden. Auch die öffentlichen Verkehrsmittel sind im Großraum Kopenhagen dann frei. Die Karte kostet 140, 230 oder 295 DKK, Kinder (5–11 Jahre) zahlen die Hälfte.

Stadtrundfahrten

Um einen ersten Eindruck von der Stadt zu erhalten, empfiehlt sich der HT Sightseeingbus. Er fährt vom Rathausplatz an Sehenswürdigkeiten wie Christi-

ansborg, Nyhavn, »Kleine Meerjungfrau«, Rosenborg Slot und Tycho Brahe Planetarium vorbei. Der Preis beträgt nur 20 DKK, Sie können aus- und einsteigen, wo Sie wollen, günstiger geht es nicht.

Falls Sie aber gerne an einer geführten Bustour teilnehmen möchten, wenden Sie sich an Copenhagen Excursions (Abfahrt Rathausplatz). Die ca. 2 $1/2$ stündigen Fahrten kosten je nach Umfang 155 bis 185 DKK. Im Angebot ist auch eine kombinierte Schiffs-/Bootsfahrt, die 160 DKK kostet.

Sehr empfehlenswert ist außerdem eine Schiffstour mit einer Art Grachtenboot. Die Fahrt dauert ca. 50 Min. und führt an Sehenswürdigkeiten wie Nyhavn, »Kleine Meerjungfrau«, Börse oder Christianshavn vorbei. Mit heftigem Seegang ist zuweilen zu rechnen, auf den vorderen Plätzen wird man schnell naß. Sie können sich zwischen Canal-Tours und den Netto-Båderne entscheiden, wobei letztere billiger und nicht schlechter sind. Abgelegt wird am Nyhavn oder Gammel Strand.

Veranstaltungen

Aktuelle Veranstaltungen sind in den englischsprachigen Heftchen »Copenhagen this week« aufgelistet, die überall ausliegen. Besonders interessant sind diese Informationen wegen des Aufgebots kultureller Aktivitäten, die Kopenhagen als Kulturhauptstadt 1996 in Szene setzt.

Unterwegs auf Lolland

Unzählige waren schon auf Lolland, aber haben sie es wirklich gesehen? Die Insel im Süden des Landes besitzt mit Rødbyhavn den großen Fährhafen Richtung Deutschland. Folglich ballt sich hier der Transitverkehr, durchziehen an Sommerwochenenden endlose Auto- und Radlerschlangen das Eiland. Doch wenige nur halten an, betrachten Lolland aus der Nähe. Es muß schnell weitergehen, nach Kopenhagen, Schweden, Norwegen.

Sonderlich spektakulär ist Lolland zugegebenermaßen auch nicht. Es gibt kaum Städte, keine überragenden Strände und nur wenige klassische Sehenswürdigkeiten. Einzig Radler mögen sich über die geringe Höhe der Insel freuen, erheben sich doch die »Lollandske Alper« auf gerade 22 Meter.

Maribo

Im Herzen Lollands liegt mit Maribo einer der beiden großen Orte der Insel. Er ist nicht häßlich, aber auch kein Schmuckstück, reizvoll ist allerdings die Partie am Søndersø.

Entwickelt hat sich der Ort um ein Birgittenkloster, das der katholischen Kirche unterstand, nach der Reformation aber zu einem Jungfernstift wurde. Als die Stadtkirche im 16. Jh. niederbrannte, übernahm die Klosterkirche ihre Funktion. Das nur langsam wachsende Maribo erhielt mit Bandholm im 19. Jh. auch einen Hafen, die 1869 dorthin eröffnete Bahnverbindung war die erste private Zugstrecke des Landes.

Bekanntester Sohn der Stadt ist der Pastor und Schriftsteller Kaj Munk, der 1898 hier geboren wurde. Er gehörte während der deutschen Besatzungszeit im Zweiten Weltkrieg zu den prominentesten und entschiedensten Widerständlern und mußte diese Haltung im Januar 1944 mit dem Tod bezahlen.

Heute ist Maribo ein kleines, feines Städtchen mit wichtiger Funktion für das Umland und mit einigen schönen Straßenzügen an Markt und Kirche.

Sehenswertes

Dom

Von der ursprünglichen Klosteranlage ist kaum mehr etwas erkennbar, einzig die im 15. Jh. entstandene Kirche ist erhalten. Erwähnenswert sind die flachen Galerien, die früher den Nonnen vorbehalten waren. Altar und Kanzel stammen aus dem 17. Jh.. Begraben liegt hier übrigens die Königstochter Leonora Christina, die von Frederik III., dem Nachfolger ihres Vaters, für 22 Jahre ins Gefängnis gesteckt wurde und sich nach dem Ende der Haft hier im Kloster niederließ. Leonora hatte sich an der Seite ihres Mannes Corfitz Ulfeldt zunächst in Dänemark unbeliebt gemacht, war dann zum Erzfeind Schweden geflüchtet und dort in Ungnade gefallen, war weitergezogen und wurde schließlich von England an Dänemark ausgeliefert.

Museum

Lolland-Falsters Stiftsmuseum / Kunstmuseum
Jernbanegade 22
Juni–Aug Di–So 10–17 Uhr;
Sept.–Mai Di–Sa 14–16, So 10–17 Uhr
Eintritt Erw. 20 DKK, Kinder frei

Zwei Museen in einem Haus beherbergt dieses Gebäude nahe dem Bahnhof. Zum einen das Heimatmuseum, das in üblicher Art und Weise die Geschichte der Stadt und Umgebung in Texten, Bildern, bewahrten Gegenständen und archäologischen Funden dokumentiert. Zum anderen aber auch eine kleine, feine Ausstellung mit dänischer Malerei, wobei allerdings kein thematischer Schwerpunkt erkennbar ist.

Ort in der Umgebung

C5/ **Knuthenborg Safari Park**
D5 Mai–Sept. 9–17 Uhr; erste Okt.-Hälfte Sa, So 9–17 Uhr
Eintritt Erw. 60 DKK, Kinder 30 DKK

Dieser große Park nördlich von Maribo ist eine der Hauptattraktionen der Insel. Natürlich gibt es nicht nur jede Menge exotischer Tiere, sondern auch eine große Spielfläche oder Möglichkeiten zu Bootsfahrten.

Nakskov

Nakskov bietet dem Besucher eine ganz eigene Mischung aus Moderne und Tradition. Denn einerseits sind viele historische Häuserzeilen erhalten, andererseits hat man dem wirtschaftlichen Wachstum Tribut zahlen müssen und Innenstadt und Hafengelände erweitert.

Entstanden ist Nakskov als Sammlung verschiedener Dörfer um den Fjord. Als Fischer- und Bauernort hat es sich schnell entwickeln können. Doch Wohlstand und die prominente Lage am Wasser zogen auch so manche ungebetenen Gäste an, so daß die Stadt im 16. Jh. hinter Mauern befestigt wurde und bald zur siebtgrößten Stadt Dänemarks aufstieg.

Nach einigen Rückschlägen während der Auseinandersetzungen mit Schweden begann sich im 19. Jh. hier Industrie anzusiedeln. Eine Werft entstand, der Getreidehandel blühte. Und auch heute noch ist Nakskov die größte Stadt Lollands, innerhalb des Landes aber nicht mehr so bedeutend, da die wichtigen Verkehrswege doch andernorts verlaufen.

Westlich der Stadt gibt es eine Fährverbindung von Tårs nach Spodsbjerg/Langeland.

Maribo, Ort in der Umgebung
Nakskov, Orte in der Umgebung
Nysted

Die hochkarätige Oldtimer-Sammlung ist eine der Hauptattraktionen auf Schloß Ålholm

Sehenswertes

Sankt Nikolai Kirche

Ein höchst unproportionierter Bau. Verständlich, wenn man auf die Baugeschichte, die zu Beginn des 15. Jh. begann, schaut. 1450 hatte man kein Geld mehr, so daß das romanische Schiff mitsamt einiger Seitenteile so stehenblieb, bevor der Bau zwei Jahrhunderte später vollendet wurde. Der Turm kam erst 1906 hinzu.

Orte in der Umgebung

Kong Svends Høj

Dänemarks größtes noch gut erhaltenes Ganggrab besitzt eine Grabkammer von 12,3 m Länge. 1780 fand man bei Ausgrabungen außer Menschen- und Tierknochen auch Bernsteinschmuck.

Vindeby Kirke   C5

Zwei Dinge lohnen einen Besuch dieser Kirche. Zum einen die um etwa 1400 entstandenen Kalkmalereien, zum anderen aber auch das Epitaph von 1686 für Pastor Arrebo, seine Gemahlin, deren ersten Mann und ihre 14 (!) Kinder aus beiden Ehen.

Nysted   D5

Um das Schloß Ålholm herum hat sich der kleine Ort Nysted entwickeln können, der baulich und atmosphärisch vermutlich der schönste Lollands ist. Hier scheint die Zeit stehengeblieben zu sein. Einen Kontrast dazu bildet allerdings der riesige Yachthafen. Und auch die Kirche mit ihrem imposanten Turm wirkt im Vergleich zu den kleinen Häusern übermächtig.

Sehenswertes

D5 Ålholm Slot
Juni–Aug. tgl. 10–18 Uhr
Eintritt 50 DKK
Etwa um das Jahr 1300 stand hier eine Burg. König Christopher II. verpfändete sie 1328 an

> Der gute Tipp :
> **Fuglsang Refugium**
> Während die Gäste des Refugiums in aller Stille urlauben, können Sie durch den Park schlendern und sich von der herrlichen Atmosphäre einfangen lassen.

Das Fuglsang Refugium bie... die ungewöhnlichste Übernachtun... möglichkeit auf Lolla...

die Holsteiner. Kurioserweise ließen ausgerechnet diese ihn gefangennehmen und seine Strafe auf Ålholm absitzen. Doch schon 1347 konnten die Dänen die Burg zurückerobern. In den folgenden Jahrhunderten wurde Ålholm einer der beliebtesten Sitze der Könige. Als das Gebäude aber 1725 ziemlich baufällig war, wurde es zur Versteigerung freigegeben und ist seitdem in Privatbesitz.
Erst 1972 wurde das Schloß auch der Öffentlichkeit zugänglich gemacht. In herrlich großzügigen Räumen kann man nun lustwandeln, das reichhaltige Interieur bestaunen oder einen Blick in das kleine Gefängnis

werfen. Umgeben wird das Schloß von einem großen Park mit 200 verschiedenen Baumarten.
Außerdem findet man in einem Nebengebäude eines der größten europäischen Automuseen, das unter anderem einen Rolls Royce von 1911, einen Bugatti von 1926 oder einen Ford A von 1903 besitzt

Ort in der Umgebung

Fuglsang Refugium ⓜ
Ein prachtvoller Park, der über 200 Pflanzenarten aus Nordeuropa versammelt, umgibt das prächtige Hauptgebäude. Es wurde erst 1869 errichtet. Im

14. Jh. hatte sich hier bereits ein großes Gut befunden, das später befestigt und zur Burg erweitert, im 19. Jh. allerdings abgerissen wurde.

1947 schenkte die Familie Neergaard das Gebäude »Det Classenske Fideicommis«, die es als Refugium auf kirchlicher Basis betreiben, wobei dort ein jeder, unabhängig vom Glauben, nächtigen darf. Aber auch wer dort nicht ein paar Tage verbringen mag, sollte sich einen Spaziergang durch den Park und die ganz besondere Stimmung hier nicht entgehen lassen.

5 Rødby

Schon seit der Wikingerzeit ist Rødby als Hafen in Richtung Deutschland bekannt. Im 17. Jh. begann der Hafen allerdings zu versanden. Zunächst konnte man sich zwar dadurch retten, daß die Waren auf kleineren Booten weitertransportiert wurden, doch Mitte des 18. Jh. mußte auch diese Lösung aufgegeben werden. So stagnierte der Ort seitdem.

Ganz anders verhält es sich natürlich mit dem 6 km entfernten Rødbyhavn. 1912 wurde dort ein Hafen in Betrieb genommen, der jedoch kaum Interesse fand. 1923 übernahm ihn der Staat, nachdem ihn die Gemeinde nicht mehr unterhalten konnte. Aber der eigentliche Aufschwung begann erst 1963, als die »Vogelfluglinie« eingeweiht wurde.

Seitdem ist das Hafenareal gewaltig gewachsen. Sobald die im Bau befindliche Brücke-/Tunnelkombination über den Großen Belt allerdings fertiggestellt ist, sollen die Bahnverbindungen in erster Linie über diese Strecke geführt werden. In Rødbyhavn wird es dann sicherlich spürbar ruhiger werden. Angedacht ist bereits eine Brückenverbindung nach Deutschland, die im 21. Jh. Realität werden soll.

Sehenswertes

Museum Polakkasernen   D5
Højbygårdsvej 34, Tågerup
20. Juni–Sept. 14–16 Uhr
Eintritt Erw. 15 DKK, Kinder frei

Hilfskräfte für die Rübenernte wurden um die Jahrhundertwende in ganz Osteuropa akquiriert, insbesondere aber in Polen. In einer der alten Mietskasernen ist nun eine kleine Schau eingerichtet worden, die zeigt, wie das Leben für die polnischen »Rübenmädchen« damals aussah.

Tirsted Kirke   D5
Die kleine, 12 km von Maribo entfernte Kirche ist zu Beginn des 13. Jh. entstanden. Interessant sind die Malereien des sogenannten Elmelunde-Meisters (→ Unterwegs auf Møn, Stege, Orte in der Umgebung, Elmelunde Kirche), der vor allem auf Møn wirkte, sowie zahlreiche andere Malereien aus dem 15. Jh.

Unterwegs auf Møn

Møn besitzt spektakuläre Sehenswürdigkeiten. Wie Bornholm. Eine faszinierende Landschaft. Wie Bornholm. Zahlreiche Sportmöglichkeiten. Wie Bornholm. Viele Kunsthandwerksboutiquen. Wie Bornholm. Sogar eine Heringsräucherei. Wie Bornholm. Und doch ist die Insel nie so populär geworden wie die weiter im Osten zu Füßen Schwedens gelegene Insel. Weshalb?

Zweifelsohne ist Møn überschaubarer, nicht so abwechslungsreich. Schnell bekommt man das Gefühl, die Insel schon in ihrer Gesamtheit zu kennen.

Was nun aber keinesfalls heißen soll, daß Møn langweilig ist. Keinesfalls! Da gibt es ja nicht nur die berühmten Kreidefelsen, sondern mit Ulvshale und Nyord einzigartige Naturlandschaften. In den Kirchen von Elmelunde, Keldby und Fanefjord sind phantastische Kalkmalereien zu bestaunen. Mit Stege besitzt die Insel ein ansehnliches Hauptstädtchen, und mit Klintholm Havn einen lebhaften Hafen mitsamt Heringsräucherei. Insofern bleibt unverständlich, warum Møn unter den ausländischen Besuchern ein zwar durchaus anerkanntes, aber halt nicht heißbegehrtes Ferienziel ist.

Erreichen können Autofahrer die Insel von Süden her übrigens über die gewaltige, 1985 fertiggestellte Farøbrücke. Radler haben es schwerer, sie müssen entweder den Umweg über Vordingborg/Seeland oder die Fährfahrt von Stubbekøbing/Falster nach Bogø in Kauf nehmen. Bogø und Møn sind über einen Damm verbunden.

D4 Stege

Stege ist zwar die Hauptstadt der Insel, doch sollte man diese Bezeichnung nicht mit »große Stadt« verwechseln. Im Grunde ist es die Durchgangsstraße, auf die sich hier das Leben konzentriert, die teils recht beschaulichen Nebenstraßen spielen für den Besucher keine große Rolle. Erwähnung findet Stege erstmals im 13. Jh. Die Siedlung entstand um die im 12. Jh. errichtete Burg »Stege Borg«, die dank des regen Fischhandels mit den heute südschwedischen, damals noch dänischen Provinzen schnell wuchs. Nachdem 1457 ein gewaltiger Brand Teile der Stadt vernichtet hatte, wurde sie durch einen Ringwall geschützt, von den einstmals drei Toren ist noch eines erhalten. 1510 versuchten die Lübecker, die Stege immer wieder bestürmten, vergeblich, die Mauern zu bezwingen.

Der danach folgende Niedergang des Fischfangs sowie kriegerische Auseinandersetzungen innerhalb des Landes belasteten die Insel sehr und brachten einen rapiden Bedeutungsverlust mit sich.

Heute hat sich Stege zwar erholt, dennoch liegt die Stadt nicht gerade an den Hauptverkehrsachsen. Zudem gibt es nahe Konkurrenz, etwa mit Vordingborg, Næstved oder Nykøbing/Falster.

Hotels

Liselund Slot
Langebjergvej, Borre
Tel. 55 81 20 81, Fax 55 81 21 91
15 Zimmer
2. Kategorie
Das kleine Hotel liegt wunderschön im Liselund Park nahe Møns Klint (→ Orte in der Umgebung). Romantischer geht es auf der Insel wohl kaum. Deshalb ist das Haus immer schnell ausgebucht. Das gilt im übrigen auch für das Restaurant.

Præstekilde Kro & Hotel
Klintevej 116, Keldby
Tel. 55 81 34 43, Fax 55 81 36 34
46 Zimmer
2. Kategorie (Æ, DC, EC, Visa)
Das Vorzeige-Hotel der Insel besitzt helle moderne Räume, eine gute Küche, aber verbesserungswürdigen Service. Umgeben wird das Hotel von Møns Golfplatz, weshalb das Publikum in erster Linie von Golfern aus Schweden, Dänemark und Deutschland gebildet wird. Dansk Kroferie angeschlossen.

Sehenswertes

Villa Aurora
Enghaven, Landsled, Stege
Eintritt 15 DKK

Einst beherbergte dieses Haus 7 km östlich der Stadt Erinnerungen an Dänemarks Stummfilmkönigin Asta Nielsen, die hier auch ihre letzten Lebensjahre verbrachte. Mangels öffentlichem Interesse wurde diese Sammlung aber in alle Himmelsrichtungen verstreut. Heute finden den Sommer über verschiedene Ausstellungen meist dänischer Künstler statt.

Museum

Empiregården
Storegade 75
Di–So 10–16 Uhr
Eintritt Erw. 15 DKK, Kinder frei
Das Møner Heimatmuseum ist in einem schönen Gebäude am Stadttor untergebracht. Die Historie der Insel wird von den Anfängen bis in die heutige Zeit anhand von Fotos, Ausgrabungen und verschiedenen Dokumenten nachvollzogen. Wer tiefer in die Seele dieser Insel eindringen möchte, muß dieses Museum besucht haben.

Essen und Trinken

Hotel Stege Bugt
Langelinie 48, Stege
Tel. 55 81 54 54
2. Kategorie
Einmal bezahlen und dann essen soviel wie hineinpaßt, dieses durchaus überlegenswerte Angebot macht dieses Hotel in der Hauptstadt. Mit ca. 150 DKK sind Sie dabei. Angesichts eines

Dänischer Film *Pat und Patachon, Asta Nielsen, Carl Dreyer und Bille August sind vermutlich Dänemarks bekannteste Filmexporte. Und man weiß, daß die Dänen in der Regel gute Kinderfilme produzieren. Aber was weiß man sonst noch über die dänische Filmhistorie? 1896 werden erstmals in Kopenhagen bewegte Bilder gezeigt, 1903 ist der erste dänische Spielfilm fertiggestellt. Bereits 1906 wird die Produktionsfirma Nordisk Film gegründet, die das dänische Filmgeschehen lange Zeit prägt, bis sie 1992 von dem dänischen Medienunternehmen Egmont aufgekauft wird.*

1910 gelingt Asta Nielsen der Durchbruch, sie wird zum Weltstar der Stummfilmzeit. 1919 liefert der spätere Vater aller dänischen Regisseure, Carl Theodor Dreyer, mit »Der Präsident« sein erstes Werk ab. Und zwei Jahre später feiern Pat und Patachon, in Dänemark als »Leuchtturm und Beiwagen« bezeichnet, Premiere. Als sich ab den Dreißigern der Tonfilm durchsetzt, bekommt eine so unbekannte Sprache wie das Dänische Probleme. Der dänische Film verliert an internationaler Reputation. Während der Besatzungszeit kommt es zwangsläufig zur Stagnation, nach dem Krieg dient der Film natürlich

qualitativ durchaus reizvollen Büffets ein gerechtfertigter Preis. Und vor der danach aufspielenden Band kann man ja rechtzeitig flüchten.

Allgemeine Informationen

Auskunft
Møns Turistforening
Storegade 2
4780 Stege
Tel. 55 81 44 11, Fax 55 81 48 46

Orte in der Umgebung

D5 **Damsholte Kirke**
Nein, dieses ist ausnahmsweise einmal keine vom Elmelunde-Meister ausgeschmückte Kirche. Im Gegensatz zu den anderen Kirchen der Insel wirkt dieses gelbe, 1740–43 errichtete Gebäude geradezu zierlich. Bemerkenswert ist außerdem, daß sie eine der wenigen dänischen Rokokokirchen ist.

Elmelunde Kirke
Die Kirche, die dem Meister den Namen gab. Zwar besitzt die Kirche auch einen schönen Altar und eine wertvolle Kanzel, doch blickt jeder Besucher verzückt die Wände hoch. Um 1480 hat hier der unbekannte Meister gewirkt und Kalkmalereien von absoluter Einzigartigkeit geschaffen. Nicht nur viele biblische Motive sind zu erkennen, sondern sie sind auch noch von zahllosen Ausschmückungen wie Sternen oder den für den Elmelunde-Meister charakteristischen Pfauenaugenblumen umrahmt.

*zur Vergangenheitsbewältigung. 1946 wird mit »Das Feuerzeug«
aber auch der erste dänische Zeichentrickfilm produziert.*

*Der Dauer(lach)erfolg, den »Die Olsen Bande« ab 1968 in Däne-
mark einheimsen kann, erntet im Ausland nur ein müdes Lächeln.
Doch Ende der siebziger Jahre ist dann eine ganze Riege ernstzuneh-
mender Nachwuchsfilmer herangereift. Hierzu zählen Søren Kragh-
Jacobsen, Niels Malmros und Morten Arnfred ebenso wie Gabriel
Axel, der 1988 für »Babettes Festmahl« einen Oscar erhält. Ein Jahr
darauf wird Bille August für »Pelle der Eroberer« unter anderem
auch die Goldene Palme in Cannes zugesprochen. August verfilmt
später Allendes »Das Geisterhaus« und wird auch Høegs »Fräulein
Smillas Gespür für Schnee« auf die Leinwand bringen.*

*Weniger einen Massenerfolg als Anerkennung in der Kritik erntet
Lars von Trier mit Filmen wie »The Element of Crime«. In Dänemark
gehört er allerdings zu den Superstars.*

*Ole Bornedal schließlich gelingt 1995 ein internationaler Überra-
schungserfolg mit der schaurig-schönen Krankenhausstory »Night-
watch«. Es wird nicht der letzte große dänische Film bleiben.*

05 Fanefjord Kirke

Auch hier gilt: Glanzstück der Kirche sind die Malereien des El-melunde-Meisters, und natürlich zeigen auch sie in erster Linie Bilder aus dem Alten oder Neuen Testament. Wer sich schon einmal mit der Umsetzung biblischer Themen in ein gemaltes Bildprogramm beschäftigt hat, wird unter den dargestellten Szenen eine höchst unpassende Versammlung klatschender Frauen bemerken. Diese sollten die Gläubigen während des Gottesdienstes stets lehrhaft ermahnen, in der Kirche keinen Unfug zu treiben.

04 Keldby Kirke

Die zahlreichen Kalkmalereien, die diese Dorfkirche zieren, stammen nicht alle vom Elme-lunde-Meister, sondern sind zum Teil bereits um 1275 und 1325 entstanden.

Klintholm Havn   E4

Der an der Südküste der Insel gelegene Hafen ist unter Seglern sehr beliebt. Dominiert wird die Szenerie von dem Danland-Ferienpark mit seinen Appartements. Lohnend ist ohne Zweifel ein Abstecher zur Räucherei, wo man Fisch frisch aus dem Rauch direkt im Garten verspeisen kann.

Møns Klint   E4

Bis auf 128 m erheben sich die Kreidefelsen von Møns Klint. Insbesondere in den Morgenstunden, wenn die Sonne mit voller Kraft auf sie zeigt, steigern sie sich zum weißesten Weiß.

Berühmte Naturerscheinung: Die weißen Kreidefelsen sind Møns beliebtestes Fotomotiv

Der vor ca. 75 Mio. Jahren hier abgelagerte Kalkschlamm wurde von den Gletschern, die sich während der letzten Eiszeit zurückzogen, aus dem Wasser heraus nach oben gedrückt. Natürlich haben Wind und Wasser den Felsen in den letzten Jahrtausenden kräftig zugesetzt. Immer wieder brechen Teile ab, so im Winter 1988 mit dem bis dahin höchsten Punkt Sommerspiret oder 1994, als herabstürzende Teile sogar eine Touristin töteten.

Trotz solcher, seltener, Gefahren ist Møns Klint eines der lohnendsten Ausflugsziele Dänemarks. Vom Parkplatz Store Klint geht es auf einem Fußweg etwa eine Viertelstunde abwärts bis zu den Felsen. Den sehr unebenen, zum Teil steilen Weg sollte man auf keinen Fall unterschätzen.

Unten angekommen, kann man entweder in aller Gemütlichkeit am steinigen Ufer entlangwandern und nach Versteinerungen suchen. Oder man wendet sich zielstrebig einen guten Kilometer nordwärts, um dort wieder hinaufzugehen und oberhalb der Felsen zurückzuwandern.

Reizvoller ist es allerdings, noch 3 km weiterzumaschieren, um dann den Park Liselund zu betreten. Antoine de la Calmette, dessen Vater 1777 aus Frankreich nach Møn gekommen war, ließ Liselund so gestalten, wie es noch heute aussieht. Mittelpunkt des Parks, der schon damals als Ausflugsziel für das einfache Volk nahe den Klippen konzipiert war, ist ohne Zweifel das kleine Schloß. Glücklicherweise hat keiner seiner Nachfolger je das Bedürfnis gehabt, sich an dieser prädestinierten Stelle ein repräsentativeres Gebäude erichten zu lassen. Im Gegenteil, es wurde 1877 sogar zur Entlastung noch ein zweites Gebäude errichtet, in dem heute ein Hotel eingerichtet ist.

Weitere Attraktionen des Parks sind das Schweizerhaus, das Norwegische Haus und das Chinesische Haus. Vor allem an Wochenenden kommen Besucher gerne hierher, packen den Picknickkorb aus und lassen es sich einfach gutgehen.

Der Rückweg führt dann wieder oberhalb der Felsen entlang. Bei guter Sicht kann der Blick bis Schweden und Rügen schweifen. Festes Schuhwerk und etwas Kondition sind für eine solche Unternehmung aber in jedem Fall unerläßlich.

Nyord 🅼 04

Hinter Nyord kommt nichts mehr. Tatsächlich scheint hier, im positiven Sinne, das Ende der Welt erreicht. Über eine schmale Brücke geht es hinüber, ein Stück noch mit dem Wagen oder Rad, dann stellt man das Gefährt auf einem Parkplatz ab und geht in ein Dorf hinein, das noch ganz verträumt und streßfrei wirkt. Eine kleine Kirche, ein bescheidener Hafen, gepflegte Häuser, ein Kaufmann wie vor 30 Jahren, mit Lolles Gård ein gemütliches

Restaurant samt Garten – hier mag man bleiben. Umgeben wird der Ort von einem Naturschutzgebiet, das Ornithologen als wahre Schatztruhe gilt, denn Nyord ist auch eine wichtige Zwischenstation für Zugvögel.

Ulvshale D4

Eine der facettenreichsten Naturlandschaften Dänemarks bildet Ulvshale im Norden Møns. Da gibt es zum einen das zuweilen schier undurchdringliche Waldareal, in dessen Gedeihen

> Der gute Tip 🅼:
> **Nyord**
> Die perfekte Idylle – ein verträumtes kleines Dorf, umrahmt von einem Naturschutzgebiet.

kaum eingegriffen wird und in dem sich deshalb verschiedenste Baumarten entwickeln können. Umgrenzt wird dieses Areal von Steinablagerungen, die von Møns Klint stammen und hierhin gespült worden sind. Als dritte Landschaft findet man ein schönes Heidegebiet. Und schließlich gibt es hier noch den besten Strand der Insel. Da kann es nicht überraschen, daß an so vielfältiger Flora auch die Fauna Gefallen findet.

An der Brücke nach Nyord hinüber kann man vom Parkplatz aus übrigens Reste einer Schanze erkennen, die nach dem Krieg mit den Engländern 1807 zur Sicherung der Durchfahrt errichtet wurde.

Unterwegs auf Seeland

Teilt man Jütland gemeinhin in Nord- und Ostseeküste ein, so besitzt Seeland ein eindeutiges Nord-Süd-Gefälle. Dem prächtigen, herrschaftlichen und erkennbar reichen Norden steht der doch recht einfache, zumeist unspektakuläre Süden entgegen. Südlich der Linie Kalundborg-Korsør gibt es nur wenige wirkliche Attraktionen. Die Glasbläserei Holmegaard gehört dazu, die Küste von Stevns Klint, die Brücke bei Korsør, die Atmosphäre der Akademiestadt Sorø sicherlich, aber dann?

Ganz anders zeigt sich der Norden. Der beginnt schon mit Roskilde, berühmt durch das Rockfestival, den Dom und die Wikingerschiffe. Dann folgt die Küste nördlich von Kopenhagen, der Wiskygürtel mit all den Villen und schönen Museen. Hinter Helsingør, einem Ort, den man lieben oder verachten kann, erstreckt sich der weite, schöne Strand bis hinüber nach Hundested. Und schließlich gibt es das Binnenland, das die Könige so liebten und sich deshalb hier ihre Schlösser bauen ließen. Hier im Norden lassen sich Badeurlaub und Kulturerlebnis am besten verknüpfen.

Zweifelsohne ist der Atem Kopenhagens überall spürbar. Während in Jütland stärker die Provinz beachtet wird, scheinen hier auf Seeland alle Blicke gen Kopenhagen gerichtet. Der Großraum der Hauptstadt erstreckt sich weit über die eigentlichen Grenzen hinaus, die Autobahnen aus Helsingør und Holbæk, Korsør und Rødby/Gedser laufen sternförmig auf die Metropole zu. Lassen Sie sich davon nicht beeindrucken.

D3 Helsingør

Es gibt Menschen, die können von Helsingør nicht genug bekommen. Und andere meiden die Stadt. Der Grund ist einfach.

Denn eigentlich ist Helsingør mit die vielen gut erhaltenen Altstadtgäßchen und dem Schloß Kronborg sehr attraktiv und sehenswert. Hier könnte man sich wohlfühlen, wenn, ja wenn da nicht die Nähe zu den Schweden wäre. In nur 20 Min. ist die Fähre von Helsingborg aus in Helsingør. Und dann wird einge-

kauft. Seit die Schweden EU-Mitglieder sind, darf auch Bier in größeren Mengen eingeführt werden. Das nutzen sie natürlich aus, fallen mit Kind und Kegel in Helsingør ein und schleppen die Bierkisten an Bord der ständig ein- und auslaufenden Schiffe. Wer als unbedarfter Besucher die Innenstadt betritt, kommt angesichts der überall aufgebauten Biertürme kaum vorwärts. So gilt es dann, ein anderes Helsingør zu entdecken.

Wohl kaum eine andere dänische Stadt hat dermaßen von ihrer

Lage profitieren können wie Helsingør. Sehr früh muß hier schon eine Burg gestanden haben, die Flynderborg. Als Erik von Pommern 1425 den Øresundzoll einführte und Helsingør quasi zur Kasse wurde, begann es der Stadt so richtig gutzugehen. Die Burg Krogen löste die Flynderborg ab. Klöster wurden begründet. Doch 1523 vernichteten die Lübecker die Stadt, weshalb eine neue Burg gebaut werden mußte, nämlich Kronborg. Der Fährverkehr nach Helsingborg wurde Anfang des 16. Jh. aufgenommen.

Mit wenigen Unterbrechungen ist Helsingør ein permanentes Wachstum beschert gewesen. Dabei hat man aber immer darauf geachtet, den historischen Kern der Stadt zu erhalten und bei Bedarf lieber an den Rändern dazuzubauen. Äußerst sehenswert sind die Straßen Stengade und Strandgade. Die Stengade 76 ist Dänemarks ältestes bewahrtes Renaissancehaus.

Wenn im Jahre 2000 eine Brücke von Kopenhagen nach Malmö gebaut ist, wird so mancher LKW und PKW lieber dort weiterfahren als mit dem Schiff von oder nach Helsingør. Vielleicht wird es dann hier etwas ruhiger.

Sehenswertes

Karmeliterkloster
Hestemøllestræde
Tgl. 12–14 Uhr
Eintritt Erw. 10 DKK, Kinder 5 DKK

Das Karmeliterkloster wurde 1430 begründet und von einem Brand nur 20 Jahre später arg in Mitleidenschaft gezogen. Große Teile des am besten erhaltenen dänischen Klosters des Mittelalters stammen daher aus dem Ende des 15. Jh. Das Kloster ist mit zahlreichen Kalkmalereien ausgestaltet.

Den Südflügel bildet die Sankt Mariæ Karmeliterkirke, die nach und nach im 15. Jh. errichtet wurde. Auch hier sind sehr schöne Kalkmalereien zu entdekken, die sowohl das Leben Jesu als auch heute unbekannte Personen zeigen.

Kronborg Slot
Mitte Mai–Sept. tgl. 10.30 bis 17 Uhr; Okt. Di–So 11–16 Uhr; Nov.–Mitte Mai 11–15 Uhr
Schloß: Eintritt Erw. 20 DKK, Kinder 10 DKK
Kasematten: Eintritt Erw. 10 DKK, Kinder 5 DKK
Handel- og Søfartsmuseet på Kronborg: Eintritt Erw. 25 DKK, Kinder 10 DKK

Das zur Überwachung des Øresund errichtete Schloß entstand im Jahr 1585, nachdem seine Vorgänger vernichtet worden waren. Ein Brand im September 1629 führte zur fast vollständigen Zerstörung des Schlosses. Aber man hatte ja das Geld aus dem Zoll und konnte das Gebäude erneut prächtig ausstatten. Mitte des 18. Jh. verloren die Monarchen das Interesse an dem Schloß, stattdessen zogen die Soldaten ein. Als sie Kronborg 1922 wieder verließen, mußte das Gebäude erst einmal kräftig restauriert werden, dann aber war eine der großartigsten Sehenswürdigkeiten Seelands besuchsfertig.

Alte Möbel und Malereien schmücken die Räume, durch die man recht ungezwungen schlendern darf. Der Rittersaal ist mit seinen Ausmaßen von 62x11 m Nordeuropas größter Saal.

Nicht versäumen sollte man einen Marsch durch die Katakomben, in denen es kühl und ein bißchen unheimlich ist, doch keine Angst, hier sitzt ja auch Holger Danske, der im Falle einer Gefährdung Dänemarks aufwachen wird…

Weltberühmt geworden ist das Schloß allerdings durch einen anderen Herren. Denn genau hier spricht Hamlet den so nachdenklich machenden Satz: »To be or not to be…« Jedenfalls hat William Shakespeare die Szenerie hierhin verlagert, das historische Vorbild hat wohl tatsächlich in Nordwest-Jütland gewirkt.

Ebenfalls einen Blick wert ist die Kirche (1582), die nach durchgreifenden Restaurierungen wieder ihr ursprüngliches Aussehen erhalten hat.

Schließlich kann man noch das Handels- og Søfartsmuseet besuchen, das die Geschichte des dänischen Seehandels und der Seefahrt zeigt und sehr viele schöne Schiffsmodelle besitzt. Alles in allem bietet sich hier jedem Besucher mehr als genug für einen halben Tag!

Orte in der Umgebung

Fredensborg Slot

Juli tgl. 13–17 Uhr
Eintritt Erw. 10 DKK, Kinder 5 DKK

Es ist ja wahrlich bemerkenswert, wie oft dänische Könige meinten, sich »ihr« Schloß bauen lassen zu müssen, wie unwillig sie oft waren, schon bestehende Bauten zu nutzen. Auch Fredensborg ist so ein Fall. Denn Frederik IV. mochte Schloß Frederiksborg in Hillerød einfach nicht und ließ sich vom dem Architekten J. C. Krieger 1719 bis 22 die »Friedensburg« bauen. Ihr Name bezieht sich auf das Ende des Großen Nordischen Krieges 1721.

Seine Nachfolger ließen die eigentlich kleine Anlage nach und nach erweitern, so wurde auf Geheiß von Christian VI. das Hauptgebäude aufgestockt. Und unter Frederik V. kamen die kleinen Eckpavillons am Hauptgebäude hinzu. Um 1800 jedoch wandten sich die Regenten wieder gen Frederiksborg. Erst durch den Brand dieses Schlosses 1859 besannen sie sich wieder auf Fredensborg.

Auch heute nimmt das Schloß noch eine Sonderstellung ein, denn Margrethe II. und ihre Lieben wohnen hier im Sommer. Den 1759–69 angelegten Park mit seinen zahlreichen Skulpturen darf man jederzeit und kostenlos besuchen, aber nur im Juli werden auch Schloßführungen angeboten. Entsprechend

groß ist der Andrang in jener Zeit.

Schloß Fredensborg ist noch heute Sommersitz der königlichen Familie

Hotel
Hotel Store Kro
Slotsgade 6
Tel. 42 28 00 47, Fax 42 28 45 61
49 Zimmer
1. Kategorie (Æ, DC, EC, Visa)
Eigentlich als Gasthaus für das Schloß 1723 errichtet, ist das Hotel absolut klassisch gehalten. Die Nähe zum Schloß bleibt eben nicht ohne Folgen. Dennoch herrscht hier keine steife Atmosphäre.

3 Gilleleje
Gilleleje ist nur das Synonym für den herrlichen Strand, der sich an der seeländischen Nordküste entlangzieht. Auch Orte wie Rågeleje oder Tisvildeleje gehören dazu. Fast überall läßt sich hier wunderbar baden. Ferienhaussiedlungen prägen das Hinterland.

Essen und Trinken
Gilleleje Havn M
Havnevej 14
Tel. 48 30 30 39
Mitte März–Okt. tgl. 11.30 bis 21.30 Uhr
1. Kategorie (Æ, DC, EC, Visa)

Der gute Tip M:
Gilleleje Havn
Nord-Seeland besitzt eine ganze Reihe guter Restaurants, was aber dieses Restaurant auszeichnet, ist die ungezwungene Atmosphäre gepaart mit exzellenter Küche.

Das unmittelbar am Hafen gelegene Restaurant besitzt eine bemerkenswerte Qualität. Natürlich ißt man hier Fisch und genießt sehr aufmerksamen Service. Am Fenster sitzt man auf einer Art Flugzeugsitzen. In einer Nachbarstube ist auch ein kleiner *Kro* mit etwas günstigeren Speisen eingerichtet.

Jan Hurtigkarl & Co.
Nordre Strandvej 154, Ålsgårde
Tel. 42 10 90 03
April–Sept. tgl. 12–22 Uhr
1. Kategorie (Æ, DC, EC, Visa)
Der Top-Lage dieses Restaurants am Wasser entspricht die italienisch wie französisch geprägte Top-Küche, Spezialität ist natürlich Fisch, den man auch auf der Terrasse genießen kann. Das Haus besitzt außerdem eine eigene Boulebahn – insgesamt eine Klasse für sich!

La Stella
Stationsvej 3a
Tel. 48 30 12 85
Sept.–Mai Di–So 18–23 Uhr;
Juni–Aug. Di–So 12–23 Uhr
2. Kategorie (DC, EC, Visa)
Kalabrische Landküche in großen Mengen und hervorragender Qualität wird auch auf der schönen Terrasse serviert.

D3 **Hillerød**

Hillerød ist ein recht lebendiges Städtchen, das natürlich von dem Besucherandrang auf Schloß Frederiksborg profitiert. Historische Bebauung fehlt nach einem Stadtbrand im Jahre 1834. Eine der jüngsten Errungenschaften der Stadt ist das mitten in der Fußgängerzone gelegene, überdachte Einkaufszentrum Slotsarkaderne (1993).

Sehenswertes
Schloß Frederiksborg D
Mai–Sept. tgl. 10–17 Uhr;
April, Okt. tgl. 10–16 Uhr;
Nov. bis März tgl. 11–15 Uhr
Eintritt Erw. 30 DKK, Kinder
5 DKK
Zwar ist dieses Schloß nicht so schön gelegen wie Kronborg in Helsingør. Mit seiner Pracht braucht sich dieses Anwesen jedoch nicht hinter dem Schloß Hamlets zu verstecken. Durch die Umgestaltung und Erweiterung des Guts Hillerødsholm entstand im Auftrag Frederik II. in den Jahren nach 1560 ein erstes Jagdschloß mit zugehörigen Bauten, das der König nach seinem Namen Frederiksborg benennen ließ. Sein Sohn Christian IV., der hier geboren wurde, ließ das Schloß zu einem wirklichen Königssitz ausbauen. 1859 vernichtete ein Brand das Haupthaus, nur die Kirche und die Außenmauern blieben erhalten. Angeblich war ein Kamin in Brand geraten.
Doch dank der Spendenfreudigkeit der dänischen Bevölkerung konnte das Gebäude restauriert werden. Die Innenausstattung spendierte der Bierbrauer Carl Jacobsen. Auf seine Idee hin richtete man hier das Nationalhistorische Museum ein. Die Räume sind nach Zeitabschnitten eingeteilt, Gemälde, Porträts und entsprechendes Interieur

skizzieren jeweils eine Epoche. Man muß hier und da schon Vorkenntnisse mitbringen, um alles zu verstehen. Aber auch wenn man nur die Atmosphäre und die Ausgestaltung genießt, wird ein Besuch des Schlosses zum Erlebnis.

Hundested

Der etwas abseits gelegene Ort Hundested ist in den letzten Jahrzehnten stark gewachsen. Die Fischereiflotte und Industrieansiedlungen dank der Fährverbindungen nach Jütland haben dies möglich gemacht. Beides allerdings sind keine Faktoren, die nun potentielle Besucher locken könnten. Vielmehr ist es das Haus des Polarforschers Knud Rasmussen, was so manchen die Fahrt in Richtung Hundested aufnehmen läßt.

Sehenswertes
Knud Rasmussens Hus
Knud Rasmussensvej 9, Spodsbjærg
Mitte April–Mitte Okt. Di–So 11–16 Uhr; Mitte Okt.–Mitte April Di–So 11–14.30 Uhr
Eintritt Erw. 5 DKK, Kinder 2 DKK
Falls der Polarforscher Knud Rasmussen einmal nicht in Grønland weilte, dann wohnte er in diesem kleinen Haus dicht am Wasser. Er baute es selbst 1917. Hier verfaßte er auch seine Reisebeschreibungen. Rasmussen starb 1933 an den Folgen einer Lungenentzündung. 1939 wurde sein Haus zum Museum.

Humlebæk

E3

Kein Mensch würde sich für den kleinen Ort Humlebæk interessieren, sondern schnurstracks nach Helsingør oder Kopenhagen fahren, gäbe es hier nicht das vielleicht imposanteste Museum Dänemarks.

Museum
Louisiana Museum for moderne Kunst Ⓜ
Gammel Strandvej 13
Tgl. 10–17, Mi 10–22 Uhr
Eintritt Erw. 48 DKK, Kinder 15 DKK
Man kann viel über dieses Museum berichten und erzählen, keine Beschreibung kann den Eindruck wiedergeben, mit dem

> **Der gute Tip Ⓜ:**
> **Louisiana Museum for moderne Kunst**
> Über eine halbe Million Besucher machen Louisiana alljährlich zum meistbesuchten Museum Dänemarks. Nirgendwo anders hat moderne Kunst einen solchen angemessenen Rahmen erhalten.

jeder Besucher das Museum verläßt. Es ist das Zusammenspiel von Architektur, Kunst und Umgebung, das Louisiana so einmalig erscheinen läßt.
Begründet wurde das Museum 1958 von Knud W. Jensen. Schon die Räume sind ganz anders als in »normalen« Museen, mal großzügig, mal verwinkelt, immer geben sie ein ganz besonderes Licht. Die moderne Kunst, von Baselitz

Blick auf den Øresund: Henry Moore im Skulpturenpark des Louisiana Museums

bis Warhol, die in anderen Museen vom Besucher vielleicht nur neben den Klassikern voriger Jahrhunderte geduldet würde, erhält hier durch ihre Exklusivität natürlich ein ganz anderes Gewicht. Besondere Beachtung verdient die Giacometti-Sammlung. Daneben gibt es bis zu fünf Sonderausstellungen pro Jahr, außerdem regelmäßig Konzerte.
Erfreulicherweise muß man sich die große Sammlung nicht en bloc anschauen. Nicht nur die Cafés und die große Museumsboutique ermöglichen eine Pause, sondern vor allem der Park, in dem man sich zwischen den Skulpturen ausruhen und über den Øresund hinüber nach Schweden blicken kann.

Nivå

Auch Nivå gehört zu den gerne und schnell übersehenen Orten an der Küstenstraße 152. Dabei lohnt es sich durchaus, den Hinweisen zum Museum zu folgen.

Museum

Nivågårds Malerisamling
Gammel Strandvej 2
Di–Fr 12–16, Sa, So 11–17 Uhr
Eintritt Erw. 25 DKK, Kinder
frei

Johannes Hage hieß der Mann, der diese vorzügliche Gemäldesammlung zusammentragen ließ. 1908 wurde das Museum eröffnet, das 1903 in traumhafter Lage errichtete Gebäude wurde 1989 und 1992 erweitert. Zu sehen sind dänische Kunst des 19. Jh., italienische Kunst des 16. Jh. und niederländische Kunst des 17. Jh.

3 **Rungsted**

Rungsted besitzt einen kleinen Hafen, aber der ist wohl kaum das Ziel der meisten Besucher dieses Ortes nördlich von Kopenhagen. Vielmehr ist es »Eine Farm in Afrika«. Das Haus, in dem Tania Blixen geboren wurde und den Rest ihres Lebens nach der Rückkehr von Afrika verbrachte.

Museum

Karen Blixen Museet
Rungsted Strandvej 111,
Rungsted Kyst
Mai–Sept. tgl. 10–17 Uhr; Okt.
bis April Mi–Fr 13–16, Sa, So
11 bis 16 Uhr
Eintritt Erw. 30 DKK, Kinder
frei

»Afrika, dunkel lockende Welt« heißt das Buch von Karen Blixen, »Jenseits von Afrika« die Verfilmung mit Meryl Streep und Robert Redford. Mit einem Schlag kam das Werk der großen Schriftstellerin mit dem Filmerfolg von 1985 wieder weltweit ins Bewußtsein.

Erzählt wird die Geschichte, in der die Offizierstochter Blixen mit ihrem Mann in Kenia eine Kaffeefarm betreibt. Doch der Mann betrügt sie fortwährend, steckt sie später sogar mit Syphillis an. Ihre wahre Liebe gilt Denys Finch Hatton, der allerdings bei einem Flugzeugabsturz ums Leben kommt. Nachdem auch die Farm pleite ist, kehrt Tania Blixen 1931 nach Dänemark zurück. Ihre Bücher erscheinen in Deutschland unter dem Namen Tania Blixen, sie veröffentlichte aber auch als Isaak Dinesen.

Das Museum zeigt den Lebensweg der 1962 gestorbenen und im Garten begrabenen Autorin. Eindrucksvoll ist die Zahl der Übersetzungen. Und ihr Wohn- und Arbeitshaus ist noch erhalten geblieben, so daß man während einer Führung durch die Zimmer schlendern kann, wie Tania Blixen sie hinterließ.

Kalundborg C3/C4

Kalundborg ist eine Stadt recht harter Kontraste. Fährt man von Süden in die Stadt, so muß man erst einmal an großen, häßlichen Industriesilos vorbei, die sich lange Zeit am Hafen entlangziehen. Das läßt erst einmal nichts Gutes ahnen. Wenn man jedoch dann urplötzlich vor der berühmten fünftürmigen Kirche und ihrer idyllischen Umgebung steht, scheint man mindestens 200 Jahre zurückgesprungen zu sein.

Weitaus früher waren die Wikinger der Überzeugung, daß diese tief und damit geschützt im Fjord plazierte Stelle ideal zur Besiedlung sein müsse. Zeitgleich mit der Kirche entstand später hier eine Burg, es folgten ein Kloster und ein weiteres Gotteshaus. Unter Valdemar Atterdag wurde die Kalundborg zur am besten ausgebauten des Landes und diente in der Folgezeit als Schauplatz königlicher Versammlungen. 1658 fielen die Schweden über die Burg her und zerstörten sie. Fundamente sind aber noch erkennbar. Im 17. Jh. entstand dafür aber ein neuer Stadtteil nahe dem Fjord.

Das Interesse der Industrie an diesem nicht gerade zentral liegenden Ort resultiert aus seiner Funktion als Fährstadt mit ausgezeichneten Verbindungen in Richtung Jütland, so nach Juelsminde, Århus und auf die Insel Samsø. Um der neuen Konkurrenz in Form der Storebæltsbro zu trotzen, hat man 1995 begonnen, sogenannte Katamaranfähren einzusetzen, die zwar weniger Autos als gewöhnliche Fähren transportieren können, dafür aber deutlich schneller ans Ziel gelangen.

Hotel

Dragsholm Slot
Dragsholm Allé, Hørve
Tel. 59 65 33 00, Fax 59 65 30 33
26 Zimmer, 2 Apartments
2. Kategorie (Æ, DC, EC, Visa)
Das nördlich von Kalundborg gelegene mittelalterliche Schloß vermittelt eine ganz andere Hotelatmosphäre. Individuell eingerichtete Zimmer, klassisches Interieur.

Sehenswertes

Kalundborg Kirke
Die im Inneren eher bescheiden wirkende Kirche bezieht aus ihren fünf Türmen ihre Einzigartigkeit. Der mittlere wird von vier Säulen gestützt. Die vier äußeren Türme haben sogar Namen, sie heißen Sankt Gertrud (W), Sankt Catherine (N), Sankt Anna (O) und Sankt Maria Magdalene (S). Errichtet wurde die Kirche 1170–90.

Korsør

Wer Korsør nur als (noch) Fährhafen und (demnächst) Mautstation sieht, tut der Stadt Unrecht. In ihrem Kern besitzt die Stadt äußerst hübsche Straßen, besonders herauszuheben ist die Algade. Aber auch sonst läßt sich durch Korsør sehr gemütlich und entspannt bummeln.

Zu verdanken hat der Ort sein Wohlergehen natürlich der Lage am Wasser. Zunächst war weiter südlich am Korsør Nor eine Burg errichtet worden, die zum Schutz der Wasserstraße beitragen sollte. Um 1280 entstand dann aber eine weitere Burg näher am Wasser. Um sie herum entwickelte sich eine Siedlung, aus der das heutige Korsør hervorging. Als Fährhafen Richtung Fünen, aber auch in andere Landesteile war Korsør zwangsläufig eine vielbesuchte und damit mit Einnahmen gesegnete Stadt. Mit der Aufnahme der Dampfschiffahrt 1828 und der Eröfnung des Bahnhofs 1856 wurde Korsør in der Folgezeit auch für die Industrie interessant. Nördlich der Stadt wuchs zudem mit der Zeit ein weiterer Stadtteil, nämlich Halsskov. Dort wurde 1957 ein

Frisch auf den Tisch: Bauern bieten Gemüse aus dem Garten und Eier am Wegrand zum Kauf

weiterer Fährhafen gen Fünen mitsamt späterem Autobahnanschluß eröffnet. Ob auch zukünftig noch die Reisenden hier halten und sich Zeit für Korsør nehmen, bleibt abzuwarten. Vielleicht rauschen sie auch nur an der Stadt vorbei, schnell über die Storebæltsbro. Verdient hätte Korsør einen Stop allemal.

Museen

Storebælt Udstillingscenter M
Storebæltvej 88, Halsskov
Mai–Sept. tgl. 10–20 Uhr;
Okt. bis April 10–17 Uhr
Eintritt Erw. 30 DKK, Kinder
15 DKK
Schneller wird die Fahrt von Seeland nach Fünen, billiger garantiert nicht. 1997 und 1998 soll die Tunnel-/Brückenkombination zwischen den beiden Inseln

fertiggestellt sein, so daß zunächst die Züge, dann auch die Autos auf die Fährfahrt verzichten können. Kurioserweise muß der Zug dabei eine Zeit unter die

> Der gute Tip M:
> **Storebælt Udstillingscenter**
> Die Brücke über den Großen
> Belt ist eines der wirklich
> epochalen Bauwerke der Neuzeit. Man muß es gesehen
> haben.

Erde, während die Autos die ganze Zeit über Brücken geführt werden.
Mitten im Storebælt liegt die kleine Insel Sprogø, auf ihr teilen sich die Überfahrtswege. Von

Seeland bis nach Sprogø sind es 6,8 km. Die gigantische Hängebrücke dürfen aber nur Autos benutzen, die Bahn schiebt sich durch den 8 km langen Tunnel. Sprogø selbst war ein wichtiger Nistplatz für Vögel. Naturschützer haben vergeblich gegen den Bau der Brücke protestiert, die Brückenbetreiber haben versprochen, sich auch um den Erhalt der Natur auf Sprogø zu kümmern.

Weiter gen Fünen geht es auf einer tieferen Brücke hinüber nach Nyborg. Über Sinn und Zweck sowie die Arbeit an der Brücke informiert dieses Ausstellungszentrum. Und ob man die Brücke nun mag oder nicht, anschauen lohnt!

Korsør By- og Overfartsmuseum
Søbatteriet 3
Di−So 10−16 Uhr
Eintritt Erw. 8 DKK, Kinder
2 DKK

Südlich des Hafens erkennt man noch die Wallanlage, die zum Schutz der Stadt errichtet wurde. Hier wurde im 14. Jh. Korsør Slot erbaut, das im 18. Jh. jedoch wieder abgerissen wurde. Erhalten geblieben aus den ersten Tagen ist aber noch der alte Turm, während das Magazin aus der Zeit um 1600 stammt. Auch das Stadtmuseum ist nun in diesem Komplex eingerichtet. Es besitzt eine umfangreiche Dokumentation des Fährbetriebs über den Großen Belt, die einen angesichts der Brücke ganz wehmütig machen kann. Außerdem wird auch an den Schriftsteller Jens Bagge-

sen erinnert, der hier im Jahr 1764 geboren, u.a. durch seine Reiseerzählungen bekannt wurde und 1811−13 an der Universität in Kiel als Professor tätig war.

Køge

Unzweifelhaft im Schatten Kopenhagens steht Køge. Zu Unrecht, denn die Stadt, die im Sog der Metropole in den letzten Jahrzehnten sehr stark gewachsen ist, besitzt eine ganz eigene Atmosphäre inmitten ihrer gemütlichen Innenstadt.

Mittelpunkt des Städtchens ist der große Marktplatz. An seiner Seite verläuft auch die Fußgängerzone. Verläßt man sie und geht spontan in die ein oder andere Seitenstraße, so findet man immer wieder hübsche kleine, gut erhaltene Häuser. Insbesondere Brogade, Vestergade, Nørregade und Kirkestræde verdienen einen Blick.

Sehenswertes

Køge Kirke
Das Gotteshaus ist außer dem Markt vermutlich die größte Auffälligkeit der Stadt. Der Kirchturm ist wohl schon 1325 aufgebaut worden, Ende des 14. Jh. kam das Schiff hinzu, Sakristei und Südkapelle wurden dann im 15. Jh. ergänzt. Besondere Beachtung verdient der Altar von Lorentz Jørgensen aus dem Jahr 1652.

Museum

Kunstmuseet Køge Skitsesamling
Nørregade 29
Di–So 11–17 Uhr
Eintritt Erw. 15 DKK, Kinder frei

Wie wird aus der Idee über die Skizze das Bild? In diesem recht ungewöhnlichen Museum geht es weniger um das fertige Werk, sondern vielmehr um den Entstehungsprozeß.

Essen und Trinken

Richters Gæstgivergaard
Vestergade 16
Tel. 53 66 29 49
Tgl. 11.30–16, 17–21 Uhr, im Winter Mo. geschl.
2. Kategorie (DC, EC, Visa)

In dem urgemütlich eingerichteten Fachwerkgebäude aus dem 17. Jh. und dem sehr schönen, gemütlichen Garten kann man sich hervorragende *Smørrebrøder* schmecken lassen.

Orte in der Umgebung

Fakse

Das Bier, noch in der alten Schreibweise »Faxe« geschrieben, hat den Ort weit über die Landesgrenzen hinaus bekannt gemacht. Dabei mußte nicht erst der Gerstensaft hierherkommen, schon vorher war Fakse ein bedeutender Platz. Das wird deutlich, wenn man gegenüber der Brauerei in die kleine Straße fährt und urplötzlich vor einer riesigen

Kalkgrube steht. Es ist Dänemarks größte offene Mine. Geologen können hier Versteinerungen von fast 500 Tierarten finden. Doch wahrscheinlich ist das Interesse an der Brauerei letztlich größer. Sie können sie besuchen, natürlich ist diese Visite kaum anders als jede andere Brauereibesichtigung. Aber lecker ist das Bier des »Lieferanten des dänischen Volkes« zweifelsohne (Nørregade, Tel. 53 71 37 00, Führungen während der dänischen Sommerferien Mitte Juni bis Anfang Aug. Mo–Do 10, 11, 13, 14, 15, Fr 10, 11 Uhr).

Stevns Klint   D4/E4

Die Kreidefelsküste von Stevns Klint ist nicht so bekannt wie die von Møn, dennoch bietet auch sie einige faszinierende An- und Aussichten. Leider kann man nur oberhalb der Küste spazierengehen, nicht unten am Wasser.
Da die Felsen in ihren oberen Schichten recht weich sind, kann das Meer sich langsam hineinfressen. Kein Wunder also, daß 1928 der Chor der unmittelbar am Wasser gelegenen Højerup Kirke hinabstürzte. Folglich mußte man den Rest des Gotteshauses mit Balken und Beton stabilisieren.

Næstved   D4

Gut und gerne kann man Næstved als »Boomtown« bezeichnen. Kaum eine andere dänische Stadt hat so ein rasantes Wachstum zu verzeichnen. Rund um Næstved schießen die Einkaufszentren aus dem Boden und ziehen Menschen auch von weit her an.

Wie wohl nur wenige andere Städte besaß Næstved schon im 12. und 13. Jh. zahlreiche Klöster, die entsprechend viele Menschen anlockten und der Stadt gute Einnahmen brachten. Dieser Wohlstand setzte sich selbst nach der Reformation fort. 1802 konnte der Hafen bei Karrebæksminde eingeweiht werden, so daß sich die Transportmöglichkeiten für die Handelsstadt wieder verbesserten. 1938 bekam die Stadt sogar ihren eigenen Hafen.

Historische Bebauung ist hier nicht mehr allzuviel übrig, man findet sie aber beispielsweise noch in der Riddergade und am Sankt Peder Kirkeplads.

Hotel

Hotel Kirstine
Købmagergade 20
Tel. 55 77 47 00, Fax 53 72 11 53
31 Zimmer
2. Kategorie (Æ, DC, EC, Visa)
Schönes, fast schon edel zu nennendes Hotel mit hervorragender Küche.

Sehenswertes

Sankt Peder Kirke
Die Kirche gilt als eines der interessantesten dänischen Gotteshäuser der Gotik. Der Chor wurde um 1375 an das schon bestehende romanische Schiff ge-

baut. An das andere Ende stellte man den Turm. Dann riß man das Schiff ab und ersetzte es durch das heutige. Unter den Malereien fällt insbesondere jene mit Valdemar Atterdag und Königin Helvig auf, die vor der Dreifaltigkeit knien.

Kinder

BonBon-Land
Gartnervej 2, Holme-Olstrup
Mitte Mai–Mitte Juni, Aug.
tgl. 10–17 Uhr; Mitte Juni–Anfang Aug. tgl. 10–21 Uhr
Mit möglichst geschmacklosen Bezeichnungen für ihre Bonbons, so etwa »Hundepfürze«, ist diese Firma in Dänemark zu einem regelrechten Kult geworden. Auch in Deutschland versucht man jetzt Fuß zu fassen.

Mit den von den Verpackungen bekannten Figuren hat man hier einen Spielpark für die Kleinen geschaffen. Boote, Karussels, Schaukeln, alles was das Kinderherz begehrt, ist hier aufgebaut worden.

Orte in der Umgebung

Gavnø   D
Schloß: Mai tgl. 10–17 Uhr;
Juni–Aug. tgl. 10–16 Uhr
Park: Juni–Aug. tgl. 10–17 Uhr
Eintritt: 55 DKK
Nur 6 km südlich von Næstved liegt dieses beeindruckende Rokokoschloß. Eigentlich war das Gebäude eine Burg, wurde später zu einem Kloster und nach

der Reformation zum Schloß. Einer der Besitzer, Tage Reedtz-Thott, wurde 1892 immerhin dänischer Außenminister.

Seine Vor- wie seine Nachfahren waren vor allem kunstsinnig. Durch ihr Wirken besitzt Gavnø heute die größte private Malereisammlung Dänemarks. Sie besteht in erster Linie aus Porträts und Historienmalereien.

4 Holmegaard Glasværk

Glasværksvej, Fensmark
Werksbesichtigung: Mo–Do
9.30–12, 12.40 bis 13.30, Fr
9.30–12, Sa, So 11 bis 15 Uhr;
April–Mitte Okt. auch Sa, So
11–15 Uhr
Museum: Mo–Fr 10–16, Sa,
So 11–16 Uhr

Die Antike war sein Vorbild: Auf Gut Nysø arbeitete Bertel Thorvaldson in seinen letzten Jahren

Einige Kilometer außerhalb Næstveds liegt die Heimat des weltberühmten Glases. Dort kann man ungehindert auf einem vorgeschriebenen Weg durch die Hallen marschieren und der Produktion zuschauen.

In den ursprünglichen Gebäuden des Werks (1828) sind eine kleine Ausstellung und ein Shop mit Gläsern zweiter Wahl eingerichtet.

4 Præstø

Als Ortschaft ist Præstø nicht unbedingt ein Schmuckstück, sondern ein höchst normaler Ort in einer allerdings sehr schönen Lage, nämlich am Præstø Fjord. Die einstige Insel liegt fernab aller Verkehrsströme, weshalb sie sich nie weiterentwickeln konnte. Wenn sich dennoch ein Abstecher in diese Gegend lohnt, dann wegen des kleinen Thorvaldsen Museums im benachbarten Gut Nysø.

Ende des 17. Jh. wurde das Gut angelegt. In den Mittelpunkt des Interesses rückte das Gebäude im 19. Jh. Die Dame des Hauses, Christine Dalgas, richtete dem Bildhauer Bertel Thorvaldsen hier eine Wohnung und im Garten ein Atelier ein. Die großen Namen der Kultur gaben sich die Klinke in die Hand, darunter Hans Christian Andersen, Adam Oehlenschläger und Nikolaj Frederik S. Grundtvig.

Heute ist das Gut selbst nicht zugänglich, wohl aber das einstige Atelier, das einige der schönsten Arbeiten des großen Meisters

Die Grabkapelle für Christian IV. im Dom von Roskilde wurde prunkvoll ausgestattet

vorweisen kann (Mai–Aug. Mi, Sa 14–17, So 11–17 Uhr; Juli Mo–Sa 14–17, So 11–17 Uhr, Eintritt 10 DKK).

D4 **Roskilde**

Jahr für Jahr pilgern über 100 000 Menschen nach Roskilde. Es ist Anfang Juli. Das Rockfestival naht. Eine Handvoll internationaler Superstars und jede Menge Größen von gestern oder aus dem skandinavischen Raum spielen ein langes Wochenende auf mehreren Bühnen auf – und das seit 1970! Dies Festival hat »Roars kilde«, Roars Quelle, weltberühmt gemacht. Großen Bekanntheitsgrad genießen auch der Dom, in dem Dänemarks Monarchen ihre letzte Ruhe finden sowie der Fund mehrerer Wikingerschiffe. Die sehr geschützte Lage an einer Bucht des langgestreckten Roskilde-Fjord hatten schon die Wikinger für eine Ansiedlung genutzt. Als das Christentum Einzug hielt, wurde Roskilde zum Bischofssitz erkoren und blühte auf. Drei große Kirchen wurden erbaut, dazu Klöster – Roskilde war mächtig und wohlhabend, selbst die neue Hauptstadt Kopenhagen störte da nicht. Erst die Reformation versetzte dem Ort einen Schlag. Kirchen und Klöster wurden stillgelegt und abgerissen, nur der Dom blieb. Roskilde schlief Jahrhunderte vor sich hin. Erst mit der großen Expansion Kopenhagens im 19. und vor allem im 20. Jh. kehrte auch in Roskilde wieder Leben ein.

Heute ist Roskilde sicherlich keine Stadt, in der die ganz große Gemütlichkeit aufkommt. Dazu fehlt es auch an historischer Bebauung, die durch Brände im 18. Jh. leider vernichtet wurde. Aber Roskilde besitzt doch einige Sehenswürdigkeiten sowie beste Einkaufsgelegenheiten.

Sehenswertes

Roskilde Domkirke

Mai–Aug. Fr–Sa 9–16.45, So 12.30–16.45 Uhr; April, Sept. Mo–Fr 9–16.45, Sa 11.30 bis 16.45, So 12.30–15.45 Uhr; Okt.–März Mo–Fr 10–14.45, Sa 11.30–14.45, So 12.30 bis 15.45 Uhr

Eintritt Erw. 5 DKK, Kinder 2 DKK

Nichts gegen den Dom in Ribe oder die Marmorkirche in Kopenhagen, aber der Roskilder Dom ist einfach umwerfend. Was sich hier an Pracht und Stilvielfalt ausbreitet, ist in Dänemark ohnegleichen.

Als Königin Margrethe I. 1412 starb, wurde sie zunächst in Sorø, ein Jahr später aber hier beigesetzt. Und nach ihr fanden auch auch alle anderen Regenten in Roskilde ihre letzte Ruhestätte. Ihre Grabmäler sind entsprechend der jeweiligen Zeit gestaltet, so daß die Kirche ein Stück dänische Stilgeschichte widerspiegelt. Schlichte und pompöse, sehr stark verschnörkelte oder sehr einfache Grabmäler sieht man hier. Erst der Vater der heutigen Königin, Frederik IX., unterbrach die Reihe insofern, als daß er außerhalb der eigentlichen Kirche beigesetzt wurde.

Vikingeskibshallen

Strandengen

April–Okt. tgl. 9–17 Uhr; Nov. bis März tgl. 10–16 Uhr

Eintritt Erw. 30 DKK, Kinder 20 DKK

Fünf Wikingerschiffe entdeckte man 1962 am Eingang des Roskilde Fjord. Es wird angenommen, daß sie anderen Schiffen schlicht die Einfahrt versperren sollten. Die um 1000 versenkten Boote hat man natürlich nur noch zum Teil erhalten können. So wurden sie sehr vorsichtig restauriert, aber eben nicht wieder prächtig und naturgetreu aufgemöbelt, sondern in ihrem in 1000 Jahren entwickelten Zustand belassen. Schautafeln und Videos berichten von den Ausgrabungen und von Testversuchen mit Nachbauten.

Orte in der Umgebung

Ledøje Kirke   D3

Etwa 20 km nordöstlich von Roskilde liegt vielleicht Dänemarks eigenartigste Kirche, denn sie besteht aus zwei Stockwerken mit jeweils einem eigenen Kirchenraum. Der Grund: Die obere Etage war für die besseren Kreise, die untere für das gemeine Volk. In ihren Ursprüngen geht die Doppelkapelle auf das frühe 13. Jh. zurück.

Die Wikinger 300 Jahre wüteten die Wikinger in Europa, dann war der Spuk vorbei. Mitte des 8. Jahrhunderts sind die Wikinger vermutlich erstmals losgezogen: die Norweger nach Schottland, die Schweden Richtung Baltikum, die Dänen Richtung England und weiter gen Süden.

Über die Gründe ist viel spekuliert worden. Vermutlich herrschte daheim Platzmangel, gab es mehr und mehr Erbstreitigkeiten, wurde der Handel schwieriger.

So orientierten sich die Skandinavier also neu. Eine große Plünderung an der Themse 835 ist verbürgt, später eroberte man East Anglia. Mittelpunkt der dänischen Eroberungen wurde York. Mit einer Mischung aus Versöhnungsangebot und Drohung versuchten die Wikinger, weitere Landesteile zu unterwerfen – zunächst vergeblich. Erst gegen Ende des ersten Jahrtausends errangen sie weitere Erfolge, 1013 eroberte Svend Tveskæg ganz England. Mit dem Tod König Hardeknuds 1042 war aber die Epoche der Dänen auf dem englischen Thron vorbei.

Gerne schauten die dänischen Wikinger auch im Reich der Franken vorbei. Über Hamburg ging es bis nach Paris, das 845 geplündert

Lejre

Slangealleen 2
Mai– 25. Sept. tgl. 10–17 Uhr
Eintritt Erw. 45 DKK, Kinder
25 DKK

Man glaubt, daß hier das erste dänische Königsgeschlecht, die Skjoldunger, daheim waren. Herrscher wie Roar und Rolf

Der gute Tip 🅼:
Sorø
Natürlich sieht man auch Sorø an, daß es in Dänemark liegt. Dennoch ist die Stadt einen Hauch anders.

Krake gehörten dazu. Ausgrabungen in der Region haben zu bemerkenswerten Funden geführt. Man entdeckte u.a. Reste von Häusern und Gräbern.

Heute ist der Ort vor allem für das Historisch-Archäologische Versuchszentrum bekannt. Hier versucht man, wie in der Eisenzeit zu leben und Landwirtschaft wie in historischen Zeiten zu betreiben. Entsprechend ist man gekleidet.

Sorø 🅼

Sorø verbreitet eine durchgeistigte, vornehme Stimmung. Aber das kann auch kaum verwundern. Mitte des 12. Jh. entstand ein Kloster, das bald zum bedeutendsten Zisterzienserkonvent Dänemarks aufstieg. In der Klosterkirche fanden im 14. Jh. drei Monarchen ihre letzte Ruhestätte, entsprechend groß wa-

wurde. Von dort ging es weiter nach Rouen, Chartres und Bayeux, um nur drei der Städte zu nennen, die dasselbe Schicksal erlitten. Aber die Gegner lernten dazu, bei einem erneuten Angriff auf Paris 885 scheiterten die Wikinger.

Weitere Ziele waren Spanien, Italien und Nordafrika. Trumpfkarte bei all diesen Raubzügen waren die Schiffe, die schnell und wendig und denen ihrer Gegner immer überlegen waren. Dabei standen den Wikingern die schlanken Kriegsschiffe und die deutlich breiteren Handelsschiffe zur Verfügung. In Roskilde sind je zwei Exemplare zu sehen.

Ausgrabungen an mehreren Orten Dänemarks brachten Ergebnisse zutage, die ein recht klares Bild von den Wikingersiedlungen vermitteln. Im 8. Jahrhundert bestand ein Hof aus mehreren Häusern, wobei Menschen und Tiere gemeinsam im Hauptgebäude wohnten. 200 Jahre später hatte man Mensch und Tier getrennt. Außerdem war die Größe der Häuser jetzt stärker nach der Bedeutung der Bewohner differenziert.

Gegen Ende des 10. Jahrhunderts begann zudem die Christianisierung des Landes. Sie war mühsam und setzte sich nur langsam durch. Mit ihr war aber auch das Ende der Wikingerzeit eingeläutet.

ren die finanziellen Zuwendungen an den Ort. Mit der Reformation kam ein Knick in den Aufschwung, doch rund um einen *Kro* bildetete sich Mitte des 17. Jh. eine kleine Siedlung. Die aus dem Kloster hervorgegangene Akademie sorgte für ein reges Leben in Sorø.

Industrielle Ansiedelung hingegen erlebte Sorø nicht. Und so lebt die Stadt noch heute ein wenig vom Ruhm vergangener Tage.

Sehenswertes

Vor Frue Kirke / Sorø Kloster
Ved Akademiet

Es war der Vater des Kopenhagen-Begründers Bischof Absalon, Asser Rig, der dieses Kloster 1161 errichten ließ. Absalon aber vertrieb die hier wohnenden Benediktiner und ersetzte sie durch Zisterzienser. Dänemarks Könige wurden im 14. Jh. hier beigesetzt, übrigens auch Margrethe I., deren Leichnam dann aber der Roskilder Bischof in seinen Dom überführen ließ.

Mit der Reformation war mit dem Klosterbetrieb erst einmal Schluß, 1565 wurde es zum Asylheim für Mönche, später unter anderem zum Gefängnis.

Die alte Klosterschule hingegen erhielt eine ganz andere Bedeutung. Sie wurde zur Akademie, die nur die besten Kandidaten besuchen durften. Leider scheint es davon nicht genug gegeben zu haben, denn zweimal wurde der Betrieb vorübergehend eingestellt, 1849 dann endgültig.

Die Kirche war ca. 1200 fertiggestellt. Besondere Erwähnung verdienen die zahlreichen Kalkmalereien aus dem Ende des 13. Jh. Achten Sie auf den Renaissance-Grabstein von Bischof Absalon, sein Grab ist mehrfach geöffnet worden. Zu den hier beigesetzten Berühmtheiten gehört auch einer der bedeutendsten dänischen Schriftsteller überhaupt, Ludvig Holberg.

Orte in der Umgebung

D4 Bjernede Kirke

Ungefähr 1170 muß die einzige Rundkirche auf Seeland errichtet worden sein, das heutige Gebäude ist allerdings eine Rekonstruktion aus dem Ende des 19. Jh. Die Mauern sind gute 1,5 m dick. Auch hier kann man, wie in den Kirchen auf Bornholm, in die oberen Stockwerke gelangen. Dennoch fehlt deren Verteidigungscharakter.

C4 Trelleborg

Trelleborg Allé
Mitte April–Mitte Sept. tgl. 10 bis 18 Uhr; Mitte Sept.–Mitte Okt. Sa, So 10–18 Uhr
Eintritt Erw. 30 DKK, Kinder 15 DKK
Die in den 30er Jahren ausgegrabene Trelleborg war eine Art Vorgängerin unserer Kasernen. Von den Wikingern angelegt, diente die Burg um 980 als Militärlager, aufgestellte Nachbildungen zeigen dies recht deutlich. Die große Burg bestand in sich aus mehreren Häusern. Vor ihr standen zudem noch 15 weitere Häuser. Geschützt wurde die gesamte Anlage durch einen Wall. Vergleichbar ist Trelleborg mit Hobro in Jütland (→ Unterwegs in Jütland, Randers, Orte in der Umgebung). Mit einem neuen Museumskomplex und arbeitenden Werkstätten versucht man nun, etwas mehr »action« auf das sonst recht schlichte Gelände zu bringen.

Vordingborg

Vordingborg war, obgleich doch eigentlich recht günstig am Storstrøm gelegen, nie eine bedeutende Stadt, sondern stand immer im Schatten beispielsweise von Næstved. Zwar war auch hier der Heringsfang recht einträglich und konnte sich der Ort als Fährhafen etablieren. Doch selbst Mitte des 18. Jh. lebten nur ca. 800 Menschen in Vordingborg. Wichtig war im 19. Jh. dann die Errichtung von Eisenbahnverbindungen und die Eröffnung des Fährhafens in Gedser (Falster). Dadurch führten die Verkehrswege gen Norden über Vordingborg. 1838 wurde die Storstrømsbro fertiggestellt, die nun Seeland und Lolland verband. Bis zur Errichtung der Farøbro etwas weiter östlich mußte jedes Auto gen Seeland durch Vordingborg.

Dieser Umstand bescherte den Einwohnern dennoch gute Einkünfte. Heute ist es zwar verkehrstechnisch etwas ruhiger ge-

Hier wird die Frühzeit wieder lebendig: sommerliche Wikingerspiele in Trelleborg

worden, dennoch hat die Stadt an Gewicht gewonnen und ist zum wichtigen Einkaufszentrum geworden.

Sehenswertes

Gåsetårnet

Das Wahrzeichen der Stadt ist der Gänseturm. Er war Teil einer Burg, um die herum der Ort entstand, die aber Ende des 18. Jh. abgerissen und von den Vordingborgern als Steinbruch genutzt wurde, so daß nur noch kärgliche Reste zu sehen sind. Der Gänseturm wurde auf Geheiß von König Valdemar Atterdag errichtet, nachdem ihm die Hansestädte 1367 den Krieg erklärt hatten. Als Antwort kam der Turm und auf seine Spitze eine Gans. Als solche nämlich verhöhnte der König die Hanse.

Vordingborg Kirke

Prächtig ausgeschmückt ist diese leicht verbaute Kirche. Denn der schmale Chor und das dreiteilige Schiff wollen nicht so recht zueinander passen. Eigentlich sollte das wohl Schiff auch anders aussehen, doch irgendwie haute das Vorhaben nicht hin. Dafür kann man im Chor großartige Kalkmalereien aus der Zeit um 1470 entdecken, die unter anderem die Geburt Christi und die Heiligen Drei Könige zeigen. Abel Schrøder der Jüngere zeichnet für den Altar (1641) verantwortlich, der als eines seiner großartigsten Werke gilt. Auch Kanzel und Taufstein sind im 17. Jh. gefertigt worden.

191

Routen und Touren

Unter den Städten locken vor allem Århus, Odense und Aalborg zum ausgiebigen Sightseeing. Was aber den unumstrittenen Reiz Dänemarks ausmacht, das ist die Weite der Landschaft, sind die unendlichen Felder, die kilometerlangen Strände und beeindruckende Naturformationen.

Zu Fuß: Höhepunkte Kopenhagens

(→ Unterwegs in Kopenhagen)
In Kopenhagen sind die Entfernungen kurz, für eine Besichtigung der wichtigsten Sehenswürdigkeiten benötigt man weder Auto noch öffentliche Verkehrsmittel, sondern nur einen Tag Zeit.
Startpunkt ist der *Rådhusplads* (Rathausplatz), der 1995 völlig neu gestaltet und mit Marmor ausgekleidet wurde. Ein wahres Schmuckstück!
Das *Rådhus* (Rathaus) selbst erinnert stark an italienische Bauten. Es ist bereits das siebte Rathaus in der Kopenhagener Geschichte. 1905 erhielt es seine neue Funktion. Lohnend ist, bei schönem Wetter, eine Fahrt den 110,5 m hohen Turm hinauf. Be-

Vor dem Rathausturm, dem höchsten Dänemarks, spielen seit 1914 die Lurenbläser auf

merkenswert ist außerdem Jens Olsens *Verdensur* (J.O. Weltuhr). Ihre 13 Werke zeigen synchron alle Zeitzonen der Erde an, so daß der Betrachter jederzeit die Uhrzeit an jedem Ort der Welt ermitteln kann. Vom Rathaus aus könnten Sie gleich einen Abstecher gegenüber in das Kuriositätenmuseum *Ripley's Believe it or not!* machen. Aber vielleicht ist Ihnen auch eher nach Kultur und Geschichte, weshalb Sie einen kurzen Besuch des *Nationalmuseums* absolvieren. Raum für Raum werden Epochen der dänischen Geschichte gezeigt und erläutert. Für den ungeübten oder auch ungeduldigen Museumsbesu-

rherige Seite: Im Frühjahr bezaubert
» Landschaft Fünens mit einem reizvol-
. Farbenspiel
ks: Für Kinder haben die Dänen ein
ßes Herz: Pierrot hat für die Kleinen
nen eigenen Spaß parat

cher mag es hier angesichts der Menge des zur Schau gestellten bald ermüdend werden. Suchen Sie sich deshalb lieber vorher eine Epoche heraus, die Sie stark interessiert (Ny Vestergade 10, Di–So 10–17 Uhr, Eintritt 30 DKK, Kinder frei).

Zum Ursprung Kopenhagens

Vom Museum spazieren Sie weiter nach *Christiansborg* (De Kongelige Repræsentationslokaler, Führungen in deutscher Sprache Juli, Aug., Di–So 11, 13, 15 Uhr; Mai, Sept. Di–So 11, 15 Uhr; Okt.–April Di, Do, So 11, 15 Uhr, Eintritt Erw. 28 DKK, Kinder 10 DKK). Als erstes sollten Sie die unterhalb der Burg freigelegten *Mauerreste der ersten Burg* auf diesem Gelände besuchen, denn auf diese Weise begegnen Sie den Ursprüngen der Stadt! (Ruinerne under Christiansborg, Mai–Sept. tgl. 9.30–15.30 Uhr; Okt.–April Di–Fr, So 9.30–15.30 Uhr, Eintritt Erw. 15 DKK, Kinder 5 DKK).

Hier ließ Bischof Absalon 1167 ein Schloß erbauen, das die Keimzelle Kopenhagens bildete. Dieses Gebäude wurde jedoch 1369 abgerissen, ein gleiches Schicksal erlitten die zwei Nachfolgebauten. Erst in den 1730ern entstand Christiansborg und erfüllte in seiner Pracht die Wünsche des Königshauses. 1794 brannte das Schloß leider nieder. Das nächste Christiansborg vernichteten die Flammen in einem gewaltigen Inferno 1884. Doch die Dänen waren spendierfreu-

dig, und so wurde 1928 jenes Christiansborg errichtet, das der Besucher nun vor sich hat. Heute kann man das Gebäude gut und gerne als multifunktional bezeichnen. Da gibt es zum einen die königlichen Repräsentationsräume, die man auf Führungen besichtigen kann und die eindrucksvoll sind, ohne dabei protzig zu wirken. Des weiteren ist hier das Folketing (Parlament) untergebracht, so daß Politiker gemeint sind, wenn ein Däne von »denen da auf Christiansborg« spricht.

Und neben den Ruinen der alten Burg beherbergt Christiansborg noch zwei weitere Museen. Das *Teatermuseet* (Theatermuseum) ist im einstigen Hoftheater eingerichtet und bietet einen Streifzug durch die dänische Theatergeschichte (Mi 14–16, So 12 bis 16 Uhr, Eintritt Erw. 20 DKK, Kinder 5 DKK). In De kongelige Stalde finden Sie das *Kutschenmuseum* (Mai–Sept. tgl. 9.30 bis 15.30 Uhr, Okt.–April Di–Fr, So 9.30–15.30 Uhr, Eintritt Erw. 15 DKK, Kinder 5 DKK).

Abstecher mit Thorvaldsen nach Italien

Unmittelbar neben Christiansborg finden Sie das *Thorvaldsenmuseum* (Porthusgade 2, Di–So 10–17 Uhr, Eintritt frei). Der 1770 geborene Bertel Thorvaldsen dürfte auch heute noch der bekannteste dänische Vertreter der bildenden Kunst sein, obgleich er die meiste Zeit seines Lebens in Italien verbrachte. Bereits 1793 erhielt er ein Stipendium in Rom, und dort blieb er. Seine Skulpturen und Reliefs galten in ihrer Reinheit damals als einzigartig, auch wenn Kritiker Thorvaldsens Werken das Fehlen von Gefühlen absprachen und zu große Nüchternheit behaupteten. Den Meister konnte das jedoch nicht anfechten, im Gegenteil: Der Bestelleingang aus ganz Europa war so groß, daß Thorvaldsen Helfer einstellen mußte und vielen Werken nur noch den letzten Schliff gab.

Nach 45 Jahren kehrte Thorvaldsen Rom den Rücken und kam in seine Heimat zurück. Auf dem Gut Nysø bei Præstø (→ Unterwegs auf Seeland, Næstved, Orte in der Umgebung) ließ er sich nieder und arbeitete weiter. Währenddessen entstand in Kopenhagen dieses Museumsgebäude, dessen Fertigstellung Thorvaldsen allerdings nicht mehr miterlebte. Er starb 1844.

Vom Alten Hafen nach Charlottenborg

Von hier spazieren Sie auf der anderen Seite des Kanals am *Gammel Strand* entlang. Hier entstand der erste Hafen der Stadt, als die Küste zum Øresund noch an dieser Stelle verlief. Später wurde der Platz zum sehr populären Fischmarkt. Erst 1958 verlor er diese Funktion. Heute gibt es hier zuweilen einen Pseudo-Flohmarkt professioneller Händler. Außerdem finden hier Sie einige hervorragende Restaurants.

Am Ende des Gammel Strand stoßen Sie auf den 1995 renovierten *Højbro Plads*, der von der Statue des Stadtgründers Absalon (1902) geprägt wird. Bei dem Trubel, der hier herrscht, kann man sich kaum vorstellen, daß dies einst ein bebautes Gelände samt Fährhafen war. Erst nach dem Stadtbrand von 1795 blieb der Platz leer.

Noch geht es nicht in die Strøget (die Fußgängerzone), sondern über die Sankt Kirkestræde und Lille Kongensgade zum Kaufhaus *Magasin du Nord*. Mit Sicherheit finden Sie hier die breiteste Auswahl an Mode, ebenso eine hervorragende Food-Abteilung, doch auf einer Sightseeingtour muß der Wille zum Shopping unterdrückt werden. Nur wenige Schritte weiter stehen Sie am Kongens Nytorv und blicken auf *Det kongelige Teater* (Königliches Theater).

Unter König Christian V. wurde aus einem von niemandem so richtig genutzten Platz ein repräsentativer Ort mit eindrucksvollen Gebäuden. Zu ihnen zählt auch das Theater, das in den 1870ern errichtet wurde. Die Schriftsteller Adam Oehlenschlägel und Ludvig Holberg residieren vor dem Gebäude, auf der Balustrade sind Thalia, Pegasus, Melpomene und Apollon erkennbar.

Sehr eindrucksvoll ist auch das Haus des *Hotel d'Angleterre*, das 1874 entstand. Das älteste Gebäude ist übrigens Haus Nr. 1, *Charlottenborg*, das bereits im

Ein »hyggeliges« Plätzchen zur Einkehr:
Am Nyhavn findet jeder sein Café oder
Restaurant

Jahr 1683 fertiggestellt wurde
und zunächst für Christians
Halbbruder Ulrik Frederik Gyl-
denløve errichtet wurde. Heute
hat hier die *Kongelige Skildrer-,
Billedhugger- og Bygningsaka-
demi* ihren Platz gefunden.

Vom Neuen Hafen nach Ama-
lienborg

Von diesem mächtigen Platz aus
kehren Sie nun in den *Nyhavn*,
das einst so verrufene Hafenviertel, ein. Sobald sich auch nur ein
bißchen Sonne über Kopenhagen
zeigt, tobt hier das Leben. Dicht
an dicht reihen sich die Restaurants und Kneipen an der sonni-
gen Nordseite. Spätestens jetzt
haben Sie sich eine Rast verdient.

Natürlich besitzt auch Nyhavn
einige bemerkenswerte Häuser.
Das blaue Gebäude Nr. 9 ist das
älteste. In Nr. 11 entwarf Poul
Henningsen seine berühmten ph-
Lampen, in Nr. 23 starb der
Komponist Friedrich Kuhlau
(»Elverhøj«), in Nr. 67 wohnte
der Märchendichter Hans Chri-
stian Andersen 20 Jahre, und in
Nr. 71 ist heute eines der besten
Hotels der Stadt eingerichtet.
Auch die andere Seite des Ny-
havn, die Schattenseite, ist einen
Besuch wert. In Haus Nr. 20
wohnte H. C. Andersen in seinen
ersten Kopenhagener Jahren,
während er seinen Lebensabend
in Nr. 18 genoß. Sehenswert ist
auch Haus Nr. 14, in dem das
Restaurant Den sorte Ravn un-
tergebracht ist.
Über die Toldbodgade kommen
Sie zum Sankt Annæ Plads. So

Stolz erhebt sich die Reiterstatue
König Frederik V. im Zentrum von
Schloß Amalienborg

verführerisch es jetzt auch schon sein mag, den Weg unmittelbar am Wasser fortzusetzen, biegen Sie doch zunächst in die Amaliegade ein. Am Hotel Admiralen vorbei steuern Sie so auf *Amalienborg* zu. Hier wohnt die königliche Familie, was vielleicht verwundern mag, wenn man sieht, wie unmajestätisch mit dem Platz umgegangen wird, wie ungehindert Autos darüber hinweg fahren.

Amalienborg ist Teil von Frederiksstaden. König Frederik V. war 1749 der Meinung, 300 Jahre Herrschaft der Oldenburger auf dem dänischen Thron müßten gebührlich gefeiert werden. Dies sollte mittels eines neuen, einheitlich gestalteten Stadtteils geschehen, der selbstverständlich nach ihm benannt werden sollte!

Als Gelände auserkoren war das Areal des 1689 abgebrannten Schlosses Sophie Amalienborg, das mittlerweile als Handelsplatz diente. Für die Bauherren bestand aber die Pflicht, innerhalb von fünf Jahren fertig zu sein und sich an die architektonischen Vorgaben wie etwa die gleiche Höhe der Fenster zu halten.

So entstanden zunächst vier Palais, die heute als absolute Schmuckstücke europäischer Rokokoarchitektur gelten. Sie gruppieren sich um eine Statue Frederik V. Eigentlich wollten die Bauherren die Gebäude natürlich selber nutzen, doch als Schloß Christiansborg 1794 niederbrannte, zog die Königsfamilie hier ein. Deren Nachfahren wohnen noch heute hier. Die Königin und ihr Mann haben sich in Schacks Palæ, dem südöstlichen Gebäude eingerichtet; im nordöstlichen, Brockdorffs Palæ, lebt die Königinmutter Ingrid. Kronprinz Frederik hat Levetzaus Palæ, das nordwestliche, bezogen. Und falls Besuch kommt, empfängt die Königin ihn in dem südwestlichen Moltkes Palæ. Beliebtes Spektakel ist um 12 Uhr die Wachablösung. Ist die Königin auch daheim, wird die Fahne aufgezogen.

Als einziges Gebäude kann *Levetzaus Palæ* besichtigt werden, dort sind einige recht protzige Herrschaftszimmer als Museum eingerichtet (Christian VIII. Palæ, Mai–Mitte Okt. tgl. 11–16 Uhr; Mitte Okt.–Mitte Dez. Di–So 11–16 Uhr, Eintritt Erw. 35 DKK, Kinder 5 DKK).

Promenade zur »Kleinen Meerjungfrau«

Nun dürfen Sie ans Wasser und ein wenig die Toldbodgade hinaufschlendern. Vielleicht liegt ja auch noch eine der mächtigen Fähren gen Oslo dort. Auf dem Weg passieren Sie die *Königliche Abgußsammlung*, an deren Eingang der eher aus Florenz bekannte »David« wacht. Außerdem erkennen Sie hier und dort alte Speicher.

Dann stehen Sie vor einem der bekanntesten Kopenhagener Motive, nämlich dem *Gefion Springvand* (Gefionsbrunnen).

Er erzählt die Geschichte der Entstehung Seelands, denn der Göttin Gefion war vom schwedischen König angeboten worden, sich soviel Land zu nehmen, wie sie in einer Nacht schaffen konnte. Listig verwandelte sie ihre Söhne in Ochsen, und man riß ein Stück aus Mittelschweden heraus: Dieses Stück legte sie zwischen Fünen und Schweden – Seeland! Der Brunnen wurde 1908 von Anders Bundgaard fertiggestellt. Bald darauf stehen Sie vor einer noch größeren Attraktion, die aber kleiner ist, der *Lille Havfrue* (»Kleine Meerjungfrau«). Wahre Menschenmassen drängen sich um sie herum, steigen auf den von ihr besetzten Felsen, umarmen sie, lassen sich ablichten, zu zweit, zu zwanzigst: Ein gemeinsames Foto mit ihr scheint der einzig gültige Beweis für die Lieben daheim zu sein, daß man wirklich in Dänemarks Hauptstadt war.

1913 wurde die Märchenfigur Hans Christians Andersens hier aufgestellt, man sägte ihr zwischenzeitlich die Gliedmaßen ab und übergoß sie mit Farbe, doch nichts hat ihr diesen unwiderstehlichen, melancholischen Blick auf das Meer nehmen können.

Museums- und Kirchenbesuche entlang der Bredgade

Auf dem Weg zurück zum Brunnen könnten Sie noch einen Blick in das *Frihedsmuseet* (Freiheitsmuseum) werfen, das den dänischen Widerstand während der

Besatzung 1940–45 durch deutsche Truppen beschreibt (Churchillparken, Mai–Mitte Sept. Di–Sa 10–16, So 10–17 Uhr; Sept.–April Di–Sa 11–15, So 11–16 Uhr, Eintritt frei).

Ansonsten geht es über die Straße Esplanaden in die Bredgade. Hier finden Sie zahllose Antiquitätengeschäfte. Nicht minder eindrucksvoll ist das *Kunstindustrimuseet* (Kunstindustriemuseum). Ob Stuhl oder Tasse, Silberkanne oder Uhr, hier hat man Industrieprodukte aus aller Welt gesammelt (Bredgade 68, Di–So 13–16 Uhr, Eintritt Erw. 30 DKK, Kinder frei).

Dann folgt die *Sankt Ansgars Kirke*, der im Jahr 1989 Papst Johannes Paul II. einen Besuch abstattete. An der Ecke Bredgade/Ferdericiagade steht das Haus *Frederciagade 24*. Zunächst Theater, dann Akademie, diente es später als Parlamentssitz, nachdem 1884 Christiansborg niedergebrannt war. Heute ist es Gerichtsgebäude.

Kurz darauf stehen Sie vor der *Alexander Newsky Kirke* mit ihren eindrucksvollen Zwiebeltürmen aus Gold. Dagmar, Tochter König Christian IX. und später mit dem russischen Zar Alexander verheiratet, initiierte den Bau des 1883 fertiggestellten Gotteshauses.

Kirche Nummer drei ist dann die mächtig-prächtige *Marmorkirke*, die eigentlich Frederiks Kirke heißt. Ein Element in der Planung von Frederiksstaden war eine große, zentral plazierte Kirche. Leider mußte man deren Errichtung 1770 abbrechen, da man kein Geld mehr für den norwegischen Marmor besaß. Erst 100 Jahre später erwarb der Geschäftsmann C. F. Tietgen die Ruine und ließ sie vollenden. Sie ist die größte skandinavische Zentralkirche.

Einkaufsbummel auf der Strøget und im Latinerviertel

Sie folgen der Bredgade, bis Sie wieder den Nyhavn erreichen. Von dort queren Sie den Kongens Nytorv und kehren in die *Strøget* ein, die in diesem unteren Teil eigentlich Østergade heißt. Die Glasbläserei Holmegaard hat hier ebenso ein großes Geschäft, wie diverse international renommierte Modemarken mit ihren Boutiquen auf der Shopping-Meile Kopenhagens vertreten sind. Sie erreichen das Kaufhaus Illum und biegen hinter ihm rechts in die *Købmagergade* ein, eine der ältesten Straßen der Stadt. Ein Besuch des *Museum Erotica* sollten Sie sich für einen anderen Tag aufheben.

Von hier geht es in die Valkendorffsgade, wo Sie das *Postmuseum* besuchen können. Ein kurzer Schlenker, schon stehen Sie auf dem *Gråbrødretorv*, der von Restaurants umringt wird und unter Kopenhagenern wie Touristen zu den beliebtesten Zielen für die Abendmahlzeit zählt. Er gehört zu den stimmungsvollsten Plätzen der Stadt. 1238 wurde hier ein Kloster aufgebaut, spärliche Reste sind noch im Keller des Restaurants Peder Oxe (Nr. 11) zu sehen. 1530 wurde das Kloster stillgelegt, angeblich war das Leben der Herren zu ausschweifend! An der etwas belebteren *Skindergade* entlang gehen Sie vor bis zum *Gammel Torv*, dem ältesten Platz der Stadt. Von dort führt der Weg die Vestergade hinauf und in die Lars Bjørnsstræde hinein. Nun befinden Sie sich im sogenannten *Latinerkvarteret* (Latinerviertel), in dem kleinere, teils auch ungewöhnliche Boutiquen ihr Domizil gefunden haben. Eine ganz andere Szene als auf der teuren Strøget begegnet Ihnen hier. Je nach Gusto spazieren Sie die Studiestræde oder die Sankt Pedersstræde hinauf, erreichen den H.C. Andersen Boulevard und kommen an seiner Seite zum Rathausplatz zurück.

Karte: → Kopenhagen S. 140/141

Mit dem Rad: Schnuppertour auf Bornholm

(→ Unterwegs auf Bornholm) Bornholm ist stolz auf seine über 200 km Radweg – zu Recht! Denn einige von ihnen gehören zu den schönsten in Dänemark. Ein Radurlaub auf Bornholm bietet eine Vielzahl von Variationsmöglichkeiten. Tagesausflüge sind problemlos möglich, da man sich auf dem Rückweg auch der Busse bedienen kann, die Radler mitnehmen.

Wer nur einmal kurz schnuppern möchte, die Insel vielleicht an einem verlängerten Wochenende oder am Ende eines Aufenthalts auf Seeland oder in Südschweden kennenlernen mag, dem bietet sich eine zwei- bis dreitägige Rundtour an, die mit Sicherheit einen Einblick in die Schönheit und Vielfalt der Insel vermittelt.

Strandverführungen und Heringsräuchereien zwischen Rønne und Snogebæk

Rønne, die Hauptstadt ist Ausganspunkt. Der erste Teil der Route ist einfach, denn es geht durch den flachen Süden. Sie wählen den Radweg Richtung Dueodde und Snogebæk. So kommen Sie an Jugendherberge, Campingplatz und Verteidigungsmuseum vorbei aus Rønne heraus. Bald ist der Flughafen erreicht. Kein attraktiver Weg, zugegebenermaßen, denn er führt an der vielbefahrenen Landstraße entlang.

Hinter Arnager warten dann die Verführungen, denn immer wieder verweisen Schilder auf den nahen Badestrand. Natürlich bleiben Sie tapfer und radeln weiter. Bald zweigt der Weg ab, und Sie kommen nach *Øster Somarken*. Vielleicht ist nun Zeit für eine erste Rast in der dortigen Heringsräucherei, die unmittelbar am Wasser liegt. Möglicherweise ist es Sonntag, und es wird gerade wieder einmal Jazz gespielt.

Zurück zum Radweg führt die Route vorbei an der alten *Wassermühle Slusegård*, einst eine Lachsaufzuchtstation. Noch immer ist der Strand nah. *Due-*

Schnuppern und genießen: An den Heringsräuchereien auf Bornholm ist schwer vorbeizukommen

Literarische Spurensuche in Neksø

An dem Ferienhausgebiet bei Balka vorbei erreichen Sie die zweitgrößte Stadt Bornholms, *Neksø*. Eine Rast auf dem Marktplatz gefällig? Oder vielleicht ein Gang durch den großen Fischereihafen? Oder vielleicht ein Abstecher zum *Museum für den Schriftsteller Martin Andersen-Nexø*?

Martin Andersen kam mit seinen Eltern 1877 als kleiner Bub auf die Insel. Die Familie durchlebte eine harte, von Not geprägte Zeit, die Martins Sensibilität für das harte Leben der unteren Schichten schärfte. 1891 verließ er die Insel und erweiterte seinen Nachnamen auf Andersen-Nexø. Bald wurde er zu einem der populärsten dänischen Schrifsteller und zu einem der großen in der europäischen Arbeiterliteratur. Glanzstücke sind unter anderem seine Schilderungen des entbehrungsreichen Lebens auf der Insel in »Bornholmer Novellen«. Mitreißend ist auch der Roman »Ditte Menneskebarn« (»Ditte Menschenkind«), dem Leidensweg eines letztlich ausgezehrten, ausgebeuteten Mädchens. »Pelle, der Eroberer« ist ohne Zweifel Andersen-Nexøs Hauptwerk, der erste Teil ist von Dänemarks Regiestar Bille August verfilmt und mit vielen Preisen bedacht worden. Andersen-Nexø war ein glühender Anhänger des Kommunismus sowjetischer Prägung und ließ sich nach dem Zweiten Welt-

odde, die Südspitze Bornholms, wird von einem Leuchtturm überragt, den man auf 196 Stufen besteigen kann. Von oben bietet sich ein schöner Blick über den Strand und in Richtung Almindingen, dem großen Wald im Herzen der Insel.

Ansonsten bietet Dueodde aber nur ein paar Kioske und natürlich unendlich viel Strand. Wenig später ist *Snogebæk* erreicht, der kleine quirlige Hafenort mit dem vielleicht ausgiebigsten Nachtleben von Bornholm. Auch hier bietet eine Heringsräucherei ihre Dienste während einer Rast an. Und ein letztes Mal lädt auch der weite Sandstrand zu einem erfrischenden Bad ein.

krieg in Dresden nieder, wo er 1954 auch starb. Das Museum ist im Haus seiner Eltern eingerichtet (Ferskesøstræde 36, Mitte April–Mitte Okt. Mo–Sa 10–16 Uhr, Eintritt Erw. 10 DKK, Kinder 5 DKK).

Hinter Neksø ist die Küste erkennbar felsiger. Ein kurzes Wegstück vor Årsdale stehen Sie dann vor der Entscheidung, entweder weiter nördlich nach *Svaneke* zu radeln oder aber in Richtung Paradisbakkerne und Almindingen abzubiegen. Da es hinter Svaneke keinen ordentlichen Radweg mehr gibt, lautet die Empfehlung, zunächst weiter in das wirklich liebenswerte Svaneke zu fahren. Nach dem Besuch der Stadt sollten Sie jedoch zurückradeln, um sich dem Abzweiger nach Almindingen anzuschließen.

Durch schattige Wälder bis Hammershus

Ab jetzt wird es anstrengender, denn nun wartet Gefälle auf Sie. Hinauf in das Waldgebiet *Paradisbakkerne* und immer weiter durch den Wald nach *Almindingen* dürften Sie etwas heftiger in die Pedale treten. Wem jetzt bereits die Puste ausgegangen ist, wählt dort den Radweg zurück nach Rønne. Doch eigentlich geht es weiter gen Norden. Deshalb halten Sie sich an die Ausschilderung nach *Østerlars*, um dort Bornholms bekannteste Rundkirche zu besuchen. Von hier aus geht es zum Landwirtschaftsmuseum in *Melsted* und

weiter hinein nach *Gudhjem*. Vorsicht bei der Fahrt hinein in den Ort, die ist extrem steil und deshalb für Radler gesperrt. Sie schieben Ihr Rad also hinunter zum Hafen, doch dort wartet gleich am Anfang ein Eisgeschäft mit ausgezeichnetem Softeis auf Sie. Wenn es Sie aber mehr nach Herzhaftem gelüstet – ein Stückchen weiter steht wieder einmal eine Heringsräucherei.

Die nächsten Kilometer sind nicht sonderlich attraktiv, da sie der Landstraße folgen. Sie radeln bis zum *Kunstmuseum bei Helligdommen*, einem der absoluten Highlights der Insel. Von dort geht es dann landeinwärts nach *Rø* und dort auf den Radweg nach *Olsker*. Am Golfplatz vorbei gelangen Sie durch abwechslungsreiches und zuweilen auch durchaus anspruchsvolles Gelände. In Olsker können Sie die zweite Rundkirche besuchen. Danach sollte Ihr Weg nur noch ein Ziel kennen – *Hammershus*, die Burgruine im Norden. Hier läßt sich herrlich pausieren. Doch passen Sie auf, daß Sie die Weiterfahrt nicht versäumen.

An der Westküste entlang zurück nach Rønne

Nun geht es wieder Richtung Süden. Anstrengend bleibt es bis *Vang* und *Jons Kapel*. Dort können Sie das Rad stehenlassen und zur Kapelle des Mönchs Jon unmittelbar am Wasser wandern. Zurück wartet eine 22prozentige Abfahrt auf Sie, dann kommen

Sie in die traumhafte Fischer-
siedlung *Helligpeder/Teglkås*.
Sie radeln nur wenige Meter vom
Wasser entfernt.

Wenn Sie Hasle erreicht haben,
können Sie die große Fahrt in aller Ruhe ausklingen lassen, denn
im Süden der Stadt geht es weiter
durch flaches Terrain. Hinter
Sorthat führt der Weg nochmals
durch den Wald. Nördlich von
Rønne kommen Sie auf die
Hauptstraße, an der Sie in die
Stadt hineinfahren. Sollten Sie
drei Etappen einplanen, so suchen Sie sich Ihr Quartier um
Neksø und um Sandvig herum,
bei zwei Etappen sollten Sie dies
im Bereich Svaneke-Gudhjem
tun.

Mit dem Auto: Museumstour durch Jütland

(→ Unterwegs auf Jütland)
Es mag auf den ersten Blick überraschen, eine Tour durch Jütland
an der Existenz von Museen zu
orientieren. Andererseits besitzt
Dänemark eine ganz hervorragende Museumslandschaft, aus
der die faszinierendsten Exemplare herauszufiltern nicht ganz
einfach ist. Zudem ist eine Route
entlang der 20 bemerkenswerte-
sten Museen Jütlands auch wet-
terunabhängig, zumindest, solange man sie mit dem Wagen
absolviert. Anders liegt der Fall
natürlich mit dem Rad, mit dem
diese Fahrt selbstverständlich
auch bewältigt werden kann. Die
Ziele wenigstens sind aber in aller Regel überdacht.

Heimatgeschichtliches und Kunst zwischen Sønderborg und Silkeborg

Die Fahrt beginnt an der Grenze
bei Flensburg und führt von hier
zunächst nach *Sønderborg*. Im
dortigen Schloß ist das *Heimatmuseum* eingerichtet. Trachten,
Bilder, Münzen, Schiffsmodelle,
alles ist in historischen Räumen
untergebracht. Besonders lohnend ist der Besuch aber wegen
des Blicks auf die deutsch-dänische Geschichte. Immerhin war
die Region jahrhundertelang
Zankapfel zwischen Deutschland und Dänemark, fand hier in
der Nähe, bei Dybbøl, 1864 der
große Krieg zwischen Dänemark
auf der einen und Preußen und
Österreich auf der anderen Seite
statt.

Von hier führt die Fahrt nach
Kolding. Vielleicht sollten Sie
wegen der Abwechslung hier zunächst einmal das *Kunstmuseum
Trapholt* besuchen, denn Koldinghus, das Schloß der Stadt,
ähnelt doch sehr dem Schloß in
Sønderborg. Trapholt, außerhalb des Zentrums am Kolding
Fjord gelegen, ist eines der
schönsten dänischen Kunstmuseen mit durchweg lohnenden
Sonderausstellungen. Schwerpunkt sind dänische Möbel.

Danach geht es also ins *Koldinghus* mitten im Zentrum. Auch
hier ist wieder Heimatgeschicht-
liches plaziert worden, teilweise
hat man das Schloß aber auch in
seinem einstigen, nüchternen
Zustand belassen.

Die nächste Station der Tour ist

Horsens, wo ein ganz tolles *Kunstmuseum* auf Sie wartet. Es zeigt viele Künstler, die Sie in anderen großen Museen des Landes vermissen werden, besitzt aber auch eine ausgezeichnete Sammlung von Goldalter-Malereien. Kunst erwartet Sie auch in *Silkeborg*, denn hier wurde ein Museum ganz auf einen Künstler ausgerichtet – *Asger Jorn*, einen der wichtigsten dänischen Maler dieses Jahrhunderts. Es gibt nicht nur eine Vielzahl seiner Bilder zu sehen, sondern auch noch Teile seiner Sammlung fremder Künstler.

Variationen von Hai bis Fregatte oder Plakat bis Wissenschaft zwischen Århus und Grenå

Kontraste bietet anschließend *Århus*. Der erste Weg führt in das *Museum für Plakatkunst*. Hier wird deutlich, welch eigene Kunstform das Plakat ist und welche großartigen Beiträge hierzu die Dänen geliefert haben. Nächste Station in Dänemarks zweitgrößter Stadt ist das *Stenomuseet*, das Wissenschaftsmuseum an der Universität. Medizin, Chemie, Physik, Astronomie sind nur einige der Themen, die hier sehr anschaulich dargestellt werden und zum Teil zu eigenen Experimenten einladen. Von hier ist es nicht weit bis zum *Kunstmuseum*, das einen wunderbaren Einblick in die dänische Kunstgeschichte eröffnet. Natürlich sind in diesem Haus alle großen Namen vertreten.

Von Århus geht die Route nach *Ebeltoft*, einer der schönsten und beliebtesten dänischen Städte. Ausnahmsweise bleiben Sie einmal im Freien, denn Sie besteigen die Fregatte *»Jylland«*, das älteste Holzschiff der Welt. Seine Restaurierung wurde erst 1994 weitgehend abgeschlossen. Nur einen Steinwurf entfernt steht das *Glasmuseum*, das nicht nur eine wunderschöne Ausstellung zur Glaskunst bietet, sondern auch noch im Hof die Fertigung von Glas demonstriert.

Weiter geht es nach *Grenå*, wo Sie sich vor dem *Kattegatcenter*, unmittelbar im Fähranleger plaziert, auf eventuell längere Warteschlangen vorbereiten müssen. Das Leben in der Ostsee wird mittels Experimenten und Schautafeln eindringlich veranschaulicht. Viel spektakulärer ist aber das *Haibassin*, daß Sie mittels eines Tunnels durchschreiten können.

Kunst und Kuriositäten zwischen Aalborg und Herning

Zurück zur Kunst mit dem *Nordjyllands Kunstmuseum* in Aalborg, das qualitativ auf einer Stufe mit jenem in Århus steht. Auch die nächste Station – *Skagen* – ist der Kunst gewidmet. Der Besuch des dortigen *Kunstmuseums* ist natürlich für jeden Dänemarkbesucher Pflichtprogramm. Entsprechend groß ist das Gedränge. Nun heißt es: Zurück zur Natur. In *Hirtshals*, dem Fährhafen Richtung Norwegen, befindet sich eines der

Ein Keramikfries von Carl-Henning
Pedersen bedeckt die Außenwand des
Kunstmuseums

schönsten dänischen *Aquarien*, das auch das harte Leben der Fischer sehr eindrucksvoll schildert.

Eine besondere Kuriosität bietet sich in dem südlich des Limfjord gelegenen *Holstebro*. Im *Bomhuset* ist ein Miniaturmuseum eingerichtet, dessen Ausstellungsgegenstände nicht größer als 10 x 10 cm sein dürfen.

Die nächste Station ist ohne Zweifel außergewöhnlich. Denn in *Søndervig* annonciert das einzige *Elvis Presley-Museum* außerhalb der USA seine Existenz. Es ist zwar nicht sonderlich groß und üppig ausgestattet, für Fans aber ein Muß!

Eindrucksvoll ist auch das *Fotomuseum in Herning*, das nicht nur eine komplette Historie des Fotoapparats zeigen kann, sondern auch mit eindrucksvollen Sonderschauen glänzt. Am Stadtrand können Sie anschließend dem *Carl-Henning Pedersen Museum* einen Besuch abstatten. In diesem eigenwilligen, auffälligen Bau ist das Werk Pedersens und seiner Frau Else Alfeld ausgestellt. Pedersen gehört neben Asger Jorn und Per Kirkeby zu den populärsten Künstlern der jüngeren dänischen Kunstgeschichte.

Seehunde, Wikinger und Bunker zwischen Blåvand und Ribe

Weiter führt die Route nun nach *Esbjerg*. Hier steht ein weiteres eindrucksvolles *Aquarium*, Höhepunkt ist die zweimal täglich stattfindende Seehundfütterung.

Ganz anders geartet ist die vorletzte Station der Reise, nämlich das 1995 eröffnete *Wikingermuseum* in *Ribe*. Ohne Zweifel betreten Sie hier das faszinierendste aller Wikingermuseen, kann man sich doch dank geschickter Aufbereitung selbst in die damalige Zeit zurückversetzen.

Der Abschluß der Museumstour durch Jütland konfrontiert Sie wieder mit der deutschen Vergangenheit. Denn in *Blåvand* steht das kleine *Bunkermuseum*. Zur Befestigung der Westküste hatten die Deutschen nämlich während der Besatzungszeit im Zweiten Weltkrieg Bunker an Bunker gereiht. Immer wieder kann man Reste von ihnen an der Küste finden, auch hier in Blåvand, wo zudem mittels Ausstellung und Film Sinn und Zweck des Unternehmens gezeigt werden.

Mit Sicherheit werden Sie unterwegs noch andere Museen entdeckt haben – und sich hier und da fragen, weshalb dieses keinen Eingang in die Top 20 gefunden hat. Doch daran erkennen Sie, wieviele reizvolle Museen allein schon Jütland besitzt.

Mit dem Auto: Mit der Margerite durch Seeland

(→ Unterwegs auf Seeland)
Die sogenannte Margeriten-Route, durch eine entsprechende Blume auf braunem Grund gekennzeichnet, führt auf wirklich sehr schönen Nebenstraßen zu den wichtigsten Sehenswürdigkeiten Dänemarks. Die Margeriten-Route ist in den meisten im Lande erhältlichen Landkarten eingezeichnet, es gibt im Handel aber auch noch detaillierteres Material.

Im Süden Seelands beginnt die Route. Sie kommt aus Richtung Møn, und Sie müssen sich hier einklinken, indem Sie hinter der Farø-Brücke, die Falster und Seeland verbindet, die Ausfahrt 41 wählen und auf der Straße 59 nach Stensved fahren. Von hier startet die Tour.

Auf Schleichwegen rund um die Fakse Bugt

Erste Station ist die kleine Stadt *Præstø* an der Fakse Bugt, ein niedliches Hafenstädtchen, dessen größte Attraktion das kleine Museum zu Ehren des Bildhauers Bertel Thorvaldsen ist. Von hier geht es nach *Næstved* als nächstgrößerer Stadt. Attraktiver als deren Zentrum dürfte aber vermutlich die folgende Station sein, nämlich *Fensmark* mit der Holmegaard Glasbläserei. Denken Sie aber daran, daß eine Betriebsbesichtigung nur in der ersten Tageshälfte möglich ist!

Kreuz und quer durch Süd-Seeland gelangen Sie nun wieder an die Fakse Bugt. Dabei kommen Sie zunächst nach *Fakse* selbst, die Heimat der berühmten Brauerei, dann zum Hafen *Fakse Ladeplads*. Einige Kilometer weiter in *Højerup* steht die berühmte Kirche mitten am Abgrund. Teile von ihr sind bereits ins Meer gestürzt.

Leicht und schnell mußten sie sein: Die Wikingerschiffe von Roskilde wurden 1962 geborgen

Von Køge bis Klampenborg durch das Binnenland

Von hier schlängelt sich der Weg hinauf in das wunderschöne *Køge*, das eine anmutige Innenstadt besitzt, dennoch touristisch im Schatten von Kopenhagen und Roskilde bleibt. Aus der Blütezeit Køges sind einige sehenswerte Fachwerkbauten des 16. und 17. Jh. erhalten. Von hier orientiert sich die Ausschilderung Richtung Binnenland. In einem großen Bogen kommen Sie nach *Lejre*, wo das bekannte historisch-archäologische Versuchszentrum steht. Nun sind Sie schon fast vor der Tür von *Roskilde*, das mit seinem überragenden Dom und dem Wikingermuseum beeindruckt. Um die großen Straßen zu vermeiden, geht es auf Umwegen nach Kopenhagen, allerdings nicht in das Zentrum, sondern stattdessen nach *Klampenborg* im Norden der Stadt, wo auch der bekannte Vergnügungspark Bakken steht.

Von Rungstedt bis Holbæk durch den Norden

Der weitere Verlauf der Route richtet sich eine Zeitlang gerade nordwärts entlang der traumhaften Küstenstraße. Sie passieren *Rungsted* mit dem Karen-Blixen-Museum, *Nivå* mit seinem Kunstmuseum voll schöner französischer und dänischer Malerei und schließlich *Humlebæk* mit dem weltberühmten Kunstmuseum Louisiana. Dazwischen verlocken immer wieder hervorragende Bademöglichkeiten –

Schloß Frederiksborg in Hillerød: Bis 1840 wurden hier alle Könige
gekrönt

dies ist einfach Seelands schönste
Ecke. Hinter Helsingør, der Stadt
Hamlets, hält sich die Margeriten-Route erstaunlicherweise
nicht an den schönsten Küsten-
und Badeorten wie Gilleleje oder
Tisvildeleje auf, sondern führt zu
den großen Königsschlössern im
Binnenland, bei *Fredensborg*
und in *Hillerød*. In einem Schlenker geht es um den *Arresø* herum
nach *Frederiksværk*, der Stadt
des Schießpulvers. 1717 wurde
der See mit dem Roskilde Fjord
verbunden, 1756 baute General-
major Classen eine Schießpul-
verfabrik. Um sie herum entstand eine ganze Waffenindu-
strie, von der aber außer ein paar
Häusern und dem *Krudtværks*

Museet nichts mehr übrig geblieben ist (Juni–Mitte Sept. tgl. 12
bis 16 Uhr, Eintritt Erw. 10
DKK, Kinder 5 DKK).
Nächste Station ist *Frederiks-
sund*, die Stadt der Wikingerfest-
spiele Ende Juni/Anfang Juli.
Der Besuch der ansonsten nicht
sonderlich aufregenden Stadt
lohnt, weil man sich hier im J. W.
Willumsens Museum mit einem
der interessantesten Künstler der
Moderne Dänemarks auseinan-
dersetzen kann. Jens Ferdinand
Willumsen wurde 1863 geboren,
war Architekt, Grafiker, Keramiker sowie Maler. Er starb 1958
(Jenriskvej 4, tgl. 10 bis 16 Uhr,
Eintritt Erw. 20 DKK, Kinder
10 DKK).
Unweit des Roskilde Fjord
schlängelt sich der Weg auf kleineren Straßen nahe der Autobahn nach *Holbæk*. Holbæk

haut den Besucher nicht gerade um, sondern ist ein ganz normales dänisches Städtchen.

Auf den Spuren Maria Stuarts bis Kalundborg

Die nächsten Kilometer sind voller faszinierender Einblicke in die Provinz. Die *Frydendal Kirke* (Altar von 1722, Kanzel von 1620) kurz vor Mørkov und vor allem die *Mørkov Kirke* selbst mit ihren wunderschönen Kalkmalereien lohnen einen Besuch, später sollten Sie Ihre Aufmerksamkeit dem *Schloß Dragsholm* und der *Nekselø Bugt* widmen. Das Schloß soll bereits Anfang des 13. Jh. errichtet worden sein. Ein sehr gut gemauertes Gebäude, daß so mancher Belagerung problemlos standhielt. Auch als Gefängnis diente das Schloß, und einer der Insassen war der Earl of Bothwell. Er war bereits in Dänemark gewesen und hatte sich dort verlobt, bevor er wieder zurück nach Schottland reiste und sich in Maria Stuart verguckte. Deren Mann schickte er ins Jenseits und heiratete sie. Doch Maria mußte wegen des Mordes ihren Thron preisgeben und wurde eingesperrt, während ihr Gemahl floh. Sein Schiff geriet in Seenot, landete schließlich in Bergen – und dort stand am Kai zufällig seine Verlobte! In Kopenhagen verlangte König Frederik II. von den Schotten ein schönes Lösegeld, das jene aber nicht zahlen wollten. So steckte man den Earl ins Gefängnis von

Dragsholm, wo er auch 1576 starb. Begraben wurde er in der benachbarten Fårevijle Kirke. Heute wird in den Räumen des Schlosses ein Hotel betrieben.

Der Sonne entgegen durch den Südwesten

Schließlich erreichen Sie *Kalundborg*, die Stadt mit dem eigenwilligen achteckigen Kirchturm der Vor Frue Kirke, der beachtliche 41 m emporsteigt. Weiter südlich weiß der Abschnitt am *Tissø* zu gefallen. Bei *Bjernede* können Sie Seelands einzige Rundkirche besuchen, in *Sorø* die Luft des klassisch-gelehrten Dänemark schnuppern.

Durch zum Teil sehr schön bewaldetes Gebiet erreichen Sie wieder Süd-Seeland. Das in einigen Straßenzügen noch anmutig erhaltene *Skælsør* an der Mündung eines Binnensees prahlt, nicht zu Unrecht, die meisten Sonnenstunden in Dänemark genießen zu dürfen.

Endstation ist schließlich die Hafenstadt *Korsør*. Die 254 m hohen Pylonen der Ostbrücke bieten einen imposanten Anblick.

Ist die Brücke Fluch oder Segen?

Wenn Sie sich von den gigantischen, aus dem Wasser ragenden Brückenpfeilern genügend haben beeindrucken lassen und noch etwas länger in die Pedale treten möchten, können Sie mit der Fähre hinüber nach Fünen setzen. Dort wird die Margeriten-Route fortgeführt.

Allgemeine Informationen

Anreise

Mit dem Auto

Bei einem dermaßen zersplitterten Land wie Dänemark ist natürlich eine generelle Anreiseempfehlung unmöglich. Am einfachsten ist die *Empfehlung für Bornholm*, dorthin muß man als Autofahrer nämlich die Fähre benutzen. Eine Möglichkeit ist, von Sassnitz (mit der DFO) oder Neu Mukran (Bornholmstrafikken) nach Rønne überzusetzen. Dies ist zweifelsohne der kürzeste Weg, leider sind die Straßenverhältnisse gen Rügen nicht sonderlich gut, und auch die Abfahrtszeiten der Schiffe könnten kundenfreundlicher gewählt worden sein.

Alternativen hierzu führen von Travemünde oder Rostock ins südschwedische Trelleborg (TT-Linie/TR-Linie), von dort in 45 Min. nach Ystad, wo die Schiffe nach Rønne ablegen. Wählt man die Vogelfluglinie Puttgarden-Rødby bis Kopenhagen, kann man auch von dort ein Schiff direkt nach Bornholm nehmen. Von dem bei Kopenhagen gelegenen Dragør gelangt man per Schiff nach Limhamn (südlich von Malmö) und über die Autobahn in einer knappen Stunde ebenfalls nach Ystad.

Seeland, Lolland, Falster, Møn sowie eventuell auch *Fünen* sind am einfachsten über die Verbindung Rostock-Gedser oder Puttgarden-Rødby zu erreichen.

Nach Fünen führt der einfachste und schnellste Weg über die Autobahn, schöner ist eine Schifffahrt von Gelting nach Fåborg oder von Fynshav (Als) nach Bøjden. *Langeland*, und somit auch Fünen, ist außerdem per Fähre von Kiel nach Bagenkop erreichbar.

Jütland kommt ohne Fährverbindung aus, einmal abgesehen von Mandø und Fanø sowie den Inseln im Kattegat. Die Autobahn führt hinauf nach Frederikshavn, an der Westküste bleibt Ihnen nur die Landstraße. Dänische Straßen sind generell hervorragend ausgebaut und ausgeschildert. Gerade auf dem Lande ist hohes Tempo aber verpönt, man fährt sehr bedächtig. Überholen macht nur bedingt Sinn, denn wegen der wenigen Autobahnen tummeln sich auch viele Laster auf den Landstraßen: Haben Sie den einen gerade mühsam überholt, so wartet schon der nächste... Und im Sommer steht die Polizei mit ihren Radarpistolen gerne am Straßenrand!

Mit der Bahn

Wollen Sie nicht gerade in einen der größeren Orte, so kann Bahnfahren sehr mühsam sein. Drei große Strecken gibt es.

Nämlich die Vogelfluglinie von Hamburg über Puttgarden und Rødby hinauf nach Kopenhagen und eventuell weiter nach Helsingør. Dann von Hamburg über Flensburg nach Fredericia und weiter gen Århus und Aalborg. Oder von Fredericia nach Odense und weiter nach Kopenhagen. An der Westküste verkehren viele kleine Bahnen.

Mit dem Flugzeug

Dreh- und Angelpunkt ist der Kopenhagener Flughafen, von dem aus Anschlußflüge nach Jütland und Bornholm abgehen. SAS und Lufthansa bedienen Kopenhagen von Berlin, Düsseldorf, Frankfurt, Hamburg, Hannover, München und Stuttgart aus auf direktem Weg. Austria Airlines und Swissair sowie SAS verbinden Kopenhagen mit Wien und Zürich. Vom Flughafen fährt der SAS-Bus zum Hauptbahnhof. Alternativ hierzu gibt es eine Verbindung von Frankfurt ins jütische Billund, von wo aus alle wichtigen Städte Jütlands, aber auch Fünens schnell erreicht sind. Nach Bornholm verkehren zudem im Sommer Direktflüge von Düsseldorf, Hamburg und Berlin aus.

Auskunft

Dänisches Fremdenverkehrsamt
Postfach 10 13 29
20008 Hamburg
Tel. 040/32 78 03, Fax 33 70 83
Auch für Österreich und die Schweiz zuständig.

Auto

Besondere Verkehrsregeln

Innerhalb von Ortschaften darf maximal 50 km/h gefahren werden, außerhalb 80 km/h, auf Autobahnen 110 km/h. Geschwindigkeitsüberschreitungen kommen sehr teuer. PKW mit Anhänger dürfen nicht schneller als 70 km/h fahren. Auch tagsüber muß das Abblendlicht eingeschaltet sein.

In Innenstädten wird sehr oft mit Parkautomaten gearbeitet. Wenn Sie einen solchen Apparat ignorieren und keinen Parkschein deutlich sichtbar auf das Armaturenbrett legen, so werden Sie nicht mit einer Buße unter 100 DM davonkommen.

In an Landstraßen gelegenen Orten, durch die starker Verkehr führt, werden gerne Schikanen zur Geschwindigkeitsminderung aufgebaut. Das können kleine Inseln sein, gemeiner sind sicherlich die Schwellen, zunehmender Beliebtheit erfreut sich aber auch ein Kreisverkehr nach dem anderen. Vorsicht ist vor allem in der Dämmerung geboten, wenn man die Schwellen zu spät entdeckt. Die Promillegrenze beträgt 0,8.

Pannenhilfe

Notrufsäulen finden Sie an den Autobahnen. Dort und auch sonst hilft Ihnen bei Pannen der Falck-Rettungsdienst, dessen Rufnummern Sie im Telefonbuch unter Falck finden. Im Sommer hat auch der ADAC ein Büro in Kopenhagen:

ADAC
Blegdamsvej 124
2100 København Ø
Tel. 31 38 30 77
Haben Sie selbst einen Unfall
verursacht, können Sie sich an
folgende Adresse wenden:
**Dansk Forening for Internatio-
nal Motorkøretøjsforsikring**
Amaliegade 10
1256 København K
Tel. 33 13 75 55, Fax 33 11 23 53

Baden

In einem Land mit dermaßen
langer Küste gibt es natürlich unzählige Bademöglichkeiten. Auf
Bornholm ballen sie sich im Süden von Neksø bis Arnager,
während es im Norden nur ver-
einzelte Buchten gibt.
Auf Seeland ist insbesondere die
Nordküste mit ihren herrlichen,

Wunderbarer Badespaß für die
ganze Familie: Am Strand von
Tisvildeleje auf Seeland

weitläufigen Stränden zu empfehlen. Aber auch an der Sejerø
Bugt und der Fakse Bugt gibt es
geeignete Plätze. Auf Møn ist
nur der Norden um Ulvshale
empfehlenswert. Falster besitzt
mit dem Strand um Marielyst einen der schönsten des ganzen
Landes. Auf Lolland hingegen
beschränken sich die Bademöglichkeiten auf die Gegend um
Kramnitse.
Auf Langeland gibt es drei
schöne Badegelegenheiten, nämlich im Süden bei Ristinge, an der
Ostküste bei Spodsbjerg und
nördlich von Hov.
Fünens schönstes Strandgebiet
ist die Küste zwischen Svendborg
und Nyborg. Aber auch die Hel-

næs Bugt westlich von Fåborg ist empfehlenswert, während hingegen der Norden deutlich abfällt. Abgesehen von den Inseln Rømø, Mandø und Fanø ist auch die jütische Westküste von Blåvand bis Skagen ein einziger Strand, sicherlich mit der ein oder anderen kürzeren Unterbrechung. Und trotz ihrer Verstädterung kann auch die Ostküste mit ausgezeichneten Badeplätzen aufwarten, so insbesondere in der Ålbæk Bugt, an der Nordküste Djurslands, südlich von Århus, zwischen Åbenrå und Haderslev sowie an der Südhälfte von Als.

Vorsicht ist natürlich insbesondere an der Westküste geboten, hier sollten Sie bei Wattspaziergängen aufpassen, um nicht plötzlich von der Flut überrascht zu werden. Aber auch sonst ist höchste Vorsicht angesagt, denn gefährliche Unterströmungen haben schon zu manch tragischem Unglück geführt. Eine ständige Badeaufsicht wie etwa die DLRG an deutschen Stränden gibt es nicht, im Notfall muß erst der Falck-Rettungsdienst gerufen werden. Unbedingt zu warnen ist auch davor, abtreibenden Luftmatrazen oder Wasserbällen folgen zu wollen, durch den ständigen Wind ist es aussichtslos, diese leicht wiederbeschaffbaren Gegenstände zurückzuholen. Vorsichtig sollten Sie außerdem an jenen Stränden sein, auf denen man mit dem Auto fahren darf, so zu großen Teilen in Westjütland.

Eine Kurtaxe wird nirgendwo erhoben, auch Strandkörbe sind ein Fremdwort. Teilweise kann man sich in die Dünen zurückziehen, grundsätzlich sollte man aber einen Windschutz mitnehmen. Ausgewiesene FKK-Zonen gibt es zwar, dennoch läßt ein jeder die Hüllen dort fallen (oder auch nicht), wo er mag. Daß Frauen »oben ohne« sonnenbaden, ist eher selbstverständlich.

Camping

Ca. 500 Campingplätze sind quer über das Land verteilt. Natürlich ballen sie sich in erster Linie dort, wo auch die touristischen Zentren liegen: an der jütische Westküste etwa und dort vor allem zwischen Blåvand und Henne Strand sowie um Løkken herum. Auch an der Ostküste findet man problemlos einen Platz. Auf Lolland, Falster und Møn sind die Plätze schon etwas spärlicher gesät. Auf Fünen konzentrieren sich die Plätze deutlich an der Küste, insbesondere im Südosten, während auf Seeland auch das Binnenland gut versorgt ist.

Generell läßt sich für die Plätze ein guter Standard behaupten. Sie werden in fünf Kategorien unterteilt, wobei die Fünf (höchste Kategorie) nur mit einer Handvoll Plätzen besetzt ist. Die einfachsten Plätze fallen vor allem dadurch auf, daß die Ausstattung der sanitären Anlagen recht spartanisch ist. Da kann Mann für das morgendliche Rasieren schon eine Weile anstehen. Gleiches gilt für das Duschen.

Bei den Zweisterneplätzen ist das alles in der Regel großzügiger, es gibt zum Beispiel Kochmöglichkeiten und Spielplätze. Noch besser ist es natürlich auf den Dreisterneplätzen, zusätzlich gibt es unter anderem Telefonzellen und Babywickelräume. Und so steigt der Standard mit jedem Stern.

Grundsätzlich benötigen Sie einen Campingpaß, den Sie auf dem ersten Platz, den Sie ansteuern, erwerben können. Einen guten Überblick über Qualität und Lage der Plätze verschafft Ihnen das Buch »Camping Danmark«, das Sie im Lande kaufen können.

Diplomatische Vertretungen

In Dänemark:
Deutsche Botschaft
(Tysklands Ambassade)
Stockholmsgade 57
2100 København Ø
Tel. 35 26 16 22, Fax 35 26 71 05
Österreichische Botschaft
(Østrigsk Ambassade)
Grønningen 5
1270 København K
Tel. 33 29 41 41, Fax 39 29 20 86
Schweizer Botschaft
(Svejtser Ambassade)
1256 København K
Tel. 33 14 17 96, Fax 33 33 75 51
In Deutschland:
Dänische Botschaft
Kulturabteilung
Pfälzerstr. 14
53111 Bonn
Tel. 02 28/72 99 10

In Österreich:
Dänische Botschaft
Fürichgasse 6
1010 Wien
Tel. 01/51 27 90 40
Fax 51 31 81 20
In der Schweiz:
Dänische Botschaft
Thuner Straße 35
3006 Bern
Tel. 031/3 52 50 11
Fax 3 51 23 95

Einreise

Für die Einreise benötigen Sie einen Personalausweis oder Reisepaß mit einer Gültigkeit von mindestens noch drei Monaten. Für mitgebrachte Hunde und Katzen müssen Sie eine Tollwutimpfung innerhalb der letzten ein bis zwölf Monate nachweisen können.

Essen und Trinken

Dänische Küche ist weltweit bekannt – dank der Muppetshow und des ewigen Ausrufs des schwedischen (!) Kochs: »Smørrebrød, Smørrebrød, römpömpöm!« Sie ist auch deshalb bekannt, weil ein jeder Däne versucht, einen Nicht-Dänen zur Aussprache von *rød grød med fløde* (Rote Grütze mit Sahne) zu bewegen, ein Zungenbrecher, an dem Sie sich vermutlich vergeblich versuchen werden, es aber wagen sollten. Außerdem dürfte das Vorurteil unausrottbar sein, die Dänen würden morgens, mittags und abends nur Fisch essen.

Und wenn nicht, dann zumindest rote Würstchen.

All dieses ist wahr und doch nicht. Denn längst essen die Dänen immer weniger Fisch und greifen mehr und mehr zu Schwein und Rind, vor allem aber zu Geflügel. In allen besseren Restaurants gehört zumindest ein Lammgericht zum Pflichtprogramm.

Doch beginnen wir morgens, beim *morgenmad*. Ein ganz normales Frühstück mit Marmelade und Müsli, Wurst und Käse, zeigt keinen Unterschied zum Frühstück in Mitteleuropa.

Zu Mittag

Mittags gibt es dann die *frokost*, die sich aus verschiedenen Dingen zusammensetzen kann. Das kann der kleine Imbiß am *pølsevogn* sein, an dem man zum Beispiel ein *bøfsandwich* ißt. Es besteht aus einer Frikadelle, die in ein Brötchen gelegt wird. Auf das Fleisch kommen aber noch Remoulade und Ketchup, Röstzwiebeln, eingelegte Gurken und Scheiben von Roter Bete.

Oder Sie bestellen einen *Ristet Hot-dog*, eine Bratwurst in einem längs aufgeschnitten Brötchen mit Senf, Ketchup, Remoulade, Röstzwiebeln und eingelegten Gurken. Natürlich können Sie den Hotdog auch gegen einen *pølser* tauschen, das berühmte rote Würstchen.

Oder Sie gehen etwas gepflegter essen, viele Restaurants bieten für die Mittagszeit (11.30–14 oder 15 Uhr) kleinere warme Gerichte an, die zwischen 50 und 120 DKK kosten. Nur in der Hauptsaison, wenn zugleich die großen Industrieferien sind, haben viele dieser Lokale mittags nicht geöffnet, da ihr Publikum in erster Linie aus den dann im Urlaub befindlichen Geschäftsleuten besteht.

Das gilt insbesondere auch für die speziellen *Smørrebrød*-Lokale, die ausschließlich werktags über Mittag, eventuell noch Samstag, ganz sicherlich aber nicht am Sonntag geöffnet haben. Diese Lokale finden Sie fast nur in Kopenhagen.

Beim *Smørrebrød* wird zunächst ein Salatblatt auf das Brot gelegt, darauf kommen Krabben, noch etwas Kapern, jede Menge Kräuter, etwas Remoulade und vielleicht noch mehr. Oder auf das Salatblatt wird Leberpastete gelegt, darauf noch Röstzwiebeln, etwas Schinken und Rote Bete. Natürlich ist auch eingelegter Fisch in allen Varianten denkbar, normal eingelegt oder gebraten oder in einer Curry-Soße oder in einer roten, würzigen Kräuterlake (*Christiansø-Sild*). Tatar mit etwas Kunstkaviar und Eigelb ist nur eine weitere Idee. Nichts ist unmöglich.

Doch Vorsicht, dies ist kein billiges Vergnügen. Pro Person zwei Brote, zwei Getränke, eventuell noch der obligatorische Aquavit hinterher und zum Abschluß Kaffee, da sind die 200 DKK schnell überschritten und die 300 DKK erreicht.

Zwei Alternativen gibt es hierzu. Zum einen besitzen die großen Kauf- und Warenhäuser wie Magasin du Nord, Illum, Kvickly, Bilka und Salling allesamt eine Cafeteria und bieten einfache, aber ordentliche Gerichte zu akzeptablen Preisen an. Auf der Karte finden Sie etwa Panierte Scholle mit Pommes und Remoulade oder Wiener Schnitzel mit Erbsen und Pommes.

Oder Sie schauen sich um, ob ein Restaurant ein großes Mittagsbüffet offeriert, wo Sie für einen Festpreis soviel essen können wie hineingeht. Hotelrestaurants bieten diese Möglichkeit, die meist bei 98 DKK liegt, gerne an. Günstig sind auch in Großstädten vertretene Ketten wie *Den Grimme Ælling* oder *Jensens Bøfhus*, die für relativ wenig Geld standardisiertes, aber ordentliches Essen anbieten.

Am Abend

Abends gibt es *middag*, die große warme Mahlzeit. Essengehen ist kein billiger Spaß, wer auf das Geld achten will oder muß, der muß auch lange suchen. Zwischen 140 und 200 DKK müssen Sie für ein Abendessen schon rechnen, zuzüglich der Getränke natürlich. Gerne werden auch Menüs angeboten, die sich für drei Gänge zwischen 200 und 250 DKK einpendeln.

In Kopenhagen liegen die Preise selbstverständlich höher als irgendwo in der Provinz. Und wer in eines der dänischen Gourmetrestaurants geht, wie etwa den *Kong Hans Kælder* in Kopenhagen, *Christie's* in Tønder oder *René* in Århus, der muß sicher mit noch ganz anderen Dimensionen rechnen.

Traditioneller geht es in den *kroer* zu, den Landgasthöfen. Nur wenige von ihnen streben ganz bewußt auch die kulinarische Sonderklasse an. Die meisten konzentrieren sich eher auf traditionelle, solide dänische Küche, für die Sie aber auch um die 150 DKK rechnen müssen. Sie sitzen dann in typisch dänisch-rustikaler Atmosphäre.

Getränke

Zu jedem Essen gehören Getränke. Und da bevorzugt der Däne mehr und mehr Wein, insbesondere französischen. Die Weinimporteure haben in den letzten Jahren enorme Zuwächse gehabt, die Dänen kaufen den Wein zumeist in Warenhäusern wie SuperBrugsen und Bilka. Der Bierkonsum hingegen stagniert. Die traditionellen Marken sind Carlsberg und Tuborg, die aber beide zu einer Firma (Carlsberg A/S) gehören. *Carlsberg Hof* und *Grøn Tuborg* sind die bekanntesten Sorten mit normalem Alkoholgehalt, es gibt aber ebenso alkoholfreie oder alkoholarme (*let*) Biere sowie natürlich auch stärkere wie das *Porter* oder das bekannte *Carlsberg Elephant*. Zu Weihnachten gibt es das dunklere *Julebryg*, zu Ostern das *Påskebryg*.

Gegen die Übermacht der beiden großen Marken versuchen sich

Fische an der Leine: luftgetrocknet und dann lecker zubereitet auf den Teller

so manche kleine zu behaupten. So beispielsweise *Faxe*, das mit einem pfiffigen Slogan große Sympathien erlangt hat. Denn während Carlsberg und Tuborg sich auf dem Etikett brüsten, »Lieferant des königlichen Hofes« zu sein, annonciert Faxe, »Lieferant des dänischen Volkes« zu sein.

Vor dem Essen trinken die Dänen gerne einen Sherry, danach unbedingt einen Aquavit. Auch wenn es kleinere Regionalmarken gibt wie den *Bornholmer Tremaster* oder den *Svendborg Aquavit*, so verbindet man mit dem Kümmelschnaps doch den Namen *Aalborger*.

Ein anderes populäres Getränk ist der *Gammeldansk*, ein Magenbitter à la Underberg oder Fernet, der nach dem morgendlichen Aufstehen ebenso getrunken werden kann wie abends als Schlummertrunk.

Speisen- und Getränkelexikon

Aborre: Barsch
agurk: Gurke
and: Ente
appelsin: Apfelsine
aspargus: Spargel
Banan: Banane
biksemad: Resteessen aus
   Fleisch und Kartoffeln
birkes: Mohnbrötchen
bitter: Magenbitter
blomkål: Blumenkohl
blomme: Pflaume
blåmuslinger: Miesmuscheln
brød: Brot
Cacaomælk: Trinkschokolade
Dagens ret: Tagesgericht

dansk vand: Mineralwasser
due: Taube
Eddike: Essig
engelsk bøf: Rumpsteak
Fedt: Schmalz
fersken: Pfirsich
fisk: Fisch
fjærkræ: Geflügel
flynder: Flunder
flæskesteg: Schweinebraten
fløde: Sahne
forret: Vorspeise
franskbrød: Weißbrot
frikadeller: Frikadellen
frokost: Mittagessen
frugt: Obst
fuldkornbrød: Vollkornbrot
Gammel dansk: Magenbitter
gedde: Hecht
grønsager: Gemüse
grøn peberfrugt: grüner Paprika
gulerod: Wurzel
gåsebryst: Gänsebrust
Hakket kød: Hackfleisch
hamburgerryg: Kassler
hare: Hase
havørred: Meerforelle
hindbær: Himbeere
honning: Honig
hornfisk: Hornhecht
hovedret: Hauptgericht
hvidløg: Knoblauch
hvidkål: Weißkohl
hvid vin: Weißwein
hvid øl: Malzbier
hønsebouillon: Hühnerbrühe
Is: Eis
Jordbær: Erdbeere
juice: Saft
Kaffe: Kaffee
kage: Kuchen
kalkun: Truthahn
kanel: Zimt
kanelstang: Zimtkuchen

karpe: Karpfen
karry: Curry
kartofler: Kartoffeln
kirsebær: Kirsche
klipfisk: Stockfisch
krydderier: Kräuter
kylling: Hähnchen
kærnemælk: Buttermilch
kød: Fleisch
Laks: Lachs
lammekød: Lammfleisch
letmælk: fettarme Milch
letøl: Leichtbier
lever: Leber
leverpostej: Leberpastete
løg: Zwiebel
Makrel: Makrele
morgenmad: Frühstück
middag: Abendessen
musling: Muschel
Oksekød: Rindfleisch
ost: Käse
othellobolle: Mohrenkopf
Peber: Pfeffer
peberrod: Meerrettich
persille: Petersilie
pighvar: Steinbutt
piskefløde: Kaffeesahne
purløg: Schnittlauch
pålæg: Aufschnitt
pære: Birne
pølser: Würstchen
Regnbueørred: Regenbogen-
forelle
rejer: Krabben
ristede: gebraten
rugbrød: Roggenbrot
rundstyk: Brötchen
rådyr: Reh
rødkål: Rotkohl
rødspætte: Scholle
rødvin: Rotwein
røget: geräuchert
Salt: Salz

sandart: Zander
sennep: Senf
sild: Hering
skalle: Rotauge
skinke: Schinken
skubbe: Flunder
skummetmælk: entrahmte Milch
smør: Butter
smørrebrød: belegtes Butterbrot
snaps: Schnaps
stegt: gebraten
sur: sauer
svampe: Pilze
sveske: Backpflaume
svinekød: Schweinefleisch
sød: süß
sødmælk: normale Milch
søtunge: Seezunge
Te: Tee
torsk: Dorsch
tykmælk: Dickmilch
Vand: Wasser
vin: Wein
Wienerbrød: Kopenhagener (Blätterteigkuchen)
Yogurth: Joghurt
Æble: Apfel
æg: Ei
ærter: Erbsen
Øl: Bier

Feiertage

Neujahr (1. Januar), Gründonnerstag, Karfreitag, Ostermontag, Großer Bettag (vierter Freitag nach Ostern), 1. Mai (ab 12 Uhr), Christi Himmelfahrt, Pfingstmontag, 5. Juni (Verfassungstag, ab 12 Uhr), 25. und 26. Dezember. An diesen Tagen bleiben die Geschäfte geschlossen.

Geld

1 Krone = 100 Øre. Münzen gibt es als 25 und 50 Øre sowie 1, 2, 5, 10 und 20 Kronen (DKK), Scheine als 50, 100, 500 und 1000 Kronen. Leicht zu verwechseln sind jeweils die Øre-Münzen, die 1- und 2-Kronenstücke sowie die 10- und 20-Kronenmünzen, die nur geringfügig in der Größe differieren. Beträge zwischen 1 und 24 Øre werden auf- oder abgerundet.

Am günstigsten ist der *Umtausch* per Scheck, beim Bargeldtausch wird eine Gebühr von 20–50 DKK abgezogen. Sollten Sie außerhalb der banküblichen Zeiten Geld brauchen, stehen Ihnen überall *Geldautomaten* zur Verfügung (Aufschrift »Kontanten«, Abfrage auch in deutscher Sprache).

Kreditkarten, insbesondere Eurocard und Visa, werden fast durchgehend akzeptiert.

Im Winter 1995/96 betrug der *Wechselkurs* ca. 25 DM für 100 DKK, was das Umrechnen vereinfacht.

Banken haben Mo–Mi, Fr 9–16 Uhr geöffnet, Do 9–18 Uhr.

Hotels und andere Unterkünfte

Ferienhäuser

Dicht an dicht zieht sich eine einzige Ferienhauskette die jütische Westküste hinauf. Wer nach Dänemark fährt, bucht zumeist eines dieser zahlreichen Feriendomizile. Groß oder klein, luxuriös oder einfach, strandnah oder strandfern, jeder Wunsch kann erfüllt werden, wenn auch nicht zu jeder Jahreszeit.

Natürlich ballen sich die Ferienhausabschnitte dort, wo auch die schönsten Badeplätze zu finden sind, im Süden Bornholms, im Norden Seelands, im Südosten Fünens, rund um Langeland, fleckenweise in Ostjütland, fast durchgehend in Westjütland. Doch Preise und Ausstattung differieren erheblich.

Je näher man am Strand ist, desto teurer wird es selbstverständlich. Wer gerne einen Kamin haben will, muß ebenso mit einem höheren Preis rechnen wie der Saunaliebhaber. Wer zudem noch auf Swimmingpool und Whirlpool aus ist, sollte im Sommer nicht mit weniger als 3000 DM pro Woche kalkulieren. 5000 DM sind keine Seltenheit. Dafür sind die Luxusferienhäuser, die man insbesondere in Westjütland findet, so groß, daß gut und gerne zehn Personen Platz finden.

Bei den normaleren Häusern machen Lage und Qualität der Ausstattung die Preisdifferenz aus. Bei der Wahl eines Hauses sollte man genau darauf achten, ob es sich bei deren Ausstattung um Betten oder nur Schlafsofas, um Doppel- oder Einzelbetten oder gar Etagenbetten handelt. Das genaue Studium des Kleingedruckten bewahrt den Urlauber vor so manch böser Überraschung.

Hauptsaison ist, je nach Anbieter, von Mitte Juni bis Mitte August, also während der dänischen Industrieferien, in die ja auch die Ferien in Norddeutschland fallen. Davor und danach ist es deutlich billiger, noch günstiger wird es in den Monaten März oder November, wenn das Wetter in Dänemark nicht gerade verlockend ist. Und auch die reinen Wintermonate sind billig, abgesehen allerdings von den Tagen um den Jahreswechsel. Dann nämlich gelten die Preise der Hochsaison!

Rechtzeitige Buchung ist alles, sonst muß man sich mit den Resten begnügen. Das gilt nicht nur für die Hauptsaison und die Silvestertage, sondern beispielsweise auch für die Herbstferien im Oktober, wenn auch die Dänen noch ein paar Tage Ferien (*efterårsferie*) verbringen dürfen. Große in Deutschland vertretene Anbieter sind DanSommer, Novasol und DanCenter, vor Ort gibt es aber auch regionale Vermieter, zuweilen helfen auch die örtlichen Fremdenverkehrsbüros.

Hotels

Hotels gelten in Dänemark als teuer, und billig sind sie sicherlich nicht. Für ein vernünftiges Doppelzimmer sollte man schon mit 700 DKK kalkulieren, wobei es hier regional und saisonal Abweichungen nach unten gibt. In den größeren Städten wird es natürlich teurer, in Kopenhagen liegt eine ganze Reihe von Hotels über 1000 DKK.

Die genauen Klimadaten von Kopenhagen:

	Durchschnittliche Temperaturen in °C		Sonnenstunden pro Tag	Regentage	Wassertemperatur in °C
	Tag	Nacht			
Januar	2,0	−2,0	1,4	11	3
Februar	2,1	−2,5	2,1	9	2
März	5,0	-0,8	4,1	7	3
April	10,5	3,1	6,1	9	5
Mai	16,1	7,5	8,4	7	9
Juni	19,8	11,2	8,5	9	14
Juli	21,8	13,6	8,0	10	16
August	21,2	13,5	6,5	10	16
September	17,5	10,5	5,7	10	14
Oktober	12,1	6,7	3,0	10	12
November	7,3	3,3	1,2	10	8
Dezember	4,2	0,7	0,8	11	5

Quelle: Deutscher Wetterdienst Offenbach

Landgasthöfe

Eine Alternative hierzu sind die *kroer*, jene Landgasthöfe, die schon vor Jahrhunderten errichtet wurden. Für das Recht der Verköstigung, zum Teil auch des Alkoholausschanks, mußten sie sich verpflichten, auch eine Unterkunft zur Verfügung zu stellen.

Heute ist ihre Zahl natürlich gesunken, so mancher *Kro* hält sich allein durch Familienfeste noch über Wasser. Und nicht alle sind in Ausstattung und Qualität gleich. Mancher ist doch schon sehr einfach, während andere eine immer höhere Qualität anstreben und erreichen. Von der urdänischen Gemütlichkeit sind viele mitunter schon weit entfernt, während in einigen noch die Tradition in den Wänden atmet. Gemeinsam ist ihnen allen der eindeutige Motelcharakter, oftmals kann man Wagen oder Rad unmittelbar vor dem Fenster parken.

Über 80 *kroer* haben sich in der Marketinggemeinschaft *Dansk Kroferie* zusammengeschlossen Wer zuvor Kroschecks kauft, bekommt in diesen Gasthöfen spürbare Ermäßigungen.

Dansk Kroferie
Vejlevej 16
8700 Horsens
Tel. 75 64 87 00, Fax 75 64 87 20

Privatunterkünfte

Ganz Wagemutige fahren einfach los und halten unterwegs nach einem Schild mit der Aufschrift Værelser Ausschau. »Zimmer« werden da annonciert, ein Nebenerwerb, der in Dänemark immer mehr Interessenten findet.

Jugendherbergen

Jugendherbergen gibt es ungefähr gute 100 im Lande. Sie gelten als überwiegend gut ausgestattet, viele besitzen Kochgelegenheiten und Familienzimmer. Unter den Dänen hat die Jugendherberge keineswegs den Geruch der vermufften Massenunterkunft, sondern gilt insbesondere bei Familien als günstige Alter-

native zu Hotel oder Ferienhaus. Da in Dänemark viele Radurlauber unterwegs sind, sind Jugendherbergen (wie Campingplätze) oft schon früh am Tage ausgebucht.

Vergessen Sie nicht, sich vorher in Deutschland einen *Jugendherbergsausweis* zu besorgen.

Deutsches Jugendherbergswerk
Bismarckstraße 8
32756 Detmold
Tel. 0 52 31/74 0 10

H
I
J
K

Klima und Reisezeit

Der Mai ist der trockenste Monat und sicherlich ideal für die Urlauber, die nicht unbedingt auf einen Badeurlaub aus sind, denn aufgewärmt ist die See noch keineswegs. Die Orte erwachen allmählich, noch ist es verhältnismäßig ruhig, dennoch ist das Wetter zumeist gut.

Im Juli und August kann es eher schon einmal regnen, doch nun ist das Wasser auch endlich badefähig warm, auch die kleinste Boutique hat garantiert jetzt und in den Urlauberzentren auch bis tief in die Nacht geöffnet. Deutsche, Dänen, Schweden, Norweger und Niederländer sind im ganzen Lande unterwegs. Restaurants und Galerien schließen zuweilen.

Auch wenn im September die Temperaturen schon spürbar niedriger werden, so ist der Herbst doch ein wunderschöner Monat, spät erst verblüht die Landschaft, Ruhe kehrt ein. Manches Geschäft, manches

Museum schließt allerdings für dieses Jahr schon die Pforten. März und April, Oktober und November sind eher etwas für Urlauber, denen kein Wetter etwas anhaben kann. März und April gehören zwar zu den regenärmeren Monaten, doch ist es noch kalt. Im Oktober und November kommt die Feuchtigkeit hinzu. Nun hat man weite Landstriche für sich, Ferienhäuser sind billiger als sonst.

Leider ist auch der Dezember eher ein feuchter Monat, weiße Weihnachten sind in Dänemark Seltenheit geworden. Erst im Januar, vor allem aber Anfang Februar wird die Kälte so richtig knackend, Schnee und Eis prägen die Landschaft. Nun gibt es nichts Herrlicheres, als dick eingepackt an der Nordseeküste entlangzuspazieren, um dann ins Haus zurückzukehren, Kamin und Sauna anzumachen und in behaglicher Wärme einen steifen Grog zu trinken.

Literatur und Karten

Für die Ferien in Dänemark empfehlen wir folgende Bücher:

Hans Christian Andersen: »Gesammelte Märchen«. Von Dänemarks populärstem Schriftsteller sind alle Märchen einzeln oder gesammelt, illustriert oder nicht, ja sogar ins Sylterfriesische übersetzt, erhältlich.

Karen Blixen: »Afrika – dunkel lockende Welt« Zürich 1993. Das Buch, das die Grundlage für den Erfolgsfilm »Jenseits von Afrika« mit Meryl Streep und Robert Redford bildete – Pflichtlektüre, wenn man ihr Haus in Rungstedt (nördlich von Kopenhagen) besucht. In Deutschland veröffentlichte sie unter dem Pseudonym Tania Blixen.

Martin Andersen Nexø: »Bornholmer Novellen« (Aufbau Verlag) Berlin 1991. Die meisten Bücher des großen Arbeiterschriftstellers sind nur noch antiquarisch erhältlich.

Heinz Barüske: »Dänische Märchen« (Insel Verlag) Frankfurt/M. 1993

Peer Hultberg: »Eine Stadt und die Welt« (Residenz) Salzburg 1994. Die Betrachtung des Erdgeschehens von Viborg aus.

Peter Høeg: »Der Plan von der Abschaffung des Dunkels« (Hanser) München 1995. Nach dem Welterfolg »Fräulein Smillas Gespür für Schnee« noch ein faszinierendes Werk des Jungstars, diesmal eine Anklage gegen die unterdrückende Schule.

Ib Michael: »Das Vanillemädchen« (Residenz) Salzburg 1995. Kleinkindträume zwischen dänischer Provinz und Südsee.

Thomas Mann: »Tonio Kröger« (Fischer TB 1381) Frankfurt/M., 1995. Leichte und kurzweilige Lektüre, wenn Herr Kröger »ein bißchen nach Dänemark geht«.

Klaus Rifbjerg: »Septembersang/ Septembersong« (Kleinheinrich Verlag) Münster 1991. Zweisprachiger Gedichtband des wohl produktivsten dänischen Schriftstellers.

Ulrich Sonnenberg: »Dänemark erzählt« (Fischer TB 10298) Frankfurt/M. 1991. Anthologie dänischer Literatur, ideal für den Einstieg.

Knud H. Thomsen: »Speckseites Ostseefahrt« (Heyne TB 824501) München 1991. Amüsanter Unterhaltungsroman, in der Wikingerzeit angesiedelt.

Karten

Für den täglichen Gebrauch reicht eigentlich eine Straßenkarte für das ganze Land im Maßstab 1:300000 wie vom RV-Verlag. Wer es jedoch lieber genauer mag, nimmt sich die Generalkarte Dänemark in vier Blättern und dem Maßstab 1:200000 (Mairs). Radler kommen eventuell auch mit der Generalkarte aus, ansonsten gibt es im Buchhandel spezielle Radkarten für einzelne Regionen oder ganze Inseln.

Medizinische Hilfe

Vor Ihrem Urlaub sollten Sie sich bei Ihrer Krankenkasse das Formular E 111 besorgen. Haben Sie dieses nicht dabei, müssen Sie im Falle einer Erkrankung die Arztkosten zunächst selbst begleichen, erhalten aber gegen eine Quittung von Ihrer Kasse die Leistungen in dem Rahmen erstattet, wie Sie sie bei gleicher Behandlung in Deutschland bekommen hätten.

Benötigen Sie einen Arzt, so fragen Sie im örtlichen Touristenbüro nach einer Adresse oder schauen Sie in einen der zahlreichen Touristenprospekte, die überall ausliegen. Sie können aber auch im Telefonbuch unter *læge* (Arzt) oder *tandlæge* (Zahnarzt) nachschlagen.

Notruf

Einheitliche Notrufrufnummer für Polizei, Feuerwehr und Ambulanz:
Tel. 112

Post

Briefe und Postkarten nach Deutschland kosten derzeit 3,75 DKK. Die Post ist auch Verkäufer für das *BilletNet*, über das Sie Karten für Veranstaltungen erwerben können. Achten Sie darauf, beim Betreten des Gebäudes eine Nummer zu ziehen, um dann aufgerufen zu werden. Die Postämter haben zu den normalen Geschäftszeiten geöffnet.

Sport

Angeln

Es kann nicht verwundern, daß Dänemark zu den besten Angelrevieren Europas gehört. In vielen Häfen finden Sie Angebote für Kutterfahrten. Nicht minder interessant ist das Küstenangeln, wozu es aber besserer Ausrüstung bedarf. Sehr beliebt ist

Ærø ist das Traumziel aller Segler in der fünischen Südsee

auch das Angeln in den Binnenseen, auch hierüber erhalten Sie Informationen in den örtlichen Touristenbüros. Zu unterscheiden ist zwischen großen natürlichen Seen und den kleinen, extra angelegten Teichen, in die Forellen ausgesetzt wurden. In aller Regel brauchen Sie für diese eine Karte, die Sie zum Angeln berechtigt. Sie kostet, je nach Region, kaum mehr als 100 DKK pro Tag. Aber auch für natürliche Gewässer benötigt man einen Angelschein, er kostet 25 DKK pro Tag, 75 DKK pro Woche und 100 DKK für ein Jahr. Wer ohne Angelschein erwischt wird, muß mit erheblichen Strafen rechnen.

An Fischen könnten Sie unter anderem Meerforellen, Dorsche, Makrelen, Plattfische, Hornhechte, Aale und natürlich Heringe an der Angel haben. Zu den interessantesten Revieren gehören die Silkeborger Seenplatte, die Fjorde von Åbenrå und Kolding, das Gebiet rund um Grenå, Helsingør, die Nord- und Südspitze von Langeland sowie Bornholm.

Golf

Golf hat alle Chancen, in Dänemark zum richtigen Volkssport zu werden. Über 100 Plätze sind im ganzen Land zu finden, die Hälfte von ihnen in Jütland. Viele Veranstalter bieten auch spezielle Pakete für Golfer an. Golfen ist hier sehr viel billiger als in Deutschland. Während der Werktage benötigen Sie zwar den Nachweis der Platzreife, das

Handicap ist mit 36 vorgegeben. In nachfrageschwachen Zeiten dürfen aber auch Spiele mit einem Handicap von 54 gespielt werden.

Radeln

Jahr für Jahr ziehen Unmengen von Radurlaubern in das Radlermekka Dänemark ein. Flach und fahrradfreundlich soll das Land sein. Das stimmt nur bedingt. Hier hat man herrliche Radwege angelegt, meist klar vom Straßenverkehr abgegrenzt, zum Teil auch abgeschieden in der Natur. Doch flach ist das Land aus Radlersicht beim besten Willen nicht. Das absolute Fahrradparadies ist wohl Fünen, eine überschaubare, attraktive Insel mit einigen konditionellen Herausforderungen im Süden. Wenn sich bei Svanninge Bakker die Landschaft auf 130 m erhebt, dann kommt so mancher Freizeitradler ins Keuchen.

Ähnliches gilt für Bornholm, wo der Norden der Insel sich als relativ anspruchsvoll erweist. Ca. 200 km ist dort das Radwegenetz lang, das Sie zumeist fern von dem Autoverkehr hält. Herrlich zum Trainieren sind hingegen Lolland und Falster, durch die Eindeichungen fahren Sie zum Teil eher unter dem Meeresspiegel, als daß Steigungen auf Sie warten. Møn ist da schon wieder von anderem Kaliber. Leider ist dort das Straßennetz nicht besonders ausgebaut, so daß man als Radler nicht träumend über Land fahren kann, sondern sich ständig mit der vierrädrigen Konkurrenz konfrontiert sieht.

Auf Seeland wechseln ruhige und anspruchsvolle Abschnitte, auch vor einer Großstadt wie Kopenhagen braucht man als Radler keine Angst zu haben, denn diese Stadt ist hervorragend auf Radler eingerichtet.

Jütland ist radlerisch sicherlich im Ostteil interessanter, weil dieser landschaftlich herausfordernder ist. Hier kann man in Städten pausieren, Sehenswürdigkeiten wie die Runensteine in Jelling, Legoland oder die Kunstmuseen in Herning, Randers, Århus und Ålborg besuchen. Die Westküste hingegen ist zwar flacher, dafür aber auch etwas eintöniger. Außerdem muß man hier mit permanentem Gegenwind rechnen.

Surfen

Da es in Dänemark eigentlich immer windet, ist das Land für Surfer ideal. Insbesondere die Nordseeküste erfreut sich größter Beliebtheit. Rømø ist so ein Eldorado, aber schon bei Blåvand geht es weiter, liegt ein Revier neben dem anderen. Klitmøller weiter nördlich zieht die Surfer nahezu magisch an. Wer es etwas ruhiger mag oder gerade erst anfängt, ist im Ringkøbing Fjord gut aufgehoben, denn dort kann man zwar nicht windstill, aber dennoch geschützt seine Bahnen ziehen. Und auch rund um den Limfjord finden Sie ideales Terrain. Für die Ostküste

S

empfehlen sich am ehesten die Insel Samsø sowie der Abschnitt zwischen Skagen und Grenå. Das Südfünische Inselmeer mit Ærø, Langeland und der Region um Svendborg gehört sicherlich zu den spannendsten Revieren des Landes, auch Nordseeland und Bornholms Südküste können mit optimalen Bedingungen aufwarten.

Wer noch ungeübt aber interessiert ist, kann in einer der an die 30 Surfschulen Dänemarks erste Versuche unternehmen.

Sprache

Der Tip ist nicht neu, daß derjenige, der die dänische Sprache lernen möchte, sich dafür eine Kartoffel in den Mund stecken sollte. Tatsächlich scheinen die Dänen dermaßen viele Silben zu verschlucken, daß der Kartoffeltrick nicht unbegründet erscheint.

Geschrieben wirkt die dänische Sprache hingegen recht einfach. Der indogermanische Ursprung ist unverkennbar, wer Plattdeutsch oder Niederländisch spricht, wird durchaus Parallelen finden. Mit ein paar Grundvokabeln kann man auch einfache Zeitungstexte interpretieren. Untereinander haben es die Dänen nicht einfach. Der Bauer aus Åkirkeby auf Bornholm wird mit dem Fischer aus dem jütischen Esbjerg so seine lieben Probleme haben. Die Einflüsse aus benachbarten Regionen sind unüberhörbar, so hat das Schwedische

stark auf die Bornholmer gewirkt, während die Südjüten deutsche Impulse nicht verhehlen können. Dort sagt man auch zur Begrüßung eher das typisch norddeutsche »Moin« als das dänische *Goddag*. Weiter nördlich sind dann Anklänge aus England und Norwegen nicht zu verheimlichen.

Da das Königreich nur klein und das Dänische folglich keine bedeutende Sprache ist, legt man großen Wert auf gute Fremdsprachenkenntnisse. Die Dänen beherrschen das Englische und das Deutsche, daß einem manchmal vor Bewunderung der Mund offen bleibt. Somit ist es auch kein Problem, sich in den größeren Orten und den Urlaubszentren verständlich zu machen. Im Gegenteil, sobald Sie versuchen, Ihre rudimentären Dänischkenntnisse zu nutzen, wird man Ihnen fast immer auf Deutsch antworten. Die Dänen halten das für Service.

Das »x« finden Sie in der dänischen Sprache nicht mehr, es wurde durch »ks« ersetzt. Orte, die auf Tradition aus sind, oder historische Institutionen beharren aber noch auf der alten Schreibweise.

Am Ende des Alphabets stehen die Buchstaben æ, ø und å. Während die ersten beiden unseren entsprechenden Umlauten ähneln, sorgt das å immer wieder für Verwirrung. Denn dieses sogenannte *Bolle a* ist eine moderne Fassung der A-Doppelung. So wurde aus Aarhus Århus, aus

In Dänemark gibt es keine Vorwahlen, die Rufnummern bestehen in der Regel aus acht Ziffern

Faaborg Fåborg. Aber auch hier gilt, daß der das doppelte A behält, der auf Tradition aus ist. Die Stadt Aalborg will ihren Namen nicht ändern, auch ein traditionsreicher Gasthof wird sich immer *Gæstgivergaard* schreiben. Manche Städte mischen übrigens beide Formen, so daß die Verwirrung perfekt ist.

Telefon

Auch in Dänemark gibt es Münz- wie Kartentelefone, wobei Kartentelefone immer durch ein gelbes Element gekennzeichnet sind. Karten gibt es zu 20, 50 und 100 DKK, man erhält sie bei der Post, an Kiosken oder in Touristenbüros. Bei Reklamationen muß man sich allerdings in eines der »Tele Butik«-Geschäfte von Tele Danmark begeben.

In Münztelefonen sollte man Auslandsgespräche mit 5 DKK beginnen und immer ausreichend Kleingeld bereitlegen, da die Münzen doch schnell vertelefoniert sind. In aller Regel haben die Zellen aber auch eine Nummer, so daß man sich anrufen lassen kann.

Wie überall in Europa, so erlebt auch in Dänemark das Handy einen großen Boom. Wer ein Handy des GSM-Systems besitzt, kann es problemlos benutzen, alle anderen dürfen ihr Handy nicht anwenden.

Telefonieren von Deutschland, Österreich, Schweiz
nach Dänemark
0045 + achtstellige Rufnummer
Telefonieren von Dänemark
nach Deutschland: 0049
nach Österreich: 0043
in die Schweiz: 0041

Zoll

Trotz der offenen Grenzen innerhalb der EU gibt es in Richtung Dänemark Beschränkungen. EU-Bürger dürfen 1,5 l Spirituosen und 300 Zigaretten einführen, Nicht-EU-Bürger nur 1 l Spirituosen und 200 Zigaretten. Für andere Waren wie beispielsweise Bier und Kaffee muß für die Behörden erkennbar sein, daß diese für den persönlichen Bedarf bestimmt sind und mit ihnen nicht gehandelt wird.

Register

Hier finden Sie die in diesem Band beschriebenen Sehenswürdigkeiten und Ausflugsziele sowie wichtige Stichworte und Persönlichkeiten. Die Artikel bei, den, det, for, für und sowie Vornamen wurden bei der alphabetischen Sortierung nicht berücksichtigt. Wird ein Begriff mehrfach aufgeführt, verweist die **fett** gedruckte Zahl auf die Hauptnennung. Die Buchstaben-Zahlen-Kombinationen verweisen auf die Planquadrate der Karten in der vorderen und hinteren Umschlagklappe sowie auf den Stadtplan von Kopenhagen (S. 140/141). *Kursive* Zahlen beziehen sich auf Abbildungen.

🅼 = Der gute Tip von MERIAN

Die Autoren dieses Bandes

Peter Minde, Jahrgang 1953, lebt als Journalist in der Nähe von Bad Segeberg. Neben Dänemark gehört seine Leidenschaft Mittelamerika. Er verfaßte die Kapitel »Unterwegs in Dänemark«, »Routen und Touren« sowie »Allgemeine Informationen«.

Bernd Schiller, Jahrgang 1943, leitet die Reiseredaktion der Zeitschrift »Brigitte«. Er hat zahlreiche Reisebücher, Bildbände und Führer veröffentlicht, die meisten zu Zielen in Dänemark sowie Süd- und Südostasien. Er schrieb die Kapitel »Erste Begegnung mit Dänemark« und »Geschichte und Gegenwart«.

Fotonachweis
Alle Fotos in diesem Band stammen von Udo Haafke.

LAND UND LEUTE ERLEBEN. MIT MERIAN.

Wohin Sie auch reisen, MERIAN war schon da.
Das MERIAN-Heft Ihrer Lieblingsregion bekommen
Sie für DM 14,80 überall, wo es gute Bücher gibt.